Antisemitismus

Andreas Peham

Kritik des Antisemitismus

Reihe
theorie.org

Schmetterling Verlag

Bibliografische Informationen der Deutschen Nationalbibliothek
Die Deutsche Nationalbibliothek verzeichnet diese Publikation in der Deutschen Nationalbibliografie; detaillierte bibliografische Daten sind im Internet über http://dnb.d-nb.de abrufbar.

Schmetterling Verlag GmbH
Libanonstr. 72A
70184 Stuttgart
www.schmetterling-verlag.de
Der Schmetterling Verlag ist Mitglied von aLiVe,
der assoziation Linker Verlage.
ISBN 3-89657-689-5
1. Auflage 2022
Printed in the Czech Republic

Redaktion: Gerd Hübl
Satz und Reproduktionen: Schmetterling Verlag
Druck: EuroPB, Príbram

Inhalt

Vorwort

***D**er Antisemitismus ist genau das, was er zu sein vorgibt: eine tödliche Gefahr für die Juden* (Arendt 1955: 12). Es liegt in der «Logik» der «antisemitischen Konstruktion», Jüdinnen und Juden – und seit 1948 Israel – «das Existenzrecht zu bestreiten.» (Holz 2005a: 12) Diese aktuelle Bedrohung wäre bei jeder Anstrengung, dem Phänomen beizukommen, im Bewusstsein zu halten. Wissenschaft hätte die Aufgabe, nach Mitteln zu suchen, um Antisemitismus zu bekämpfen. Bleibt sie politisch passiv, verfehlt sie seinen Charakter als «praktizierte[n] Sadismus» (Löwenthal 1944/45: 223). Es mangelt ihr dann an einem «Sensorium für die materielle Gewalt des Antisemitismus» (Claussen 2011: 181).[1] Im Gegensatz zu seiner *wertfreien* Erforschung kann seine *Kritik*[2] zudem den schwer zu fassenden *Rest* an ihm bestehen lassen. Insbesondere an den extremsten Formen des Antisemitismus gibt es Aspekte, die sich jeder einfachen «ideologischen, sozial-ökonomischen oder psychologischen Definition entziehen.» (Braun/Heid 1990: 9) Wer ihn zu einem «Thema wie jedes andere» macht, «wird seinem innewohnenden moralischen Imperativ nicht gerecht. In Wahrheit gibt es letztlich nur ein einziges tragendes Motiv, sich mit Antisemitismus selbst zu beschäftigen: ihm Widerstand entgegenzusetzen.» (Gottschlich 2012: 9) Kritisierbar ist aber weniger der Antisemitismus als die Formen ideologischer Vergesellschaftung und politischer Instrumentalisierung, die ihn beinhalten oder fördern. Denn im Gegensatz zur Ideologie gibt es an ihm «nichts Richtiges; er ist eine Praxis der Gewalt und seine Rechtfertigung zugleich» und darum «nicht durch immanente Kritik aufzubrechen» (Claussen 1987: XXIII).[3]

1 Dies gilt etwa für die *deutsche* Version, die am Berliner *Zentrum für Antisemitismusforschung* (ZfA) beheimatet ist. So beklagte ZfA-Leiter Wolfgang Benz (2011: 26) noch in seiner Abschiedsrede, das die «Fixierung auf die Bedrohung Israels» die «Antisemitismusforschung als Wissenschaft [...] infrage» stelle.

2 Politisch intervenierende und notwendig reflexive Antisemitismus*kritik* geht von einer «Ubiquität des Antisemitismus als einer in unserer Kultur tief verwurzelten Vorurteilsstruktur, an der wir alle unausweichlich partizipieren», aus (Quindeau 2006: 160).

3 Antisemitismus gibt nicht, «wie die klassische liberale Ideologie es tat, eine verzerrte Welt richtig wieder, sondern eine falsche Welt, die man

Neben der unmittelbaren Bedrohung für Jüdinnen und Juden ergibt sich die Notwendigkeit von Antisemitismuskritik aus der Tatsache, dass niemand «frei sein» wird, «solange die Juden nicht im Vollbesitz ihrer Rechte sind», niemand «sicher sein [wird], solange ein Jude [...] um sein Leben zittern muss.» (Sartre 1946: 190) Schon Brunner (1918: 269) begründete die Notwendigkeit der Bekämpfung des Antisemitismus unabhängig von unmittelbarer Betroffenheit: Er ziele auf den demokratischen Rechtsstaat, der durch «Affektgelüste» ersetzt werden solle.

Da die «Gesellschaft selbst [...] antisemitisch strukturiert» ist (Claussen 1987: 52), sollte ihre Kritik auch eine des Antisemitismus sein – zumal in Deutschland und Österreich. In den Nachfolgestaaten des NS-Regimes hätte er Dreh- und Angelpunkt *jeder* radikalen Kritik der Gesellschaft, die ihn permanent aus sich heraus produziert, zu sein. Oder, wie Horkheimer insistierte: «So wahr es ist, dass man den Antisemitismus nur aus unserer Gesellschaft heraus verstehen kann, so wahr scheint es mir zu werden, dass heute die Gesellschaft selbst nur durch den Antisemitismus richtig verstanden werden kann.» (Zit. n. Stender 2013: 87) Als Mythologisierung der Verhältnisse stellt der Antisemitismus eine antiemanzipatorische Kraft dar, weil er mehr noch als Ideologie den Blick auf diese Verhältnisse verstellt und sie so perpetuiert. Umgekehrt gilt, dass die Fähigkeit und Bereitschaft, die Verhältnisse zu durchschauen, die Neigung zu antisemitischen Fehlschlüssen verringert. Auch darum sind die Kämpfe gegen Antisemitismus und für Emanzipation auf einander angewiesen.

Aus linker Perspektive hätte Erkenntnisinteresse zudem aus historischen Gründen zu bestehen, stellt doch der Antisemitismus, der sich gegen *Juden*[4] als vermeintliche Repräsentanten

‹nach seinem Bilde› verändern möchte, wird falsch – nach einem infantilen Denkmuster – interpretiert.» (Horn 1970: 173) Er hat viel mit Ideologie gemeinsam, allem voran die Funktionalität für macht- und warenförmige Vergesellschaftung, geht jedoch über diese hinaus. Auch können Ideologien «nicht ohne ein Minimum an Emanzipation des Bewusstseins von primär-psychischen Prozessen und Bedürfnissen» gedacht werden (Schnädelbach 1964: 89). Sie unterscheiden sich vom Antisemitismus «durch das Übergewicht gesellschaftlicher und die relative Unwichtigkeit psychischer Determinanten des falschen Bewusstseins» (ebd.).

4 Ich unterscheide zwischen Jüdinnen und Juden, der jüdischen Wertewelt und Religion (Judentum) und den (antisemitischen) Imagines der

wie Agenten unverstandener Modernisierung richtete, einen ihrer Gründungsmakel dar (Arendt 1955: 69ff).[5] Mit der Betonung des politischen Ursprungsortes der *rebellischen* Varianten des modernen Antisemitismus und des *Antikapitalismus* vor der Marxschen Kritik als einer seiner «natürlichsten Formen» (Pulzer 2004: 104) soll nicht behauptet werden, dass die Linke als Ganzes antisemitisch gewesen wäre oder es Antisemitismus nicht immer vor allem unter Rechten gegeben hätte. In dem Ausmaß, in welchem Linke mit Marx zur *Kritik der politischen Ökonomie* fortschritten, benötigten sie *Juden* nicht länger zum Stopfen der Lücken in der Welterklärung – der Antisemitismus wurde zum Steckenpferd der Rechten, die versuchte, mit ihm Breschen in den linken Massenanhang zu schlagen. Jene Linken aber, die weiterhin an der Oberfläche der Verhältnisse – der Zirkulation – verharrten, konnten sich nicht vom ihm freispielen. Der personalisierende und moralisierende *Antikapitalismus* ist als zumindest strukturell antisemitisch[6] zu kritisieren, dennoch feierte er in Teilen der Antiglobalisierungsbewegung fröhliche Urstände. Seit gut zwanzig Jahren macht das Schlagwort vom *verkürzten Antikapitalismus* die Runde. Weil dieser *Antikapitalismus* nicht einfach durch Verlängerung zu berichtigen ist, wäre er besser als *fetischistisch* beschrieben: Er nimmt den Schein der Verhältnisse für ihr Wesen und reproduziert solcherart die Verwandlung von Gesellschaftlichem in Dingliches und Natürliches, das dann mittels Personalisierung und Biologisierung weiter konkretisiert wird. Aus dem Kapitalismus als Struktur wird die Folge

---

Juden. Zu diesen kulturspezifischen Objekten, auf welche die «Aggression in […] kulturellen Lernprozessen […] fixiert» wird (Mitscherlich 1962: 242), tritt der/die AntisemitIn in eine paranoide Beziehung.

5 Dies gilt vor allem für Frankreich, wo die Gründergeneration des Sozialismus/Anarchismus als Avantgarde des sich modernisierenden Antisemitismus wirkte (Brumlik 1992). Galt Frankreich vor der *Dreyfus-Affäre* (neben Österreich-Ungarn und Russland) als jenes Land, in welchem die antisemitische Bedrohung am größten war (Mosse 1991: V), führte die Parteinahme führender Intellektueller und SozialistInnen für Dreyfus zur Wende. Nun «bricht in Frankreich die judenfeindliche Tradition der Aufklärung, welche die französische Linke bis dahin unbesehen übernommen hatte» (Arendt 1955: 77). Während im französischen Fall von einer «Reinigungskrise» (Rürup 2004: 94) gesprochen werden kann, blieb die deutschsprachige Linke mehrheitlich passiv gegenüber der antisemitischen Bedrohung (Peham 2020).

6 Ein Diskurs wird als strukturell antisemitisch bezeichnet, wenn er ohne Nennung von *Juden* auskommt, aber ansonsten genug Bedingungen erfüllt, um als antisemitisch gekennzeichnet zu werden.

des (verkommenen) Treibens von *Kapitalisten*, aus diesen werden finstere *Hintermänner*, die sich im Geheimen verabreden. Der Verschwörungsmythos markiert den Übergang vom strukturellen zum offenen Antisemitismus.

Auch in der Agitation gegen Israel und dem Absprechen des nationalen Selbstbestimmungsrechtes für Jüdinnen und Juden (Antizionismus) werden antisemitische Traditionen in Teilen der Linken fortgeschrieben. In solcher Kontinuität stehen schließlich die Apologien des islamisierten Antisemitismus (Kiefer 2002), dessen Kritik als *islamophob* denunziert wird. Sie paaren sich mit Ignoranz gegenüber der Gefahr eines «Auschwitz II am Mittelmeer» (Améry 1967: 231). Am Umgang mit der Kritik am *linken* Antisemitismus bestätigt sich des Öfteren ihre Richtigkeit: Die Kritisierten reagieren oft mit «heftige[r] Abwehr des Vorwurfes, eine Abwehr, die in ihren Formen und Inhalten nicht selten den Vorwurf des Antisemitismus bestätigt.» (Strobl 1994: 103)

Dann gilt die Kritik einem Anti-Antisemitismus, der seinem Gegenstand nicht gerecht wird. Viele Ansätze ergehen sich in einem ökonomistischen Reduktionismus und ignorieren die relative Eigenständigkeit des Antisemitismus. Andere wieder verkennen ihn als bloßes Mittel zur Ablenkung der Beherrschten. Vor allem aber wird die Gleichsetzung von *Juden* und Geld/Reichtum und deren Erklärung zur Ursache des Antisemitismus nicht hinterfragt und manchmal sogar reproduziert. Gleiches gilt für die Behauptung, die «Tätigkeit» der Juden im Mittelalter sei «auf das Geldgeschäft beschränkt» gewesen (Polak 2018: 53). Der Geldhandel war zu keiner Zeit ein jüdisches Monopol, auch wenn Juden in manchen Regionen in manchen Phasen überproportional in diesem tätig waren. Auf sie wurde vielmehr die negative Dynamik der Geldwirtschaft als *Wucher* projiziert. Dennoch hat sich auch die Geschichtswissenschaft nicht «gefeit erwiesen […] gegen die Wirkungsmacht des überkommenen […] ‹Wissens› um die Ausbeutung christlicher Landbevölkerung durch jüdische […] Wucherer.» (Rohrbacher 2002: 56)

Antisemitismuskritik meint schließlich Kritik an falscher Begrifflichkeit. Sie richtet sich gegen Institutionen, die ungenügend auf die Bedrohung reagieren. Wenn etwa ein Gericht im Brandanschlag auf eine Synagoge (Wuppertal 2015) keinen Antisemitismus sehen wollte, sondern der Rechtfertigung der Täter, sie hätten ein «Zeichen gegen den Krieg» (in Gaza) setzen wollen, folgte, setzt sich darin eine Tradition fort.[7] Gleiches gilt für ein jenes Gericht, das 2014 Jutta Ditfurth untersagte, den rechtsextremen Jürgen Elsässer einen «glühenden Antisemiten» zu nennen. In unzulässiger Engführung wurde in der Urteilsbegründung der Antisemitismus auf seine nazistischen Artikulationsformen reduziert: In der inkriminierten «Bezeichnung» komme «zum Ausdruck, dass derjenige die Überzeugungen teilt, die zu der Ermordung von 6 Millionen Juden unter der nationalsozialistischen Schreckensherrschaft geführt haben».[8]

Ich halte es mit Freud, der 1927 an Arnold Zweig schrieb: «In der Frage des Antisemitismus habe ich wenig Lust, Erklärungen zu suchen, verspüre eine starke Neigung, mich meinen Affekten zu überlassen» (Freud 1968: 11). Es waren solche Affekte, die mich dieses Buch so verspätet abgeben ließen.[9] «Wenn im Zivilisationsprinzip selbst die Barbarei angelegt ist, dann hat es etwas Desperates, dagegen aufzubegehren.» (Adorno 1966: 88) Desperates haben auch Versuche wie dieser an sich, zumal in Österreich – dem ersten Land, in dem sich der Antisemitismus «zu einer ideologischen Kraft, die [...] andere Ideologien siegreich aus dem Felde schlug», entwickelt hat (Arendt 1955: 69).

---

7 http://www.juedische-allgemeine.de/article/view/id/21452

8 https://www.juedische-allgemeine.de/politik/justiz-freibrief-fuer-antisemiten/

9 Mein Dank gilt den geduldigen Verantwortlichen beim Verlag und den vielen Freund*innen, die mit ihrer Unterstützung nicht geizten, allen voran Karin Stögner, Bernhard Weidinger und Elke Rajal.

Einleitung

Nach der *Leipziger Autoritarismus-Studie* stimmen 10 Prozent der Befragten offen antisemitischen Aussagen zu. Wird Antisemitismus über den Umweg der *Israelkritik* kommuniziert, steigt der Wert auf bis zu 50 Prozent (Decker et al. 2018: 212).[10] 2013 gaben 76 Prozent der befragten Jüdinnen und Juden in den EU-Staaten an, dass der Antisemitismus in ihrem Land zugenommen habe. Im Jahr davor wurden 26 Prozent der Befragten zum Ziel verbaler Beleidigungen oder Belästigungen, vier Prozent erfuhren körperliche Gewalt oder deren Androhung.[11] Die deutschen Behörden zählen pro Jahr bis zu 2000 antisemitische Straftaten.[12]

Die Gründe für die Zunahme des Hasses sind vielfältig, zuvorderst wären Diskurse über den Nahost-Konflikt[13] und spezifische Verarbeitungsformen von Krisenängsten zu nennen. Für die Ausweitung der Sagbarkeitsgrenzen ist auch die in den 1980er Jahren eingeleitete, durch die *Wiedervereinigung* und die «Neuformung [...] deutschen Nationalbewusstseins» (Stern 1994: 175) beschleunigte Normalisierung der NS-Vergangenheit verantwortlich zu machen. Skandale, wie jene um Martin Walser, Jürgen W. Möllemann und Günter Grass[14], markieren

10 Meinungsumfragen sind nur bedingt geeignet, um Antisemitismus zu messen, denn er ist mehr als bloßes *Meinen*. Und so überrascht es nicht, dass die Ergebnisse solcher Studien regelmäßig dazu verleiten, sein Ausmaß zu unterschätzen.

11 https://fra.europa.eu/de/publication/2013/erfahrungen-der-juedischen-bevoelkerung-mit-diskriminierung-und-hasskriminalitaet

12 2006 wurde die bis dahin höchste Anzahl antisemitischer Straftaten registriert (1809). 2017 wurden 1504 antisemitische Delikte erfasst, 2018 stieg der Wert wieder auf 1800 (https://www.welt.de/politik/deutschland/article193481013/Kriminalstatistik-fuer-2018-Zahl-antisemitischer-Straftaten-steigt-um-knapp-20-Prozent.html).

13 Es gilt als gesichert, dass die – medial verzerrte (Schapira/Hafner 2015, Beyer 2015a) – Wahrnehmung des Nahostkonfliktes «an vorhandene Vorurteilsstrukturen anknüpft, sie überlagert und neue [...] Trägerschichten hervorbringt.» (Heil 2015: 5)

14 Walser lamentierte 1998 über die «Dauerrepräsentation unserer Schande», deren «Instrumentalisierung» und die «Moralkeule» Auschwitz. Heute wird dieser Tabubruch von Rechtsextremen zur Rechtfertigung weiterer Tabubrüche genommen, zuletzt von Björn Höcke (AfD), der sich nach seiner Dresdener Skandalrede vom Januar 2016 auf Walser berief.

die neue Unbekümmertheit. Diese zeigt sich auch in der verbreiteten Neigung, nicht das antisemitische Faktum zur Kenntnis zu nehmen, sondern über den *Vorwurf* des Antisemitismus – die Walsersche *Moralkeule* – zu debattieren. Dessen Normalisierung lässt sich auch mit der Eskalation im Nahostkonflikt (*Zweite Intifada*) und den islamistischen Terrorkampagnen in Zusammenhang bringen. Damals begann «sich der Antisemitismus [...] wieder zu einer politisch wirksamen Kraft» zu entwickeln (Bielefeld 2005: 46), auch unter Linken ist «eine neue Offenheit gegenüber Antisemitismus [...] wahrzunehmen.» (Rensmann 2006: 186)

Der ehemalige Vizekanzler Jürgen Möllemann (FDP) erging sich im Frühjahr 2002 in Israel-Bashing und äußerte Verständnis für das Suicide Bombing, das er als (legitimen) *Widerstand* ansah. Damit sprang er dem *Grünen*-Kader Jamal Karsli bei, der von einem «Vernichtungskrieg» gegen die Palästinenser und von «Nazi-Methoden» Israels sowie von einer «zionistischen Lobby» in Deutschland gesprochen hatte (https://www.spiegel.de/politik/deutschland/umstrittener-neu-liberaler-karsli-ich-bin-kein-antisemit-a-196370.html). Weil der Bundesvorstand der *Grünen* sich von diesen Aussagen distanziert hatte, trat Karsli aus der Partei aus. Er wurde auf Initiative Möllemanns von der FDP-Fraktion in Nordrhein-Westfalen aufgenommen. Das wurde u. a. von Michel Friedman, dem damaligen Vizepräsidenten des *Zentralrates der Juden in Deutschland* kritisiert, was Möllemann zu einem weiteren antisemitischen Rundumschlag verleitete: «Wer Ariel Scharon kritisiert, wird von bestimmten Leuten in Deutschland in die Ecke des Antisemitismus gestellt. Das verbitte ich mir auf das Schärfste. Ich fürchte, dass kaum jemand den Antisemiten, die es in Deutschland gibt, leider, die wir bekämpfen müssen, mehr Zulauf verschafft hat als Herr Scharon und in Deutschland ein Herr Friedman mit seiner intoleranten und gehässigen Art.» (https://www.spiegel.de/politik/deutschland/moellemann-affaere-die-zitate-die-die-republik-bewegen-a-199445.html) Immer noch weigerte sich die FDP, Konsequenzen aus dem Skandal zu ziehen, stattdessen wies der Bundesvorstand den «Vorwurf des Antisemitismus gegen die FDP als Ganzes oder gegen einzelne Führungsmitglieder der FDP» als «ehrverletzend und unberechtigt» zurück. (https://web.archive.org/web/20120130204516/http://www.liberale.de/portal/pdf/BerlinerErklaerung.pdf). Kurz vor der Bundestagswahl ließ Möllemann im September 2002 ein hetzerisches Faltblatt in einer Auflage von über acht Millionen Stück drucken und an Haushalte in Nordrhein-Westfalen verteilen (https://www.spiegel.de/politik/deutschland/grossbild-214341-210910.html). Das enttäuschende Wahlergebnis (7,4 %) lastete der Bundesvorstand Möllemann an und forderte ihn zum Rücktritt vom stellvertretenden Parteivorsitz auf. Er tat dies mit der Begründung, er wolle der FDP eine «Zerreißprobe» ersparen.

Grass musste es 2012 in einem Gedicht (in der *Süddeutschen Zeitung*) einmal «gesagt» haben: dass Israel den «Weltfrieden» gefährde und einen atomaren «Erstschlag» plane, der das «iranische Volk auslöschen» könne (https://rp-online.de/politik/deutschland/guenter-grass-die-attacke-als-verdraengung_aid-13669137).

Was ist Antisemitismus?

Der in den 1870er Jahren aufkommende Begriff *Antisemitismus* ist integraler Bestandteil «apologetische[r] Selbstcharakteristik der Antisemiten» (Claussen 2005: XI). Zweig (1927: 39) betonte, dass Antisemitismus «Judenhass [ist], der sich des verurteilenswerten Hasscharakters schämt und ein fremdes Deckwort gewählt hat für diese eindeutige Seelenlage». Trotz des apologetischen Charakters des Begriffes wird er auch in dieser Arbeit verwendet. Dabei ist im Bewusstsein zu halten, dass Antisemitismus mehr ist als Welterklärung, nämlich auch Alltagshandeln und Gewalttat: «Schon im Gespräch, mit bloßen Worten, deutet antisemitische Argumentation auf eine andere als bloß argumentative Gewalt.» (Claussen 1987: 51)

Bergmann (2004: 26) bestimmt den Antisemitismus als «feindselige Urteile gegen die Juden als Kollektiv, in denen ihnen unveränderlich schlechte Eigenschaften sowie die Absicht zugeschrieben wird, anderen Völkern Schaden zuzufügen. [...] Diese ‹Schädigung› erfolgt oft verdeckt und kann sich [...] in allen möglichen Formen äußern: religiös als Christenfeindschaft, wirtschaftlich als unlautere Konkurrenz und Geldgier, politisch als Weltmachtstreben, als politische Radikalität oder nationale Illoyalität, kulturell als ‹Zersetzung› usw.» Beim modernen Antisemitismus handelt es sich «nicht bloß um Xenophobie oder [...] Vorurteile», sondern um ein Phänomen *sui generis*, «eine antiliberale und antimoderne Weltanschauung, die in der ‹Judenfrage› die Ursache aller [...] Probleme» sieht (Bergmann 2002: 6). Als ein «konzeptuell geschlossenes, faktenresistentes und von intensiven Negativ-Gefühlen determiniertes Weltdeutungssystem» stellt er «kein Vorurteilssystem unter vielen, sondern ein unikales kulturhistorisches Phänomen» dar (Schwarz-Friesel 2018: 13). Gerade in Deutschland und mehr noch in Österreich ist er eine tradierte «kulturelle Größe», ein «kollektiver Wissensbestand [...], der im Prinzip jedem, der in einer derartigen Kultur aufwächst, zugänglich ist.» (Fleck/Müller 1992: 512ff) Wir sind mit einer «ungewöhnlich virulente[n], ungebrochene[n] [...] antisemitische[n] Kulturtradition» konfrontiert, «die durch Sozialisationsprozesse verschiedenster Art, besonders im Rahmen der familiären und schulischen Erziehung, lebendig blieb.» (Greive 1983: 5)

Antisemitismus lässt sich unter allgemeinen Aspekten wie der Feindschaft gegenüber der abgewerteten jüdischen Minderheit analysieren. Gleichzeitig ist er durch spezifische Aspekte gekennzeichnet: Er stellt eine umfassende Welterklärung dar, die Lücken im Wissen mit den mächtigen und untereinander verschworenen *Juden* und ihrer *Schuld* schließen soll. Erst unter Berücksichtigung dieser Besonderheit lässt sich der Antisemitismus fassen. Demgegenüber stehen Definitionen, wie jene Feins (1987: 67), die nur auf die allgemeine Ebene des Antisemitismus (als eine Form der *Fremdenfeindlichkeit*) abzielen.[15]

Dann ist er Gemeinschaftsideologie: AntisemitInnen sind nie allein (Weyand 2016: 10). Sie bilden «eine Gemeinschaft blinder Solidarität» (Sartre 1946: 120) – und werfen genau diesen Zusammenhalt den *Juden* vor. Als die *unheimlichen Fremden* (Spangenberg 1998: 303) ziehen sich Jüdinnen und Juden seit jeher den Hass zu, der in der *Gemeinschaft* nicht erlaubt ist. Je familienähnlicher (undemokratischer) die Eigengruppe, desto größer die Verschiebungsleistung[16], je *reiner* diese, desto *schmutziger* (*böser*) die *Juden*. Die antijüdischen Bilder werden als Negativfolien des (ideologisch) vergesellschafteten Eigenen erschaffen. Auf diese Vergemeinschaftungsfunktion spielt Horkheimer (1946: 30) an, wenn er den «Antisemiten» im Gegensatz zu den «Juden» attestiert, «eine Rasse» zu bilden, «weil sie immer dieselben Schlagworte verwenden, immer dieselben Verhaltensweisen an den Tag legen, ja, einander fast ähnlichsehen.» Durch die Indienstnahme und Ablenkung rebellischer Affekte erfüllt der Antisemitismus eine wichtige Funktion in der ideologischen Vergesellschaftung. Schließlich legitimiert (rationalisiert) er Hass und Aggression (Erb/Kohlstruck 2009). Diese vielfältige Funktionalität des Antisemitismus ließen Bahr (1894: 15) resignieren: «Wenn es keine Juden gäbe, müssten sie die Antisemiten erfinden.»

Antisemitismuskritik fragt nach den politischen, sozialen und individuellen Profiten an Ressentiment und Hass. Sie reduziert bei aller Betonung der Funktionen des Antisemitismus diesen nicht darauf, denn seine Erklärung erschöpft sich nicht im Gewinn, den er verschafft. Seine Funktionen sind nicht mit seinen Ursachen zu verwechseln, diese lassen sich nicht aus objektiven Notwendigkeiten, sondern nur aus antisemitischen Diskursen erschließen. Dass für die vorliegende Arbeit ein ideologiegeschichtlicher Zugang gewählt wurde, bedeutet nicht, den

15 Fein (1987: 68) weigert sich dementsprechend, zwischen Antisemitismus und Rassismus zu differenzieren.

16 Dabei wird die Wut auf die Eigengruppe auf eine andere verschoben.

Antisemitismus losgelöst von realgeschichtlichen Prozessen zu betrachten. Zudem missverstehe ich Ideologie nicht als bloßen Widerschein ökonomischer Basisprozesse. Entsprechend der performativen Wirkung von Ideologie als alltäglicher Begründungs- und Handlungszusammenhang kommt ihr eine Realität schaffende Bedeutung zu. Und der Antisemitismus ist, wie kaum ein anderes Beispiel solcher *Ideologie* geeignet, das Performative an den Selbst- wie Fremdbildern zu zeigen.

Als einem sich permanent modifizierenden Syndrom kommen dem Antisemitismus – je nach TrägerInnen und historischen Phasen – spezifische Funktionen zu. Dementsprechend unterscheiden sich seine Formen, in welchen sich die sozialen, politischen und kulturellen Verwerfungen der jeweiligen Gesellschaftsordnung spiegeln. Dem modernen Massenmenschen ermöglicht er, die von den unbegriffenen Verhältnissen verursachten Überhang an Frustration, Ohnmacht, diffusem Unbehagen, Angst und Entfremdung *schief zu heilen*. Im antisemitischen Weltbild ist die Modernisierung nicht das Resultat «einer sehr komplizierten, den verschiedenartigsten Quellen entspringenden historischen Entwicklung, sondern das Ergebnis der zerstörerischen Tätigkeit einiger ‹Verschwörer›.» (Sterling 1969: 106) Ihre Folgen konnten mittels Antisemitismus auf eine scheinbare Ursache zurückgeführt werden: Landflucht, Urbanisierung, Rationalisierung, Säkularisierung, Demokratisierung, Monopolisierung usw. als *teuflisches* Werk der *Juden*. Verdichten sich die Ressentiments zum Wahn, ist der antisemitische Zirkel geschlossen: Es gibt es kein Entrinnen mehr, das Netz ist fest zugezogen. Dieses paranoide Moment des Antisemitismus ist maßgeblich für seine Dynamik zum Massenmord verantwortlich zu machen: Da der/die AntisemitIn sich «von bösen Mächten, die seine Vernichtung planen umgeben fühlt, kann ihm [/ihr, Anm.] nur der Gedanke an ihre Vernichtung helfen.» (Pulzer 2004: 117)

Holz (2005: 80) hat ein «Grundmuster der antisemitischen Semantik»[17] destilliert: «die Unterscheidung zwischen Gemein-

17 Mit dem Begriff Semantik hebt Holz (2001: 16) «auf kommunikative Sinnverarbeitungsregeln ab, durch die eine Vielzahl einzelner Vorurteilsinhalte und generell Zuordnungen, Zuschreibungen und Bewertungen miteinander verwoben werden.» In ihr artikuliert sich der «kulturelle Wissensvorrat einer Gesellschaft» (ebd.: 15f). Weil «die einzelnen Regeln, die in der national-antisemitischen Weltanschauung kombiniert sind, weit über die antisemitische Semantik hinaus gültig sind», ver-

schaft und Gesellschaft[18], die verschwörungstheoretische Personifikation, die Figur des *Dritten*[19] und die Täter-Opfer-Umkehr zur Relativierung der Shoah»[20]. Wenn sich die Artikulationsformen des Antisemitismus im historischen Verlauf auch veränderten, so blieb er doch in seiner Grundstruktur gleich. Die Unterscheidung seiner verschiedenen Formen sollte darum diese nicht über Gebühr voneinander trennen, sondern eine analytische sein. Es erscheint «unangemessen und irreführend [...], den modernen Antisemitismus nach bestimmten Argumentationsreihen in die Spezies des religiösen, wirtschaftlichen, politischen, rassistischen Antisemitismus usf. auseinanderzulegen» (Greive 1983: 49). Zudem spiegeln «die konkreten Begründungstypen die wirklichen Gründe und Voraussetzungen des Antisemitismus [...] nicht ungebrochen» wider (ebd.: 50).

Als antisemitisch sollen hier schließlich nicht nur jene negativen Aussagen über und feindlichen Handlungen gegen Jüdinnen/Juden gelten, die mit Absicht getätigt und gesetzt werden: «Antisemitismus beginnt [...] nicht erst dort, wo sich Antisemiten als solche bezeichnen.» (Rensmann 2006: 173) Dennoch macht es – zumal in pädagogischer Arbeit – Sinn, zwischen Vorurteilen und gefestigter Weltanschauung zu unterscheiden. Jedoch wird das Vorurteil oft seiner emotionalen Dimensionen beraubt (Ranc 2016: 15) – um es leichter bekämpfen zu können. Antisemitismus ist aber «mehr und anderes als ein ‹vorauseilendes Urteil› im Sinne eines kognitiven, auf Informations-, Erfahrungs- und Distinktionsdefizite herunterbrechbaren (und entsprechend korrigierbaren) Kurz- und Fehlschlusses.» (Ebd.: 25) Darum wäre das Konzept des Vorurteils zugunsten jenes des Ressentiments aufzugeben.[21]

---

diente die «Einbindung der antisemitischen Semantik in die Grundmuster der modernen Semantik» größere Aufmerksamkeit (ebd.: 551).

18 Im nächsten Schritt wird die «Gemeinschaft» bei der Eigengruppe und «allen anderen ‹Völkern›» personalisiert, während die *Juden* mit der (abstrakten) «Gesellschaft» identifiziert werden (Weyand 2016: 198).

19 Nach Dühring (1901: 6) können «Rassen und Nationalitäten [...] miteinander Rivalitäten haben; aber sie werden einander deshalb noch nicht als schädlich anzusehen brauchen. [...] Der Hebräerstamm» als das *Dritte* «bildet aber hierbei eine handgreifliche Ausnahme; er hat sich dem ganzen Menschengeschlecht gegenüber [...] als eine schädliche Menschenart erwiesen».

20 Die Täter-Opfer-Umkehr kennzeichnet nicht erst den sekundären Antisemitismus, vielmehr stellt sie eines seiner Elemente von Anfang an dar.

21 Nach Wurmser (2001: 14) folgt das Ressentiment in der Regel auf massive Kränkung und stellt «eine Form des Hasses» dar, «die in Neid und

Antisemitischer Wortschatz

Das älteste antijüdische Bild ist jenes der *Fremdheit*, das aber noch reale (religiöse) Differenz zur Basis hatte. Die Unterschiede wurden jedoch verabsolutiert und die Fremdgruppe mit Hass belegt. Als negative Gegengröße bestimmt, wurde *Juden* früh ein spezifisches Aussehen zugeschrieben, wobei die Visualisierung der *Bosheit* durch die Behauptung eines defekten *jüdischen* Körpers, von dem die Gefahr der *Ansteckung* ausgehe, erfolgte. Bald wurden Jüdinnen und Juden mit *Verwesung*, *Schlamm*, *Eiter* und anderen Objekten des Ekels assoziiert und solcherart zu Abjekten.[22] Mit dem Christentum kamen jene Bilder dazu, die das Spezifische am Antisemitismus ausmachen: *Verstocktheit*, *Zweifel*, *Zersetzung*, *Verrat*, *Täuschung* und vor allem der *Jude* als *Teufel* sowie als *Gottesmörder*. Letzteres begründete die Zuschreibung von Macht, die allen «Formen des Antisemitismus […] gemeinsam» ist (Postone 2000: 137).[23] Der *jüdischen* Macht wurde die Neigung zur *Verschwörung* beigestellt. Entsprechend seines paranoiden Grundzuges zehrt der Antisemitismus «von einer Atmosphäre der Entlarvung, des Sichtbarmachens des Verborgenen.» (Claussen 1987: 198) Die selbst behauptete Fähigkeit der AntisemitInnen, Geheimnisse zu durchschauen, verschafft ihnen narzisstische (Macht-)Zufuhr.

Im 19. Jahrhundert wurde der Wuchervorwurf im Bild vom *Juden* als *Kapitalist* aktualisiert. Wie die *jüdische Intelligenz* und *Rationalität* verweist es auf das Unverstandene an der Modernisierung. Während die rund um *jüdische* Geistigkeit gruppierten Bilder eine Entsprechung im positiven Verhältnis des Judentums zu Bildung und Vernunft haben, handelt es sich bei den Imagines der *Unversöhnlichkeit* und des *Rachedurst*es um eine projektive Verarbeitung von Schuldgefühlen, die aus antisemitischer Verfolgung stammen. Schließlich wird den Jüdinnen und

---

Eifersucht wurzelt und als fulminantes Ungerechtigkeitsgefühl erlebt wird.»

22 Der auf Kristeva zurückgehende Begriff der Abjektion meint die Ab– und Ausstoßung von Objekten, die spontane Aversion hervorrufen. Zu Abjekten können auch Vorstellungen von Menschen(gruppen) werden, sie «gehen […] aus komplexen Lernvorgängen hervor» und «verkörpern […] sozial und seelisch Abgewertetes und fortan Minderwertiges» (Straub 2019: 131).

23 Im modernen Antisemitismus wird diese Macht «auf mysteriöse Weise unsichtbar, sie ist abstrakt und allumfassend.» (Postone 2000: 137)

Abgrenzung Antisemtismus zu Rassismus

Der Rassismus – aufbauend auf den Begriff «Rasse» beginnend mit dem 17. Jahrhundert – behauptete bereits zu Beginn eine Höher– und Minderwertigkeit entlang der weltpolitischen Herrschaftsstrukturen, also der weltbeherrschenden Europäer als Höherentwicklung des Menschen der damaligen Zeit, und verwendete damit eine Kategorie der genetischen Abstammung. Die Feindschaft gegen Juden hatte ihren Beginn dagegen in einer spezifischen religiösen Auseinandersetzung und darauf folgenden Abwertung des Christentums gegen das Judentum zeitlich weit vor dem Aufkommen der Rassentheorien.

Während es im Rassismus um die Abwertung der anderen Rassen gegenüber der eigenen geht, ist der Antisemitismus geprägt von der Furcht der Überlegenheit des Juden, der nun eine eigene Rasse bildet, gegenüber der eigenen. Der Rassismus behauptet eine Fortschrittlichkeit des Eigenen gegenüber einer Zurückgebliebenheit aller Anderen. Der Antisemtismus phantasiert die Juden zur «Gegenrasse» (Adorno/Horkheimer), sie sind damit nicht eine unter vielen, sondern das Gegenprinzip schlechthin, der Ursprung alles Bösen. Der Nationalsozialismus hat die «minderwertigen Rassen», z.B. die Slawen, als Arbeitssklaven vorgesehen (und eingesetzt), die Juden dagegen zur Vernichtung.

Dem «Juden» werden Eigenschaften unterstellt, die seine Intelligenz betreffen. Er sei schlau, gerissen, hinterhältig, will die Weltherrschaft, machte eine Weltverschwörung zu dessen Erlangung etc., alles Eigenschaften, die dem «Neger», dem «Moslem», dem «Türken» etc. nicht unterstellt werden. Die dagegen seien faul, dumm, im Mittelalter steckengeblieben etc . (vgl. Marz, Ulrike, Kritik des Rassismus, S. 79-87)

Juden vorgeworfen, sich für *auserwählt* zu halten und darum hochmütig zu sein (Wodak et al. 1989: 348ff).[24]

Der «Wortschatz des Antisemitismus» (Cobet 1973) ist durch spezifische Inhalte und Diskursstrategien geprägt. Diese stehen seit jeher im Dienst der Entmenschlichung – aus Jüdin-

24 Gegen das ressentimentgeladene Verständnis der *Auserwähltheit* als Selbsterhöhung über Gruppenfremde ist es wichtig zu betonen, dass diese im Judentum als *Last* empfunden wird. Doch die Realität hat im Antisemitismus keinen guten Stand und so «hat sich in keinem Volke seine eigene Geschichte so bitter […] gerächt wie in dieser fratzenhaften, völkischen Verzerrung, in welcher den Juden ihre eigenen Auserwähltheitsansprüche […] präsentiert wurden.» (Arendt 1955: 367)

Ursache und Beginn der Judenfeindschaft

Die Person Jesus Christus (die historisch nicht zweifelsfrei belegt werden kann), selbst jüdischer Religionszugehörigkeit, war einer von mehreren im Lauf der vorangegangenen Jahrhunderte auftretenden Kritikern der (eigenen) jüdischen Religion. Jesus trat als Prophet in Erscheinung und wurde von einem Teil des Judentums als der ersehnte Messias, von vielen anderen dagegen lediglich als einer von vielen Wanderpredigern angesehen («theologische Differenz»). Die Kritik an verschiedenen Vorschriften der Religion führte zu einem Ablösungsprozess der Anhänger Jesu von der eigenen jüdischen Religion. Im Kampf um die «richtige» Religion formierte sich das spätere Christentum in Abgrenzung zur alten Religion – es ging also ganz handfest um Macht, Einfluss und Deutungshoheit. In der konfliktreichen Auseinandersetzung wurde aber offensichtlich nicht nur theologisch argumentiert, sondern – vom Urchristentum – auch nicht vor Lügen zurückgeschreckt.

Bereits in den vier Evangelien wurde der Tod, respektive die Ermordung des Propheten Jesus, mit starker Einflussnahme der jüdisch-religiösen Strukturen in Verbindung gebracht – interessanter Weise übrigens von Evangelium zu Evangelium variierend und mit zunerhmender zeitlicher Distanz zum Geschehen mit immer stärkerer Schuldzuweisung in Richtung der «alten» Religion. Der Vorwurf des «Gottesmords» gegenüber den Juden, erstmals belegt von einem – nun bereits als «christlich» zu bezeichnenden – Bischof Melitus wurde ca. 160 Jahre nach dem Geschehen erhoben.

Während die Zeitgenossen des Jesus noch wissen konnten, dass das Gebiet des Wirkens des Jesus zur damaligen Zeit Provinz des römischen Weltreiches mit einem römischen Präfekten und Anwendung römischen Rechtes war – so war etwa die Kreuzigung eine damals übliche Art der Todesstrafe Roms (im Gegensatz zum Judentum) – versuchte die neue Religion mit aller Gewalt die Verantwortung für den Tod des Wanderpredigers von den Römern auf die Juden umzulenken. Die Kreuzigung war eine von römischer Herrschaft nach römischem Recht von Römern durchgeführte Bestrafung eines als gefahrlich eingestuften Aufwieglers und jüdischen Anführers («König der Juden»). Wurde in den Evangelien einzelnen Juden die «Schuld» an der Ermordung gegeben, verstiegen sich spätere Mitglieder des Christentums dazu, «den Juden» den Tod anzulasten, also allen Juden und damit der jüdischen Religion.

nen und Juden wurden früh niedere Tiere, wie die *Sau* oder der *Hund*. An die «Stelle rationaler Evidenz» treten mit heftigen Affekten[25] überladene Begriffe und tradierte Mythen wie *Wucher*, *Schacher*, *Ahavaser* usw. (ebd.: 244). Die «wichtigsten Vorstellungen» des modernen Antisemitismus gehen «auf die traditionellen Vorurteile über die jüdische Religion» zurück (ebd.: 242): Aus dem *Mammonismus* wurde der *Kapitalismus*, aus dem *goldenen Kalb* die *Börse*, aus *Ahvaser* der *Anti-* und *Internationale*, aus dem *Volk des Buches* die *Intellektuellen* usw. Die sprachlichen Archaismen wurden auch durch Biologisierung, die Einführung von *Parasit*, *Rasse* usw. modernisiert (ebd.: 239). Die Biologisierung, die «wichtigste und typischste Erscheinung des antisemitischen Wortschatzes» (ebd.: 242)[26], erfuhr ihre Bedeutung für die genozidale Dynamik des Antisemitismus durch die *symbolische Gleichsetzung* (von Bild und Wirklichkeit): Noch im 19. Jahrhundert ist das «Bewusstsein, dass es sich bei den Vorstellungen von Volk als Organismus um ein Bild handelt, [...] bei den Antisemiten [...] weitgehend zurückgetreten, z. T. sogar verschwunden. [...] Was eigentlich nur Vergleich war, wird immer stärker mit der [...] Wirklichkeit identifiziert. Daraus ergibt sich dann logisch die Vernichtungsterminologie.» (Ebd.: 243) Sind die *Juden* einmal als «parasitäre[.] Rasse[.]» erkannt, wird es geradezu zur «Pflicht», sie «auszurotten, so wie man bedrohliche Giftschlangen und wilde Raubtiere eben ausrotten muss.» (Schönerer zit. n. Hamann 1996: 48)

---

25 Nach Brunner ist der Antisemitismus ein «Lügengebilde auf dem Grunde schrankenloser Forderungen des Affekts.» (Zit. n. Krah 2016: 186)

26 Im modernen Antisemitismus wird auch der Kapitalismus biologisiert (Postone 1979: 189): «Die abstrakte Herrschaft des Kapitals [...] verstrickte die Menschen in das Netz dynamischer Kräfte, die, weil sie nicht durchschaut zu werden vermochten, in Gestalt des ‹internationalen Judentums› wahrgenommen wurden.» (Ebd.: 181)

Theorien über Antisemitismus

Seit rund 120 Jahren wird versucht, dem Antisemitismus theoretisch beizukommen. Der Erklärungswert der dabei entwickelten Ansätze variiert stark, manche sind falsch und unbrauchbar, für sich alleine vermag keine das Phänomen vollständig zu erhellen.

Funktionalistische Theorien zielen auf die Bedeutung, welche er für die Eigengruppe hat: die Sündenbockfunktion[27] der *Juden* und die Ventilfunktion des Antisemitismus. Kausale Theorien führen ihn auf soziale, ökonomische und/oder psychische Ursachen wie Deprivationserfahrungen oder massive narzisstische Kränkungen zurück, wobei diese oft gegeneinander ausgespielt werden. Warum sich aber gerade *Juden* so gut als die Objekte eignen, zu deren Lasten die jeweiligen Konflikte *schief geheilt* werden, lässt sich mit diesen Theorien nicht erklären.

Korrespondenztheoretische und Realkonflikt-Ansätze leiten Antisemitismus aus (vermeintlichen) Besonderheiten von Jüdinnen und Juden oder der Interaktion zwischen (nichtjüdischer) In- und (jüdischer) Outgroup ab. Mit Ranc (2016: 20) kann hier von einer «Kausaltäuschung» gesprochen werden: «Ihre projektive Qualität unterschlagend, werden Ursache und Provenienz der Aversion [...] den Objekten der Projektion [...] angedichtet.» Der Realkonfliktthese entgeht das Charakteristikum des Ideologischen, Wirklichkeiten zu schaffen. Auch der Großteil der marxistischen Analysen leidet an der Verwechslung von antisemitischen Zuschreibungen und der Realität. Es hätte Aufgabe einer Kritik des Antisemitismus zu sein, das Wechselspiel zwischen dessen Praxen und deren Legitimation zu erfassen. Stattdessen wird oft Antisemitismus mit Antisemitismus erklärt.[28] Auch die Kritische Theorie war anfänglich zu sehr traditionellen Betrachtungsweisen verhaftet, um den Antisemitismus richtig bestimmen zu können. Die Ignoranz gegenüber der Eigenständigkeit

27 Der «Sündenbock» geht auf ein biblisches Ritual zurück, bei dem ein Opfertier, die Ziege, mit den Sünden der Gläubigen beladen in die Wüste geschickt wird – zur Befreiung der Gemeinschaft von Schuld.

28 Schon Goldmann (1920) kritisierte die «Neigung, beliebige Folgen des Antisemitismus als selbständige Ursachen zu kennzeichnen.»

des Ideologischen und seiner performativen Kraft führte zu so fatalen Fehlannahmen wie jener, wonach der *jüdische Wucher* kein Phantasma, sondern Realität sei. Das Schacher- und Wucher-Stereotyp schimmert noch in der Kritischsten Theorie immer wieder durch, etwa in den *Elementen des Antisemitismus* oder bei Weyand (2015: 63), der den *jüdischen* «Wucher» nicht als Ausgeburt der Phantasie versteht, sondern als Folge der «der Beschränkung der Juden auf die Zirkulationssphäre».

Die sprachkritische Wende in der Wissenschaft brachte mit zeitlicher Verzögerung Teile der Forschung dazu, «Sprache als realitätsprägende Kraft in der Genese der modernen Judenfeindschaft ernst zu nehmen.» (Ziemann 2005: 302) Nun wurde der Tatsache Rechnung getragen, dass Sprache die (verzerrte) Wahrnehmung der Wirklichkeit strukturiert. Der *linguistic turn* erlaubte, das *Judenzählen* als Erklärungshilfe[29] zu lassen und stattdessen den Bildern und Vorstellungen zentrale Bedeutung zuzuweisen. Jetzt erst sind «die Voraussetzungen dafür geschaffen worden [...], Antisemitismus [...] wirklich substanziell zu kritisieren». (Ebd.: 303)

Eine Wissenssoziologie des Antisemitismus (Holz 2001), fragt, «was die kulturelle Semantik des Antisemitismus mit der Struktur der Gesellschaft zu tun hat.» (Weyand 2016: 15) Dabei neigt sie jedoch zum Rückfall auf die strikte Unterscheidung zwischen «Formen des Wissens» und «handgreifliche Verfolgungspraxen» (ebd.: 79). Die Tat ist aber bereits im falschen *Wissen* angelegt, Antisemitismus ist «keine bloße Wissensform, sondern eine, Menschen diskriminierende, verletzende und tötende Praxis» (Claussen 2011: 181).[30] Während Teile der Forschung die «Semantik als eigenständige Dimension» vernachlässigen und «sie stattdessen auf bestimmte Kontexte zurück[führen], seien es gesellschaftliche Krisen, das Unbewusste, das Kapital oder die Eigenschaften der Juden selbst», muss «bei aller Eigenlogik der Semantik diese doch wiederum mit der Struktur und

29 Gegen das Zählen von Jüdinnen und Juden in verschiedenen Berufen und Institutionen, welche die Beschäftigung «mit der Person des Antisemiten» ersetzt, wandte sich schon Sartre (1946: 109). Die «Frage nach einem jüdischen ‹Anteil›» ist «nicht zu trennen von antisemitischen Denkstrukturen» (Ahlheim 2010: 66).

30 Auch Weyand (2016: 80) räumt ein, dass «die antisemitische Wissensformation eine notwendige Bedingung einer organisierten Verfolgungspraxis» darstellt.

den Prozessen innerhalb der Gesellschaft verbunden werden» (Bergmann 2004: 235).

Weil die Ursachen des Antisemitismus nicht bei dessen Opfern zu finden sind, bemisst sich der kritische Gehalt jeder Theorie darin, ob sie die AntisemitInnen und ihre ideologische Vergesellschaftungsformen zum Gegenstand hat. Die subjektorientierten Zugänge teilen sich in (psychologische) Persönlichkeitstheorien und soziologisch-historische Theorien, die sich für die jeweiligen Gemeinschaftsbildungen interessieren. Ergänzt werden sie durch ideologiekritische, ideologietheoretische und diskursanalytische Ansätze, die vom antisemitischen Material ausgehend Erkenntnisse über die Funktionen des Antisemitismus und die Gründe für seine massenhafte Annahme gewinnen. In den brauchbaren Theorien ist zudem «Historizität eingebaut [...], denn die zu Grunde liegenden gesellschaftlichen und psychischen Konflikte wie auch die Wahl der Juden sind jeweils epochenspezifisch» und vor «dem Hintergrund der christlich-jüdischen Beziehungsgeschichte zu untersuchen». (Ebd.: 225)

Sündenbock– und Ablenkungstheorem

Nach den Sündenbocktheorien werden Konflikte im inneren der *Gemeinschaft* und die Schuld daran nach außen projiziert. Tatsächlich zieht sich die Herrschaft stabilisierende Funktion durch die Geschichte des Antisemitismus. Manchmal wird sie offen eingeräumt, etwa vom stellvertretenden ADV-Vorsitzenden Gelbsattel, der 1915 bekundete, «die Juden als Blitzableiter für alles Unrecht zu benutzen» (zit. n. Berding 1988: 177). Die Verdinglichung der Jüdinnen und Juden zu Sündenböcken und die Projektionen auf diese erlauben doppelte Befriedigung: Die antisemitische «Phantasie schwelgt[.] in jüdischen Untaten, während das Gewissen die Übeltäter mit rigoroser Härte bestraft[.]. In dieser Hinsicht erfüllt[.] der Antisemitismus die Funktion, die Bürde der Kultur zu erleichtern und dennoch das Selbstbewusstsein unangetastet zu lassen, das aus der Erfüllung der Norm stammt[.].» (Felden 1963: 58) Das Sündenbocktheorem ist problematisch, da es «eine bereits bestehende Vorurteilsstruktur» voraussetzt (Strauss 1990: 47). Darum kann es «nur die Funktion» von Antisemitismus erhellen, nicht seinen «Ursprung» (ebd.). Auch die Eignung von Jüdinnen und Juden als Sündenböcke erklärt sich nicht aus der entsprechenden Theorie (Arendt 1955: 9), sie rührt vielmehr aus der Tradition.

Das verwandte Ablenkungstheorem sieht im Antisemitismus den Versuch, soziale Wut auf Jüdinnen und Juden umzulenken. Er sei ein «Sicherheitsventil der besitzenden Klassen, die ihn ermutigen und so den gefährlichen Hass gegen ein Regime in einen unschädlichen Hass gegen einzelne verwandeln.» (Sartre 1946: 129) Die KPD hielt noch im November 1938 daran fest: «Immer [...] hat die Reaktion, wenn sie ein Volk aufs Schlimmste ausplünderte und die Erbitterung des Volkes fürchtete, sich der schmutzigen Mittel der Judenhetze und der Pogrome zum Zwecke der Ablenkung von den wahren Schuldigen am Volkselend bedient» (zit. n. Kühnl 1975: 422). Antisemitismus wird nur beim «Klassenfeind, der der Klassenbruder des reichen Juden ist» (Heller 1931: 128f), gesehen und «als Waffe reaktionärer Kräfte» im «Klassenkampf» (Mohrmann 1972: 12) verkannt – wie dies auch die Kritische Theorie über einen langen Zeitraum mehrheitlich tat.[31]

Der Antisemitismus ist aber «keine kapitalistische Machenschaft, sondern ein [...] ‹hilfloser Antikapitalismus›, mit dem vor allem Bauern, Handwerker, Kleinhändler und Angestellte auf eine Krise des Kapitalismus [...] reagierten.» (Winkler 1978: 90) Er lässt sich als Summe von «*Ersatz*handlungen» fassen, «die in einem ohne bürgerliche Revolution und ohne *politisch* wirksame Aufklärung gebliebenen Land vorwiegend ländliche Schichten in einer für sie undurchschaubaren Situation in blinder Wut vollziehen» (Lenk 1988: 24).

Für den *hilflosen Antikapitalismus*, die Selbsttätigkeit der Beherrschten als Subjekte ideologischer Vergesellschaftung, interessiert sich die Ideologietheorie. Sie nahm ihren Ausgang bei der marxistischen Tradition und dessen Scheitern «vor der Aufgabe, den modernen Antisemitismus [...] in seiner Gefährlichkeit zu begreifen.» (Haug 1993: 209). Es überwiegen «allzu direkte ökonomische Interpretationen [...], welche die ideologische Dynamik des Antisemitismus nur unzulänglich erfassen» (ebd.). Zumal seine «alltägliche Dimension» kann nicht begriffen werden, wenn er «als abstrakte Ideologie verstanden wird.» (A.G. Gender-Killer 2005: 64) Er «existiert[.] nicht allein als Idee», vielmehr wird er erst «durch seinen beständigen ma-

31 Zur fatalen Wirkungsgeschichte des Ablenkungstheorems in der Linken vor Auschwitz s. Peham 2020.

teriellen Vollzug» im Alltag wirkmächtig (ebd.). Antisemitismus ist Ideologie nur in einem weiten Verständnis, nämlich als allgemeiner Bedeutungsrahmen, der sich nicht eins zu eins in Denken und Handeln übersetzt. Ideologietheoretische Ansätze haben also weniger Ideologien als das Ideologische, verstanden «als eine große Wirkungsweise entfremdeter Gemeinschaftlichkeit» (PIT 1980: 9), in ihrem Fokus. In solcher Sichtweise macht der Antisemitismus die Anrufung der Subalternen mit sozialer Herrschaft kompatibel (ebd.: 69). Er erscheint als ideologischer Effekt der Einordnung in die Verhältnisse.

Korrespondenztheorie

Von den Objekten des Antisemitismus als dessen Ursache gehen korrespondenz- oder realkonflikttheoretische Ansätze aus. Diese haben (angebliche) Besonderheiten des Judentums und die Interaktion von (nichtjüdischer) In- und (jüdischer) Outgroup zum Gegenstand. Solche Ansätze mögen (vorchristlicher) *Judenfeindschaft* noch entsprechen, für die Erklärung des modernen Antisemitismus scheinen sie ungeeignet. Dennoch führten etwa Reichmann (1951), Golo Mann (1960), Rosenberg (1967: 93ff) oder Aly (2011)[32] Antisemitismus ursächlich auf Konflikte zwischen *Deutschen* und *Juden* zurück. Jedoch sind etwa die antisemitisch organisierten Handwerker Ende des 19. Jahrhundert kaum auf jüdische Konkurrenz gestoßen, da der Großteil der Handwerksberufe *Christen* vorbehalten war. Dennoch wird der Antisemitismus nicht als Ergebnis ideologischer und historischer Praxen der Mehrheit verstanden, sondern mit ökonomischer Konkurrenz, «komplizierten Reibungen beim sozialen Aufstieg oder Abstieg, […] Neid auf das von verachteten Minderheiten erworbene gesellschaftliche Prestige» erklärt (Strauss/Kampe 1985: 17). Auch Lichtblau (1994: 91ff) macht (für Österreich) soziale Spannungen für das Aufkommen und Erstarken des Antisemitismus verantwortlich, betont aber, dass

32 Die zuletzt von Aly (2011) strapazierte Sozialneidthese hat ihre Berechtigung, wenn sie mit der Projektionsthese verknüpft wird: AntisemitInnen beneiden Jüdinnen und Juden um das, was sie auf diese projiziert haben. Demgegenüber nimmt Alys «Gegenüberstellung von trägen ‹Deutschen› und fleißigen ‹Juden› […] die zeitgenössischen Stereotypisierungen in normativ umgewerteter Form schlicht für bare Münze.» (Gräfe 2016: 126)

reale Konflikte diesen nicht vollständig erklären können. Tatsächlich kommt ihnen «keine ursächliche Bedeutung für das Werden des Antisemitismus zu», sie «locker[n] nur die Hemmungen» (Müller-Claudius 1927: 80). Zwar erlaubt ihre Berücksichtigung, «jene gesellschaftlichen Schichten präziser [zu] erfassen, die [...] besonders aufnahmebereit für antisemitische Inhalte waren» (Zumbini 2003: 646), aber der moderne Antisemitismus lässt sich «nicht als Reaktion auf den raschen und deutlich sichtbaren Aufstieg vieler Juden» im letzten Viertel des 19. Jahrhundert «hinreichend erklären.» (Hoffmann 2004: 46f)

Ein Vertreter der Korrespondenztheorie war der Schriftsteller Arnold Zweig, der jedoch auch auf psychoanalytische Erkenntnisse zurückgriff. Aber für zentral hielt er den «Differenzaffekt», die Abstoßung von Mehrheit und Minderheit. Was Zweig neben der christlichen Tradition für die negativen Affekte gegen Jüdinnen und Juden verantwortlich machte, ist aber nicht ihr *Wesen*[33], sondern ihre spezifische Existenz in den Nationalstaaten: Einerseits sind sie BürgerInnen dieser Staaten, andererseits untereinander zum Judentum verbunden. Diese «unheimliche Zwitterlicht, diese gestaltlose Gestalthaftigkeit, diese unpackbare Doppelexistenz» reize «Verdacht, Unruhe, Abstoßungsaffekt» (Zweig 1927: 109). Wenn der Ton im Vergleich zur vorangehenden Aufsatzreihe (Zweig 1920/21: 377ff) auch milder geworden ist, erklärt er noch in seinem Werk *Caliban* Jüdinnen und Juden zu Mitschuldigen am Antisemitismus, der sich vor allem an ihrer Verantwortung für die Durchsetzung kapitalistischer Verhältnisse entzündet habe (Zweig 1927: 124). Die Annahme, Antisemitismus habe einen Anker in der Realität, führte ihn zu solch drastischen Fehleinschätzungen wie jener, dass er «als Massenphänomen» erlösche, «sobald er den Juden [...] aus seinem Blickfeld gedrängt hat» (ebd.: 40).

Nach Zweig war es Arendt, die dafür plädierte, den Antisemitismus des 19. Jahrhunderts als eine Reaktion auf die (ideologisch verzerrte) Wahrnehmung der Rolle von Jüdinnen und Juden in Staat und Gesellschaft zu begreifen. Den Antisemitismus des 20. Jahrhunderts erklärte aber auch sie nicht korrespon-

33 Angesichts seines Postulats, wonach den Antisemitismus zu analysieren, «selbstverständlich nicht [heißt], über jüdisches Wesen nachdenken» (Zweig 1927: 41), scheint es falsch, Zweig gänzlich der Korrespondenztheorie zuzuordnen. Aber wie die frühe Kritische Theorie vermochte auch er nicht, dem eigenen Anspruch zu genügen.

denztheoretisch, dieser bedürfe «gar keiner Juden mehr [...], um den Hass auf sie loszulassen» (Arendt 1955: 366). Gleichzeitig verlangte sie aber, den *jüdischen* «Anteil an Verantwortung» für den Antisemitismus und die Shoah zu berücksichtigen (ebd.: 9). Dieser Versuch, den Opfern eine (Mit-)Schuld für ihre Verfolgung zu geben, ist höchst kritikwürdig, jedoch reicht er nicht aus, um Arendt ganz der Korrespondenztheorie zuzuschlagen.[34] Denn ihre Behauptung einer *jüdischen* Mitschuld an der Verfolgung steht im Gesamtkontext ihrer Theorie weitgehend isoliert, es dürfte sich vielmehr um einen Ausdruck ihres konfliktreichen Verhältnisses zum Judentum handeln (Sperber 1964).

Dort, wo sie die Moderne behandeln, scheitern Realkonfliktansätze an der Unterscheidung zwischen religiösen Differenzen und aus diesen rührenden *Gruppenspannungen* auf der einen und dem bereits lange existierenden Antisemitismus auf der anderen Seite. Wenn sie das Verhältnis zwischen nicht-jüdischer Mehrheit und jüdischer Minderheit zur Ursache des Antisemitismus erklären, übersehen sie, dass dieses Verhältnis und seine Wahrnehmung schon durch ihn determiniert sind. Die unterschiedlichen Sozialstrukturen und die Überrepräsentation von Jüdinnen und Juden in bestimmten Wirtschaftszweigen, wie sie mehr in Deutschland als in Österreich zu konstatieren waren, treten «einerseits überhaupt erst unter der Voraussetzung eines durch Feindschaft gekennzeichneten Gruppen-Verhältnisses in Erscheinung und pflegen andererseits auch, wo sie längst registriert sind, erst unter den drückenden Bedingungen von Krisen ernsthaft problematisch zu werden.» (Greive 1983: 10)

Gänzlich zu verwerfen sind solche Ansätze, wenn die Wahrnehmung von AntisemitInnen für die Realität genommen wird, etwa von Carsten (1968: 37f), der das rasante Wachstum der jüdischen Bevölkerung Wiens Ende des 19. Jahrhunderts als «Bedrohung» bezeichnet. Dies gelte vor allem für die *Ostjuden*: «Ihre Sprache und Kleidung, ihre Lebensgewohnheiten, waren völlig verschieden von denen der anderen Einwohner

34 Zumal Arendt (1955: 8) vor den «Versuchungen des gesunden Menschenverstandes» warnte, «der uns einreden möchte, dass Ausbrüche des Volkshasses oder plötzliche Rebellionen notwendigerweise von übergroßer Macht und offenbaren Misstrauen verursacht werden und dass daher dem großen Hass auf die Juden unbedingt eine außerordentliche jüdische Machtposition entsprechen müsste.»

und erregten antisemitische Gefühle.» (Ebd.: 38) Oder von Golo Mann (1960: 27), der meinte, «dass der in der Weimarer Zeit gängige Ausdruck ‹jüdisch-zersetzend› nicht völlig ohne Boden war.»

Individuelle Disposition

Die Verhältnisse sind für die «Entstehung antisemitischer Ideologie zwar wesentlich, jedoch für sich allein genommen als Erklärung des Antisemitismus nicht hinreichend [...]. Die ökonomische Interpretation des modernen Antisemitismus muss ergänzt werden durch die Analyse spezifischer Massenbildungsprozesse und damit zusammenhängender psychologischer Mechanismen.» (Stögner 2014: 135) Es wäre zu fragen, was an individueller Disposition dem Antisemitismus entgegenkommt und «welchen Zwecken [...] antisemitisches Denken im Leben eines Individuums» dient (Adorno 1950: 122). Subjektorientierte Ansätze sehen, ausgehend von der attestierten Ich-Schwäche der autoritären Persönlichkeit deren Anfälligkeit gegenüber Antisemitismus in erhöhter Projektions- und Identifikationsneigung.

Grundsätzlich lassen sich zwei «zwar miteinander interagierende, aber voneinander verschiedene Ebenen der dynamischen Beziehung zwischen antisemitischem Verhalten und Persönlichkeitsstruktur» auseinanderhalten: Das eine Mal ein Antisemitismus «als Ausdruck der sozialen Konformität gegenüber der Einstellung der dominanten Gruppe», das andere Mal ein Antisemitismus, der «durch eine fundamentale Persönlichkeitsstörung motiviert ist» (Jahoda/Ackermann 1948: 225f). Jedoch ist er nicht nur einer Störung zuzuordnen, vielmehr weisen AntisemitInnen eine «beträchtliche Bandbreite klinischer Diagnosen» auf (ebd.: 226). Bei der Bestimmung von charakterlichen Dispositionen, die dem Antisemitismus entgegenkommen, ist also zu bedenken, «dass es eine einheitliche antisemitische Persönlichkeit nicht gibt, sondern dass ein Ensemble an prädisponierenden Variablen existiert, die aber nicht zu identischen Persönlichkeitsstrukturen bei allen Antisemit(inn)en führen» (Salzborn 2010a). Sie weisen jedoch eine «ähnliche[.] Prädisponierung des psychischen Apparats von Es, Ich und Über-Ich» auf (ebd.). Gemeinsam ist ihnen neben «besonders ausgeprägte[n] anale[n], sogar anal-sadistische[n] Züge[n]» und einer stärkeren

«Triebhemmung in allen Bereichen» (Brainin 1986: 107) eine massive Schwächung des Ichs, das nur ungenügend auf die Anforderungen von Es und Über-Ich reagieren kann. Insbesondere in Zeiten krisenhafter Umbrüche und sozialer Panik kann ein über Gebühr geschwächtes Ich leicht auf bereits überwundene Stufen der psychischen Entwicklung zurückfallen – es ist dann auf frühe Formen der Abwehr, allen voran die Spaltung[35], angewiesen.[36]

Auf individueller Ebene sind die Dispositionen zum Antisemitismus als dessen notwendige aber nicht hinreichende Ursache angelegt, über seine Verbreitung und Wirkmacht entscheiden jedoch historische Faktoren.[37] Seine Ursachen sind nur im Wechselspiel von (beschädigtem) Individuum und (ideologischer bis pathologischer) Vergesellschaftung zu finden. Alles in allem ist er überdeterminiert, lässt er sich nicht aus einem Faktor ableiten. So kann die gleiche charakterliche Disposition zu verschiedenen Zeiten und an verschiedenen Orten ganz andere Folgen zeitigen. Von den äußeren Faktoren, die Antisemitismus begünstigen, ragt die – von der Mehrheit als solche wahrgenommene – Krise heraus.

---

35 Frühkindliche Abwehrform, bei der Personen (Objekte) in nur *gut* und nur *böse* gespalten werden.

36 Daneben liegt dem Antisemitismus ein «Syndrom allumfassender Ängste», ein «konfuse[s] Selbstbild[.]», eine nur teilweise gelungene «Realitätsanpassung» und ein, «in seiner Funktionsfähigkeit beeinträchtigtes Gewissen» zu Grunde (Jahoda/Ackermann 1948: 229). Vor allem leiden AntisemitInnen unter massiven, aber diffusen Angstzuständen, die nicht bewusst erfahren werden, sondern «sich indirekt in verschiedenen Formen sozialen Unbehagens und sozialer Unfähigkeit» manifestieren (ebd.: 227). Nach Sartre (1946: 134) ist der «Antisemit [...] ein Mensch, der Angst hat. Nicht vor den Juden, vor sich selbst, vor seiner Willensfreiheit, seinen Instinkten, seiner Verantwortung, vor der Einsamkeit und vor jedweder Veränderung, vor der Welt und den Menschen, vor allem – außer vor dem Juden.» (Aber vor *Juden* als Projektionsflächen fürchten sich AntisemitInnen sehr wohl!) Die *Angst* vor den *Juden* lässt sich als Versuch verstehen, allgemeine Furcht durch Konkretisierung abzuwehren: «Die moderne Gesellschaft hat bedrohliche Aspekte; das unausgesprochene Gefühl allgemeiner Desorientierung ist sofort neutralisiert, wenn es als Misstrauen gegenüber den Juden formuliert werden kann.» (Löwenthal 1944/45: 185)

37 Antisemitismus ist «keine Persönlichkeitseigenschaft, sondern eine soziale Einstellung, die [...] erlernt und weitergegeben wird.» (Küpper/Zick 2007) Jedoch sind es persönliche Eigenschaften, die den antisemitischen Lern- und Tradierungserfolg fördern oder hemmen.

Krisentheorie

Hans Rosenberg (1967) brachte die Eskalation des Antisemitismus in den 1870er Jahren mit der damaligen Weltwirtschaftskrise in unmittelbaren Zusammenhang und erklärte diesen zum Gesetz: «Seit 1873 stieg der Antisemitismus, wenn der Aktienkurs fiel.» (Zit. n. ebd.: 96) Die These kann jedoch nicht erklären, warum gerade in Deutschland und Österreich die Verarbeitungsformen der Krise antisemitische waren. Dazu müssten die Interpretationen des unverstandenen Krisenzusammenhanges in das Zentrum der Analyse gerückt werden: Sie entscheiden über die Bewertung der Krise und die Konsequenzen daraus. Zudem sind es weniger bloß ökonomische Krisen, die Antisemitismus hervorrufen, vielmehr müssen sich diese erst zu hegemonialen (ideologischen) Krisen steigern, um zu einer begünstigenden Variable zu werden. Der Zusammenhang zwischen ökonomischer Konjunktur und dem Antisemitismus ist kein unmittelbarer, sondern durch individuelle Dispositionen, herrschende Ideologien und die politische Kultur vermittelt. Es besteht kein Automatismus zwischen Klassen- oder Bedrohungslage und Antisemitismus (Marin 1978: 435f). Demgegenüber neigen vulgärmaterialistische Ansätze zu einer Parallelisierung von Wirtschaftskrise und Antisemitismus. Dieser hängt aber weniger von objektiven Faktoren wie sozialem Abstieg ab, sondern von subjektiven Empfindungen, allen voran die Angst. Neben (geschürten) Bedrohungsgefühlen in Zeiten rasanten gesellschaftlichen und politischen Wandels (Becker et al. 2010: 134ff) begünstigen vor allem enttäuschte «Erwartungen hinsichtlich des eigenen Fortkommens und Selbstbildes» das Ressentiment (Rensmann 2004: 97).

Bei aller wechselseitigen Begünstigung: «Krisengefühl und Feindwahrnehmung» bedingen und erklären sich nicht «gegenseitig. Tatsächlich [...] lassen Bedrohungsszenarien immer noch unterschiedliche Folgerungen und Strategien zur Bewältigung zu.» (Heil 2006: 37) Wenn auch die «Krise [...] offenbar zum Verschwörungsdenken an[hält], [...] mündet [sie] nicht notwendig darin. Nur umgekehrt stimmt die Gleichsetzung, denn selbst wo keine äußere Bedrohung gegeben ist, kreiert die Verschwörungsvorstellung ein solches Szenarium aus sich heraus.» (Ebd.: 39) Die performative Kraft antisemitischer Propaganda verweist auf die relative Unabhängigkeit des Krisengefühls von der Realität. Jedoch reagieren in Zeiten tiefgreifender Erschütterung mehr Menschen mit Angst auf den «Schrei», dass «Thron und Altar […] in Gefahr» seien (Freud 1927a: 312). Diese Angst wird in rechten Anrufungen zur Panik gesteigert. Im nächsten Schritt – begünstigt durch kulturelle (*christliche*) Hintergründe und Propaganda – wird diese Panik zu Hass auf die *Juden*, den Projektionsflächen der rebellischen Impulse der Untertanen. Es sind insbesondere die emotional mit Herrschaft verstrickten Autoritären, die bereits auf die Behauptung einer Krise anspringen. Zu Recht gilt der Autoritarismus als eine der wichtigsten begünstigenden Variablen für den Antisemitismus.

Fetischismus und Antisemitismus

Der Fetischismus, jene den Waren innewohnende Eigenschaft, ihren sozialen Charakter in wesenhaft *Natürlich-Dingliches* zu verwandeln (Marx 1867: 86f), bildet die Grundlage und Voraussetzung jeder Ideologiebildung und des modernen Antisemitismus, der solcherart ursächlich mit wertförmiger Vergesellschaftung verknüpft ist (Grigat 2007: 273ff). Er stellt einen möglichen Effekt dieser Vergesellschaftung dar und lässt sich «als falsche Wahrnehmung von sozialen Prozessen deuten […], die selbst zu ihrer verzerrten Wahrnehmung einladen.» (Loeffler 2011: 137)

Postone (1979: 192) geht jedoch darüber hinaus, wenn er – die notwendige, aber nicht ausreichende Voraussetzung und die Folgen gleichsetzend – den Antisemitismus als «besonders gefährliche Form des Fetischs» bezeichnet. Aber Warenfetischismus und Antisemitismus sind nicht identisch, vielmehr baut Letzterer auf Ersterem auf: Die alltägliche Verkennung des Sozialen führt in bestimmten Kontexten zu spezifischen Formen der Verzerrung der Realität. Der Fetischismus ließe sich bestimmen als die soziale und psychische (grundlegende) Logik des Antisemitismus, ohne beides in eins fallen zu lassen. Claussen (1987: 245) attestiert Postone eine «erkenntnistheoretische Verkürzung»: Er konstruiere einen «Parallelismus […] in einer politisch-ökonomischen Logik, die der Warenform einen Bewusstseinsinhalt zuordnet.» Dieses «deterministische Konzept des Antisemitismus als einer gleichsam reflexartigen Reaktion auf die ökonomischen Formen» stellt eine «Schwäche von Postones Erklärungsansatz» dar (Blättler/Schmiederer 2010). Mit der fetischistischen Verkehrung von Sozialem in Natürliches kann nur die erste, allgemeine Stufe der Ideologiebildung erklärt werden, ihre Fortsetzung zum Antisemitismus lässt sich nur aus historischen Spezifizierungen des *falschen Bewusstseins* begreifen. Denn «der Warenfetisch [wird] im Vorbewussten und Unbewussten weiterbearbeitet […]. Am Schluss steht nicht rationales oder irrationales Bewusstsein des Einzelnen, sondern eine Alltagsreligion, die die Massen teilen.» (Claussen 1987: 48)

Postones These von der warenfetischistischen Grundierung des Antisemitismus stellt dennoch einen wichtigen Ausgangspunkt dar. Wenn Warenform und Unbewusstes auch jene grundlegenden Strukturen bilden, die den Antisemitismus determinieren, lassen sich seine Inhalte und Funktionen aber nicht einfach aus ihnen ableiten. Mit Sinnverarbeitungsregeln alleine ist er ebenfalls nicht zu vollständig zu begreifen. Erst in der Zusammenführung von grundlegender Struktur, antisemitischer Semantik und historisch-gesellschaftlichen Kontexten ist Erkenntnis möglich. Bei aller Determination des Antisemitismus durch kapitalistische Vergesellschaftung: Übrig bleibt der Überschuss an Leidenschaft und die Entscheidung zum Hass. Beim Antisemitismus handelt es sich «in keinem Fall allein um Fetischismus im Sinne eines eingeschränkten Erkenntnisvermögens, sondern immer auch um eine moralische Entscheidung» (Scheit 1999: 50f). Werden Antisemitismus und Fetischismus gleichgesetzt, kann nicht erfasst werden, wie sich *notwendig falsches Bewusstsein* in alltägliche Praxen übersetzt. Der Antisemitismus wäre zu begreifen als Konkretisierung allgemeiner «Verblendung […] zu einer bewussten, absichtlichen, die *subjektiv* bejaht werden muss, um zu funktionieren.» (Ebd.: 50)

Umrisse einer psychoanalytisch orientierten Kritik des Antisemitismus

In einer 1933 erschienenen «internationalen Rundfrage über das Wesen des Antisemitismus» (Epstein 1933) findet sich in jeder dritten Antwort ein Bezug auf das Unbewusste des *deutschen* Massenmenschen[38] und seine Erkrankungen. Tatsächlich führt der antisemitische Diskurs in «verborgene Tiefen des Unbewussten» (Loewenberg 1992: 1095), was die üblichen «bündig rationalen, ökonomischen und politischen Erklärungen» als unzulänglich erscheinen lässt (Horkheimer/Adorno 1944/47: 179). Sie wären durch psychoanalytische Ansätze zu ergänzen. Diese suchen nach den verborgenen Bedeutungen hinter den Beschuldigungen. Die Analyse antisemitischer Texte macht Sinn, weil sie als rationalisierte Projektionen Auskunft geben über die inneren Konflikte der Projizierenden. Wenn ein Kollektiv – zuerst das *christliche*, dann das *deutsche* – «eine Projektion dogmatisiert, d. h. zu ihrem gültigen Selbstverständnis erhebt, ist es methodologisch korrekt, diesen Text wie den Text einer Einzelperson zu behandeln, d. h. die Projektion als Aussage über […] das Kollektiv, zu lesen.» (Beland 1992: 104)

Heute kann die Einsicht in die Steigerbarkeit des Antisemitismus bis zum Wahnhaften als Konsens gelten. Neben der Leidenschaft und der Beharrlichkeit, mit der noch die irrationalsten Beschuldigungen gegen Jüdinnen und Juden vorgebracht werden, legen die Analogien zum Wahn die Anwendung psychoanalytischer Ansätze nahe. Gegen jede Psychologisierung ist aber zu betonen, dass soziale und politische Faktoren für den Antisemitismus maßgeblich verantwortlich sind, es von den Verhältnissen abhängt, ob er zur Bedrohung wird. Das Beispiel des Nazismus verweist auf die Gefahr, die von den politischen Rahmenbedingungen ausgeht, unter welchen «viele Individuen eine pathologische Charakterstruktur als ich-synton (ich-gerecht) zu erleben beginnen.» (Mitscherlich 1975: 49)

Auch hat der/die AntisemitIn im Gegensatz zur/zum Wahnkranken die relative Freiheit, sein/ihr Objekt zu wählen, wobei ihm/ihr Gesellschaft und Politik die Wahl nahelegen (Horkheimer/Adorno 1944/47: 196). Aus dem (realitätstauglichen)

38 Als *deutsch* soll jene nationale Gemeinschaft bezeichnet werden, die gegen die *Juden* konstruiert wurde. Die Kategorie ist unabhängig von der Staatsbürgerschaft.

Wahn ist darum keine Abweichung oder Krankheit zu machen. Vielmehr ist mit Simmel (1946: 60) anzunehmen, dass die Identifikation mit dem antisemitischen Mythos gerade vor Krankheit schützt, dass (insbesondere unter sozialem Stress drohende) Einzelpsychosen durch eine Massenpsychose abgewehrt werden können. Das Subjekt rettet sich durch Untertauchen in eine pathologische Gruppe[39] vor individueller Regression – indem es kollektiv regrediert (ebd.: 73).[40]

Die Mitgliedschaft in einer Masse[41] und der Glaube an eine (politische) Illusion kann auch schon vor der Neurose schützen – durch «Schiefheilung» innerer Konflikte (Freud 1921: 159). Am Beispiel der Religion wies Freud (1927: 367) auf die Möglichkeit hin, dass «die Annahme der allgemeinen Neurose» den Einzelnen «der Aufgabe» enthebe, «eine persönliche Neurose auszubilden.» Es gilt auch und gerade für den Antisemitismus als Alltagsreligion: Durch «Fixierung eines psychischen Infantilismus und Einbeziehung in einen Massenwahn gelingt es der Religion, vielen Menschen die individuelle Neurose zu ersparen.» (Freud 1930: 443f) Die antisemitische Alltagreligion wäre dann «als ‹Schiefheilung› gesellschaftlichen Unglücks» zu charakterisieren (Claussen 1987a: 16).[42]

Es gilt auch im virtuellen Raum: Als «Massenphänomen» ist der Antisemitismus «nicht nur lauter, offener, ergossener als der eines Einzelnen, nicht nur aktiver und seiner selbst sicherer, er ist auch echter, in der Seele vorhandener. Nicht allein, dass er den anderen ansteckt und ihm Mut macht, dass die Scham wegfällt: Es scheint vielmehr, dass erst die Menge der wahre Träger dieser Empfindung ist [...] und dass der einzelne Anti-

39 Eine Gruppenbildung ist pathologisch, «wenn sie dem ohnmächtigen Individuum vor allem dazu verhilft, unsublimierte und uneingeschränkt destruktive Triebenergien abzuführen» (Simmel 1946: 72)

40 Aber schon «der Prozess der Gruppenbildung selbst, wenn er unter pathologischen Bedingungen stattfindet, [kann] einen Massenwahn erzeugen» (ebd.: 64).

41 Die Massen müssen keine physischen sein, mit Chasseguet-Smirgel (1987: 88) kann von der Existenz «virtueller Massen» ausgegangen werden.

42 Claussen (1987a) polemisiert gegen die Anwendung des Psychose-Begriffs und schlägt vor, den Antisemitismus mit Fenichel (1946) als Massenneurose zu begreifen. Demgegenüber ist er für Adorno (1955: 122) «kaum durch die Mechanismen einer Neurose zu erklären». Der Widerspruch ließe sich auflösen, wenn das Psychotische in den Extremformen und das Neurotische im alltäglichen Antisemitismus verortet wird (Marin 1979: 143).

semit sich immer als Glied einer gesinnungsverbundenen Menge wissen oder dumpf spüren muss, um in seiner Gesinnung ganz aktuell zu sein.» (Zweig 1927: 42f) Tatsächlich gibt es an der Masse etwas, «was dem Antisemitismus [...] entgegenkommt.» (Fenichel 1946: 40) Illusionen wirken umso besser, je mehr Menschen ihnen anhängen, Mythen werden *wahr*, wenn sie kollektiv geglaubt werden. Das Gerücht (über die *unheimlichen Fremden*) stellt eine Brücke zwischen dem Individuum und der Masse dar, Letztere bildet sich gerade im Internetzeitalter durch den geteilten Glauben an die *Wahrheit* des Gerüchts.

In der Analyse von Massenphänomenen machte Freud (1921: 77) die «Beobachtung der veränderten Reaktion des Einzelnen» sobald er/sie Mitglied einer Masse wird. Die Massenbildung wirkt homogenisierend, ein vereinheitlichtes *Massen-Ich* tritt an die Stelle unterschiedlicher Individuen. Dabei wird «der psychische Oberbau, der sich bei den Einzelnen so verschiedenartig entwickelt hat, [...] abgetragen, entkräftet und das bei allen gleichartige unbewusste Fundament wird bloßgelegt (wirksam gemacht).» (Ebd.: 78) Es ist die Last der Zivilisation, die beim Eintritt in die Masse abgeworfen wird, das Individuum kommt «in der Masse unter Bedingungen, die ihm gestatten, die Verdrängungen seiner unbewussten Triebregungen abzuwerfen». (Ebd.: 79) Beim *Massen-Ich* tritt «die Realitätsprüfung zurück gegen die Stärke der affektiv besetzten Wunschregungen». (Ebd.: 86) In der Verschmelzung zur Masse und dem zumindest partiellen Bruch mit der Realität kommt die Massenpsychologie dem Antisemitismus entgegen.

Dieser ist vor allem durch primitive Abwehrformen gekennzeichnet. Gegenstand wie Ursache der Abwehr sind psychische Konflikte, die aufgrund massiver Schwächungen des Ichs und unter bestimmten Bedingungen nur mit Hilfe des *Juden* (scheinbar) gelöst werden können. Der bedeutendste Abwehrmechanismus ist jener der Projektion[43] oder projektiven Identifizierung (Klein 1946). Zuerst werden die eigenen, als negative erfahrenen (verdrängten Es- und Über-Ich) Anteile und der *primitive* Hass (Freud 1915: 231) auf Jüdinnen und Ju-

43 Weil der «primitive Mechanismus» der Projektion «an der Gestaltung unserer Außenwelt normalerweise den größten Anteil hat» (Freud 1913: 81), stellten ihr Horkheimer und Adorno (1944/47: 199ff) das Adjektiv «pathisch» voran. Damit ist Projektion unter dem Ausfall von Reflexion gemeint.

den projiziert, um das Selbst weiter in den Kreislauf aus Ich-Schwäche, Angst, Hass und weiterer Schwächung zu ziehen. Je dominanter und *primitiver* die Abwehrvorgänge, desto größer die Entfremdung vom Ich, welches dann noch mehr *fremd* gewordene (*unheimliche*) Anteile abwehren muss. Dabei wird das Ich einer Entdifferenzierung ausgesetzt, was wiederum die Ängste (vor einer Auflösung des Selbst) bis hin zu apokalyptischen Wahnvorstellungen vergrößert. In diesem paranoiden Kreislauf werden die Projektionsflächen zu «gefährliche[n] und vergeltungssüchtige[n] Objekte[n], gegen die der Projizierende [...] sich zur Wehr setzen muss [...]; er muss das Objekt beherrschen und eher selber angreifen, bevor er (wie er fürchtet) vom Objekt überwältigt und zerstört wird.» (Kernberg 1997: 51f) Vom Ausmaß der Regression ist es abhängig, ob das Abgespaltene nur projiziert wird oder ob der/die Projizierende mit seinen/ihren Projektionen verstrickt bleibt.[44]

Es ist der Zwang der Verhältnisse bzw. zur Einordnung in diese und zur Verdrängung verbotener Triebregungen, die Antisemitismus begünstigen. Er ist die Folge eines intrapsychischen Konfliktes (Adorno 1950: 135), bei dem das am Juden verachtet wird, was unheimlich erscheint, weil es im Prozess der Zivilisierung unterdrückt werden musste: «Regungen, die vom Subjekt als dessen eigene nicht durchgelassen werden und ihm doch eigen sind, werden dem Objekt zugeschrieben: dem prospektiven Opfer.» (Horkheimer/Adorno 1944/47: 196) Je repressiver eine Gesellschaft in ideologischer Hinsicht, desto ausgeprägter die Projektionsneigung der mit dem Normalen Identifizierten. Der Antisemitismus ermöglicht, die Impulse, die der Identifikation mit dem Bestehenden im Weg stehen, durch die projektive Bekämpfung als *jüdisch* abzuwehren. Im Kampf gegen die angeblich wahren Herrschenden befriedigt er die Bedürfnisse nach Unterwerfung und Auflehnung gleichzeitig. Die Wahrnehmung der *Juden* als mächtig (kastrierend/Vater) macht aus diesen ideale Projektionsflächen zur Schiefheilung von Am-

44 Während bei der projektiven Identifizierung das Subjekt an sein Objekt gebunden bleibt und diesem Eigenschaften des *Unheimlichen* zukommen, trennt es sich bei der *einfachen* Projektion von den Inhalten seiner Projektionen. Es empfindet keine Verbindung mehr mit dem Objekt, ganz im Gegenteil, dieses wird als *fremd* erlebt und gemieden. Das *unheimliche* Objekt der projektiven Identifizierung muss zerstört werden, da die Illusion der *Reinheit* sonst nicht aufrechtzuerhalten ist.

bivalenzkonflikten (Simmel 1946: 73).[45] Aufgrund der ihm zugeschriebenen Machtfülle eignet sich der *Jude* besonders als Ersatzautorität – an ihm kann und darf sich der/die Autoritäre abreagieren. Die Wut gilt dem symbolischen Vater – den Bonzen, Politikern und Bürokraten, die Adorno (1950: 123) als den «gerade greifbaren Ersatz für das eigentliche Hassobjekt, die Juden» bezeichnet hat.

So wie die Paranoia im Allgemeinen erlaubt es die antisemitische *Alltagsreligion* im Besonderen, die «Welt als einen einzigen Zusammenhang, aus einem Punkte, zu begreifen» (Freud 1913: 96). Als paranoides Denksystem verwandelt der Antisemitismus einen inneren Konflikt «in einen äußeren Ich-Objekt-Konflikt» (Simmel 1946: 77). Der/die AntisemitIn muss «den Juden verfolgen […], weil er sich einbildet, vom Juden verfolgt zu werden.» (Ebd.) Bei «der Verursachung der Paranoia drängen» – «besonders für den Mann» – verschiedene «soziale Kränkungen und Zurücksetzungen […] auffällig hervor.» (Freud 1911: 295) Zum Gefühl, verfolgt zu werden, wird auch durch «eine Situation, die alle bedroht und mit manchen Errungenschaften die paranoiden Phantasien übertrifft», eingeladen (Adorno 1955: 71). Grundsätzlich sind «die dialektischen Knotenstellen der Geschichte» für die Ausbildung paranoider Zustände «besonders günstig» (ebd.), was auf die vorteilhaften Gelegenheitsstrukturen des Antisemitismus in Zeiten sozialer und politischer Umbrüche verweist.

Weil der/die AntisemitIn «aus psychischen Gründen an den Juden gleichsam gefesselt» ist (Grunberger 1962: 271), hat seine/ihre Beschäftigung mit ihm so viel Manisches. Diese Art der Fixierung erinnert an den Fetischismus, entsprechend der Funktion des Antisemitismus als Schutzschirm gegen die aktualisierte Kastrationsangst scheinen dem *Juden* Züge eines negativen Fetischs (Freud 1927a: 317) zuzukommen. Antisemitismus und Fetischismus teilen den Vorzug, den sie der Illusion (der Allmacht und des Besitzes der Mutter) gegenüber der Realität (des ödipalen Scheiterns) einräumen.[46] Beide bilden eine Traumwelt,

45 Dass die Imagines des *Juden* mit jenen des *kastrierenden Vaters* überlagert werden, unterscheidet den Antisemitismus vom Rassismus, der sich seine Objekte als *kastriert (schwach)* vorstellt. Nur der *Jude* wird «zum Ersatz für den verhassten Vater und nimmt in der Phantasie die Eigenschaften an, die zur Auflehnung gegen den Vater herausfordern: Kälte, Herrschsucht, ja sogar die des sexuellen Rivalen.» (Adorno 1950: 323)

46 Weil sich die individuelle Disposition zum Antisemitismus aus der ödipalen Dynamik allein nicht herleiten lässt, wurde das Augenmerk auf vorö-

in der die Realitätsprüfung zugunsten der Illusion aufgegeben wurde. In dieser primärnarzisstischen[47] «Phantasmagorie der Reinheit» (Heim 1992: 711) befindet sich die/der AntisemitIn «in vollständiger Harmonie mit seinem Ichideal» (Grunberger 1962: 262). Gleich dem Fetischismus ist auch sie hermetisch abgeschlossen: Der/die AntisemitIn vermag noch die größten Widersprüche als Bestätigung einzubauen. Sie ist aber nur zu haben mit der Projektion des Unreinen, der Analität: «Der Reinigungsprozess ist seit zwei Jahrtausenden immer derselbe: sich vom Bösen befreien, indem man es auf den Judaismus projiziert.» (Grunberger/Dessuant 1970: 26)

Es gehört zu den Basiserkenntnissen der Psychoanalyse, dass Menschen in Zuständen massiver Angst und Kränkung oft auf frühere Stufen der psychischen Entwicklung zurückfallen (regredieren). Steigert sich – wie in den Zeiten der Pest und anderer unbegriffener Bedrohungen – die Angst zur Panik, kann dieser Rückfall bis auf die erste Entwicklungsstufe, den primären Narzissmus, erfolgen. Die Betroffenen sagen sich dabei «von jeder fleischlichen Bindung» los, «einschließlich des eigenen körperlichen Ichs.» (Ebd.: 163) Oft sind es Brüche in der persönlichen Biografie, die solche Regressionen in Form von Erweckungserlebnissen auslösen können. Augustinus etwa war leiblichen Genüssen zunächst nicht abgeneigt. Als er als *Christ* erweckt wurde, begann ihm mit seinem körperlichen Ich auch die Sexualität zur *Krankheit* zu werden. Wiederholt beklagte er seine jugendlichen Ausschweifungen, seinen Selbsthass verschob er auf die Jüdinnen und Juden, diesem «aufgerührten Schmutz» (Krämer-Badoni 1988: 26). Die Funktion der *Juden* als Projektionsfläche für verdrängte (anale) Triebanteile kennzeichnet den Antisemitismus grundlegend.[48] Aus ihm ragt der «Komplex der

dipale Problematiken gelegt (Grunberger 1962). In dieser Entwicklungsphase hat *Kastration* eine umfassendere Bedeutung (für alle Geschlechter), meint sie doch den Verlust der frühkindlichen *Allmacht* und die Einführung des Symbolischen, der Verbote und des *Gesetzes*.

47 Unter primärem Narzissmus wird ein, dem vorgeburtlichen Leben vergleichbarer Zustand absoluter Glückseligkeit verstanden. Im Entwicklungsverlauf gerät dieser Narzissmus in Konflikt mit der Erfahrung, dass die Grenzen des Körpers und Genießens enger gesteckt sind als die des Begehrens.

48 Drumont phantasierte 1887, dass es nach dem Talmud «Glück bedeuten [soll], wenn man von Exkrementen träumt. Fast alle schweinischen Bücher werden von jüdischen Verlegern verbreitet.» (Zit. n. Henschel 2008: 13) Noch im Antisemitismus der 1940er Jahre tritt «die hygieni-

Verstöße gegen den Hygienekodex» heraus: «Schmutz dient [...] als Stereotyp für den jüdischen Charakter schlechthin.» (Löwenthal 1944/45: 218) Die Zuschreibung von *Schmutz* dient der Massenmobilisierung, der Ekel soll von Kontakt und Solidarität abhalten. Darauf setzten auch die Nazis, die in ihrer Propaganda die Assoziation *Jude – Schmutz* auf die Spitze trieben und alles taten, um die Verknüpfung plausibel erscheinen zu lassen. Die Ghettoisierung diente nicht zuletzt dem Ziel, das geschaffene Elend und die katastrophalen hygienischen Zustände zum Ausdruck eines *jüdischen Wesens* zu machen. Deutlich wird diese Funktion am 1942 gedrehten (unvollendeten) Propagandafilm *Asien in Mitteleuropa*, der am Beispiel des Warschauer Ghettos kurz vor seiner Räumung zeigen sollte, wie *Juden* seien – *schmutzig* und mehr dem Tierischen als dem Menschlichen zuzurechnen. Und Goebbels schrieb 1939 (nach der Besetzung Polens) in sein Tagebuch: «Fahrt durch Lodz. [...] Es ist unbeschreiblich. Das sind keine Menschen, das sind Tiere. Das ist deshalb auch keine humanitäre, sondern eine chirurgische Aufgabe. Man muss hier Schnitte tun, und zwar ganz radikale.» (Zit. n. Reuth 2000: 1340)

---

sche Metapher so häufig und in so konsistentem Zusammenhang auf, dass sie nicht [...] beiseitegeschoben werden kann.» (Löwenthal 1949: 110)

Antisemitismus und Sexismus

Hedwig Dohm hat früh auf die Ähnlichkeiten von Sexismus und Antisemitismus hingewiesen. So schrieb sie über den Antifeministen: «Sein schönes Bewusstsein als Mann gleicht dem des Ariers dem Juden gegenüber. Ist er aber auch nichts, aber gar nichts anderes als ein Arier, so ist er wenigstens kein Jude» (Dohm 1902). Seit jeher sind antisemitische Diskurse voller «Verweise[.] auf die Geschlechterdifferenz» (Gehmacher 1992: 426), nach deren Vorbild die Differenz der *Rassen* konstruiert wurde. Die antisemitische Gemeinschaft ist stets auch eine sexistische, Frauen gehören ihr in erster Linie als Gebärmaschinen an. Als solche dienen sie der *Reinerhaltung* der *Rasse*, darum geht von ihnen auch eine Gefahr aus – die der *Verunreinigung*.

Nicht nur, dass Antisemitismus aufgrund seines projektiven Charakters seit jeher an Sexuellem überdeterminiert ist[49], er weist in seinen modernen Formen auch eine enge Verwobenheit mit bevölkerungspolitischen Diskursen auf. Die Herrschaft über die Frauen gehorcht auch dem Schutz der *Volksgemeinschaft* vor *fremdem Blut*. Begründet wurde diese Herrschaft mit *weiblicher* Schwäche und Nähe zum Triebhaften, die Frauen zum potentiellen Einfallstor der *Rassenschande* machten. Diese «Verpestung» des *deutschen* «Blutes» werde «vom Juden heute planmäßig betrieben» (Hitler 1925/27: 630). Schon kurz nach der Niederlage von 1918 wurden «deutsche Männer und Jünglinge» gefragt: «Wollt ihr [...] weiter zusehen, wie die Juden und die ganze Schar ekliger Wüstlinge planmäßig unsere besten Volksgenossinnen verseuchen, in Elend und Schande bringen? [...] Seid ihr zufrieden, dass Eure Schwestern von Juden [...] Tag für Tag geschändet und entjungfert werden, so dass für Euch als Gattinnen schließlich nur noch feile Straßendirnen und geschändete Weibsbilder zur Ehe da sind?» (Zit. n. Planert 2002: 287)

49 Die «auffällige Sexualisierung» des Antisemitismus ist neben dessen projektiven Anteilen mit «der zentralen Bedeutung der Reproduktion für die völkische Ideologie bei gleichzeitiger Tabuisierung von Sexualität» zu erklären (Planert 2002: 46).

Auch wenn *Juden* früh feminisiert wurden, erfolgte die Gleichsetzung *Jude* und *Weib* erst im rassistischen Zeitalter. Als die Frau als politisches Subjekt die Bühne betrat, wurde es notwendig, ihren Ausschluss zu legitimieren. Gleiches galt für Jüdinnen und Juden: «Aus dem *geistigen* Gegensatz ‹Jude› wird […] ein *leiblicher* ‹Anderer›, indem ihm die Weiblichkeit, d. h. die weibliche ‹Fleischlichkeit› und die biologische ‹Andersheit› der Frau, zugewiesen wird.» (Braun 1995: 184) Dass die Mitte des 19. Jahrhunderts aufkommenden Diskurse über die (*jüdische*) *Rasse* eng mit dem Antifeminismus verwoben waren, ist vor allem der einsetzenden Modernisierungskrise des Geschlechterverhältnisses zuzuschreiben. Mit der als *natürlich* behaupteten Ungleichheit der *Rassen* korrespondierte die der Geschlechter, die «Kategorie Geschlecht war ein fundamentales Ordnungskriterium des antisemitischen Weltverständnisses.» (Planert 2002: 33) Insbesondere die Parallelisierung von *Jude* und *Frau* und der Ausschluss beider aus dem Bereich der Politik und des Staates kennzeichnet diese Diskurse. Ausgehend vom Normcharakter der Männlichkeit wurde Weiblichkeit ab dem späten 18. Jahrhundert als Abweichung oder gar *Krankheit* bestimmt. Im nächsten Schritt wurden die Abweichungen *Jude* und *Weib* kurzgeschlossen: Beide seien von nervösen Leiden (Rastlosigkeit, Hysterie usw.) betroffen, auch die Militärdienstuntauglichkeit verbinde sie. Neben der körperlichen Uneignung von Juden und Frauen sei es deren angeborene *Feigheit*, die sie für den Krieg unbrauchbar mache. Auch wenn im Falle der Juden die Scheinbeweise wie etwa ein angeblich geringerer Brustumfang oder eine überdurchschnittliche Anfälligkeit für Plattfüße erst im 19. Jahrhundert vorgebracht wurden, ist das Stereotyp der *jüdischen Feigheit* und *Unzuverlässigkeit* älter (Hödl 1997: 166ff). Es baut einerseits auf der schon in der Antike betriebenen Gleichsetzung von *Juden* und *Krankheit*, andererseits auf dem über Jahrhunderte geschürten Zweifel an der Aufrichtigkeit und Loyalität von Jüdinnen und Juden. Schließlich fand die Ablehnungsfront gegen die Emanzipation in der Behauptung *jüdischer* Untauglichkeit zum Kriegsdienst ein wichtiges (Schein-) Argument für die Fortschreibung des Ausschlusses. Weil *Juden* «das soldatische Ideal nicht ausleben [konnten], weil sie körperliche Defekte zu haben schienen, […] waren [sie] somit keine wirklichen Männer. Damit war eine assoziative Schiene zur ‹verweiblichten Natur› der Juden gegeben.» (Ebd.: 175)

Der Ausschluss von *Juden* und *Weibern* aus dem Staat als Verwirklichung *germanischer Sittlichkeit* wurde in beiden Fällen mit der Unfähigkeit oder dem Unwillen, sich selbst für das falsche *Ganze* zu opfern, begründet. Ihre «Unfähigkeit [...] zum Opfer» (Weininger 1903: 283), machte die *Juden* zu prototypischen *Anti-Helden*. Schon Naudh (1861: 60) sprach den *Juden* jeden «moralische[n] Idealismus» ab. Ihnen müsse jedes «opfermutige, begeisterte Volk [...] wie ein Narrenhaus erscheinen und jeder Held als törichter Schwärmer» (ebd.: 66). Später stellte Sombart (1915) dem *deutschen* Heroen Siegfried den *jüdischen* «Händler» gegenüber. Der jüdische Renegat Otto Weininger (1903: 279)[50], konterkarierte den *deutschen* Ernst zum Tode mit der *jüdischen* Unernsthaftigkeit: Der «Jude [...] nimmt sich nie ernst, und darum nimmt er auch keinen anderen Menschen, keine andere Sache wahrhaft ernst.» Und Blüher (1922: 49), der Chefideologe des Männerbundes als höchste Existenzform des *Deutschen*, setzte «Preußentum» mit «Heroismus» und das «Judentum» mit dem «Geist der Niederlage» gleich: Zwischen «männlicher Art» und «dem deutschen Wesen» bestehe genauso ein «innerer Zusammenhang» wie zwischen dem «jüdischen Wesen» und «femininer und serviler» Art.

Sexualphobie

Der Kult der *Reinheit* erstreckte sich auch auf sexuelle Belange. Nichts ist *Antisemiten* wie *Antifeministen* verhasster als die Verwischung der Geschlechter-Identitäten, als «der Jude», dieser «Grenzverwischer» par exellence (Weininger 1903: 270). Hans F. K. Günther behauptete bei den «Juden» eine besonders häufig anzutreffende «Entartungserscheinung», nämlich, dass unter ihnen «besonders häufig weibische Männer und männische Weiber auftreten.» (Zit. n. Omran 2000: 76) In seinem Gefolge meinte der österreichische Hobbyanthropologe Otto Hauser: «Bei keinem Volk findet man so viele Mannweiber und Weib-

50 In der Betonung des *Heroischen* an Weininger, den sein Wahn in den Suizid trieb, kündigt sich die Mordtat an: Nachdem er erkannt hätte, «wie wesensfremd und unüberbrückbar die Kluft zwischen Judentum und Deutschtum ist» und dass «innerhalb der deutsch-germanischen Volksgemeinschaft jüdisches Volkstum wie Gift wirkt», sei ihm nur der Freitod geblieben angesichts der «Unmöglichkeit [...], von der eigenen Rasse loszukommen.» (Buch 1937: 72)

männer wie bei den Juden.» (Zit. n. Braun 1997: 12) Sind Sexualphobie, Frauenfeindschaft und Antisemitismus zur Deckung gebracht, «ist der Punkt der absoluten Übereinstimmung zwischen Weiblichkeit und Judentum erreicht. Der Jude ist stets lüsterner, geiler [...] als der arische Mann», er zeichne sich «durch das Unverständnis [...] für alle Askese» aus (Weininger 1903: 270). Dem gereinigten Eros gegenüber steht die körperliche «Geschlechtlichkeit», deren «Sieg [...] der Jude, der keine Wollust und nur Geilheit kennt und den Eros als bloße Beigabe geschlechtlicher Erregungen missversteht», vollendet habe (Klages 1944: 349). Das Bild des triebgesteuerten *Rasseschänders* wurde dann von den Völkischen[51] und den Nazis in allen Farben ausgemalt. In der Weimarer und Ersten (österreichischen) Republik trat «ein bis dato nie da gewesener antisemitischer Voyeurismus» in Erscheinung, der «vorzugsweise Themen wie sexuelle Verfehlungen, Mädchenhandel und ‹Ritualmorde› aufgriff.» (Walter 1999: 177) In einem Naziblatt hieß es 1937, dass die «weiblichen Angestellten» in «jüdischen Geschäften und Haushaltungen [...] fast völlig dem frechen Zugriff einer widerlichen und sexuell abnormalen Rasse ausgeliefert» seien (zit. n. Gehmacher 1992: 430). Dass dem «ekelhaften Judengeschlechte [...] die unnatürlichsten und schändlichsten Laster und Verbrechen immer die liebsten» seien und die «Sittlichkeit christlicher Jünglinge und Mädchen [...] in den Häusern israelitischer Herrschaften weit mehr gefährdet als in offenbaren Bordellen» sei, glaubte schon Hundt-Radowsky (1821: 68f) zu wissen.

Die «Trumpfkarte der jüdischen Hypersexualität» (Planert 2002: 48) gehört zum Antisemitismus von Anfang an: Schon Tacitus bezeichnete das Judentum als das «sinnlichste aller Völker» (zit. n. Gilman 1995: 174). Stets wurden die «Juden [...] in Europa traditionell als sexuell von der Norm abweichend betrachtet.» (Ebd.). Ihre volle Wirkung entfaltete die Trumpfkarte in Zeiten der Liberalisierung des Sexualregimes. Dem feminisierten *Juden* wurde nun die maskulinisierte *Jüdin* beigestellt (Stögner 2005: 41). Diese diente als abschreckendes Beispiel für die Folgen der Emanzipation und als prototypische Rebellin gegen die *natürliche* Geschlechterordnung. Den «Darstellungen jüdi-

---

51 Ich fasse die die völkische Ideologie weit: als spezifische Ausformung des (*deutschen*) Nationalismus, deren Anfänge bis ins 18. Jahrhundert (zu Herder und Fichte) zurückreichen und als «geistige Welt der herrschenden Kultur der Zeit» (Greive 1983: 72).

scher Frauen liegen im Kern christliche Sündenmetaphern zugrunde: die weibliche Umkehr der Geschlechtsrollen, d.h. das Erstreben der männlichen, überlegenen Rolle durch die Frau, die sexuelle Hemmungslosigkeit […] und die Geldgier – paradigmatisch im Bild der Prostituierten. In allen drei Fällen wurden solche Bilder oft mit Darstellungen des Teufels, des Teuflischen verknüpft.» (Jakubowski 1995: 196f)[52] Das Diabolische an *Juden* und Prostituierten zeige sich in deren sexueller Perversion. Von diesem Verdikt waren Männer wie Frauen betroffen, Erstere als angebliche *Kuppler* – ein Stereotyp, das im späten 19. Jahrhundert das des jüdischen *Ritualmörders* langsam abzulösen begann (Hödl 1997: 192f). So sagte Hitler 1920 dem *Juden* nach, er würde «wie sein Erzvater Abraham schon sein Weib […] auch heute Mädchen» verkuppeln: «Wir können ihn antreffen überall […] als den Händler der Menschenware, und es kann nicht weggeleugnet werden, dass alle diese Mädchenhändler nur Hebräer sind.» (Zit. n. Henschel 2008: 103)

Kastrationsangst

Horkheimer und Adorno (1944/47: 120) wiesen auf den Zusammenhang zwischen Antisemitismus und Frauenfeindlichkeit hin: «Die Erklärung des Hasses gegen das Weib als die Schwächere an geistiger und körperlicher Macht, die an ihrer Stirn das Siegel der Herrschaft trägt, ist zugleich die des Judenhasses.» Ist es schon die gesellschaftliche Schwäche von Frauen und Jüdinnen/Juden, die den Hass auf sie motiviert, so wird dieser Hass noch gesteigert, wenn seine Objekte versuchen, aus ihrem Status auszubrechen (Stögner 2005: 48f). Zur Angst, so schwach zu werden wie der *Jude* oder die *Frau*, kommt ein weiteres Element hinzu: die wahnhafte Vorstellung von All– oder Übermacht. Im Falle der *Juden* rühre sie vom Geld, bei den *Frauen* von sexueller Verführung und in beiden Fällen hat diese Macht Züge des Magischen.

Freud (1909: 271) nannte den «Kastrationskomplex […] die tiefste unbewusste Wurzel des Antisemitismus». Aber auch «die

52 Daneben taucht die Figur der *schönen Jüdin* ab dem späten 19. Jahrhundert als Kontrastfolie zum *hässlichen Juden* auf (Krobb 1993). Sie findet sich bereits bei Grattenauer (1803a: 53ff), wobei die *Schönheit* durch ihre angebliche Oberflächlichkeit wieder relativiert wird.

Überhebung über das Weib hat keine stärkere unbewusste Wurzel.» (Ebd.)[53] In einer Erweiterung des Konzepts der *Kastration* meint diese nicht den Verlust des realen Penis, sondern die Unterwerfung unter das Realitätsprinzip. Darum lässt sich an dieser These durchaus festhalten, ohne den Antisemitismus zu einer «Männerkrankheit» zu machen (Mitscherlich-Nielsen 1991).[54] Vielmehr weisen antisemitische Männer und Frauen die «gleiche Persönlichkeitsstruktur» auf – mit einem «wichtigen Unterschied. Die antisemitischen Mädchen zeigen eine konventionelle weibliche Fassade und sind dahinter voll von Aggression. Der antisemitische Mann versteht sich als männlich, aggressiv und hart gesotten, dahinter liegt aber der Wunsch nach Passivität und Abhängigkeit.» (Frenkel-Brunswick/Sanford 1946: 143f) Demgegenüber steht die Annahme Mitscherlichs, die eine qualitative Differenz zwischen dem Antisemitismus von Männern und Frauen behauptete. Letztere seien aufgrund ihres weniger rigiden Über-Ichs nicht im selben Ausmaß wie Männer dazu angehalten, verpönte Triebanteile zu projizieren (Mitscherlich-Nielsen 1991: 339f). Der Antisemitismus von Frauen sei mehr die Folge von «Anpassung […] an männliche Meinungen, als dass er unmittelbar mit der eigenen psychischen Entwicklung zusammenhängen würde.» (Ebd.: 342) An solcher Relativierung entzündete sich Kritik, die herausarbeitete, dass Männer und Frauen die gleichen antisemitischen Bilder reproduzieren, aber sie tun «das in je spezifischer Weise und aus unterschiedlichen Motiven», (Gehmacher 1992: 446) Beiden Geschlechtern erlaubt der Antisemitismus, die Krise der Geschlechterverhältnisse projektiv zu verarbeiten.

Dass es vor allem Männer waren und sind, die Antisemitismus in seinen extremsten Formen propagieren und als Vernichtung betreiben, ist eine Folge ihres *doing masculinity*.[55] Aber auch Frauen affirmieren klassische Geschlechterzuschreibun-

53 An anderer Stelle ergänzt Freud (1910: 165) die Rolle des Kastrationskomplexes bei der Herstellung jener spezifischen «Unheimlichkeit, welche die Juden […] umgibt. Am Juden ist jene dunkle, aus der Kinderzeit stammende Drohung vollzogen worden: er ist nach einer kindlichen Sexualtheorie zum Weibe geworden.»

54 Zur Kritik an der «friedfertigen Frau», die nur aus Angst vor Liebesverlust zur Antisemitin werde, siehe Radonić 2004.

55 Ob die Tatsache, dass Männer sich besonders anfällig zeigen, mittels Gewalt aus (narzisstischen) Krisen zu kommen (Freud 1911: 295), den männlichen Überhang unter antisemitischen (Gewalt-)TäterInnen erklären hilft, muss hier aus Platzgründen offenbleiben.

gen, wenn sie ihre antisemitischen Einstellungen im Gespräch zurückhalten (Edtmaier 2017). Dies gilt vor allem für die offenen und aggressiven Formen: Je alltäglicher der Antisemitismus und je mehr er sich über Umwege artikuliert, desto weniger unterscheiden sich Männer und Frauen in ihrem Antwortverhalten.

Kritische Theorie und Antisemitismus

Der Antisemitismus und die Kritik der Verhältnisse, die ihn hervorbringen, standen im Zentrum der analytischen Anstrengungen von Angehörigen des *Frankfurter Instituts für Sozialforschung*. Jede Gesellschaftskritik bemisst sich seit damals daran, ob sie dem Antisemitismus beikommt. Dies gilt gerade für die Täterländer der Shoah, die einen Bruch in der Zivilisation bedeutet. Sie stellt aber auch eine Zäsur in der Theoriebildung dar: Es war die «rätselhafte[.] Bereitschaft der technologisch erzogenen Massen, in den Bann eines jeglichen Despotismus zu geraten, […] ihre[.] selbst zerstörerische Affinität zur völkischen Paranoia», welche «die Schwäche des gegenwärtigen theoretischen Verständnisses» offenbarte (Horkheimer/Adorno 1947: 3). Die Schwäche, die auch die frühen Arbeiten der Kritischen Theorie kennzeichnet, bestand vor allem in Verkürzungen, die den Antisemitismus einfach aus der ökonomischen Basis ableiten. Aber auch von der «Kausaltäuschung» (Ranc 2016: 20), die Jüdinnen und Juden Schuld am Antisemitismus gibt, musste man sich erst freispielen.

Gegen die Korrespondenztheorie und ihren Niederschlag im Alltagsverstand hat sich eine subjektzentrierte Antisemitismuskritik etabliert. Denn, wie Sartre (1946: 184) betont, nicht «der Charakter des Juden» schafft den Antisemitismus, sondern der «Antisemit [schafft] den Juden.» Bevor sich die *Frankfurter* zu solch konstruktivistischer Theoriebildung durchringen konnten, waren sie aber noch in korrespondenztheoretischen Vorurteilen verhaftet. Und Horkheimer neigte anfänglich dazu, «den Antisemitismus in die breitere Rubrik des Klassenkonfliktes» einzubauen (Jay 1979: 439). Mit seinem Aufsatz *Die Juden und Europa* (1939), der sich «wie ein Echo von Marx' […] Judenfrage» liest (ebd.: 440), reihte er sich ein in die Reihe linker Fehldeutungen des Antisemitismus. Schließlich stellt die streckenweise Verweigerung gegenüber «den Besonderheiten der deutschen politischen Kultur und Geistesgeschichte, ihrer Mentalitätsbestände und spezifischen Vorurteilstraditionen» eine «Leerstelle» der Kritischen Theorie dar (Rensmann 1998: 197).

Die Juden und Europa

Am Beginn stellt Horkheimer (1939: 33) das Besondere des *deutschen* Antisemitismus heraus: Wer ihn erklären wolle, müsse «den Nationalsozialismus meinen. Ohne Begriff von dem, was in Deutschland geschehen ist, bleibt das Reden über den Antisemitismus in Siam oder Afrika bedeutungslos.» Aber schon im nächsten Satz löste er das spezifisch *Deutsche* in der Allgemeinheit des Kapitals auf: «Der neue Antisemitismus ist der Sendbote der totalitären Ordnung, zu der die liberalistische sich entwickelt hat. Es bedarf des Rückgangs auf die Tendenzen des Kapitals.» (Ebd.) Solche Herleitung gehorcht mehr dem antiliberalen Reflex als der historischen Realität. Er richtet sich gegen die (jüdischen) Intellektuellen im Exil, die immer noch am Liberalismus festhielten, wo doch «die totalitäre Ordnung [...] nichts anderes [ist] als ihre Vorgängerin, die ihre Hemmungen verloren hat.» (Ebd.: 34) Dennoch würden die «Juden [...] der Vergangenheit viele Tränen nach[weinen].» (Ebd.: 46) Nur schwer zu ertragen ist die Häme, die Horkheimer den Opfern entgegenbringt: «Wer [...] an einer beschränkten Ordnung teilhat, darf sich nicht wundern, wenn er gelegentlich selbst unter die Beschränkungen fällt.» (Ebd.: 52) Warum hat sich «auch der jüdische Unternehmer» gegen die «Vernünftigkeit, die den spezifischen Verwertungsbedingungen auf der je erreichten Stufe zuwiderläuft» (ebd.: 46), gestellt? Mit ihrer «Milde gegenüber den Schäden der bürgerlichen Demokratie», ihrem «Liebäugeln mit den Mächten der Reaktion, soweit sie nur nicht zu offen antisemitisch war», hätten die Vertriebenen «Schuld» an ihrer Lage (ebd.: 52).

Horkheimers Fehlannahmen basieren auf dem Irrglauben, wonach im Faschismus die «Vermittlung» abgeschafft worden sei (ebd.: 34). Er erklärt die antisemitische Eskalation noch «in verblüffend ökonomistischer Manier» (Dubiel/Söllner 1981: 12) und führte sie auf den angeblichen Wegfall der Zirkulationssphäre, mit welcher auch er die *Juden* identifizierte, zurück. Im Zirkel schloss er dann vom «Ausschluss der Juden, dem Entzug ihrer Bürgerrechte, [...] auf das Ende der Zirkulationsfreiheit überhaupt» (Diner 1988: 36). Es seien nicht die AntisemitInnen gewesen, die über «den Juden das Urteil gesprochen» haben, sondern die «ökonomische Zweckmäßigkeit» (Horkheimer 1939: 47). Demgegenüber würden die Deutschen den Rassenmythos gar nicht mehr glauben (ebd.: 46). Den Antisemitismus rechnete Horkheimer «der Phase des faschistischen Aufstiegs» zu: Er sei ein «Ventil […] höchstens noch für jüngere Jahrgänge der SA. Der Bevölkerung gegenüber wird er als Einschüchterung gebraucht. […] Die Pogrome visieren politisch eher die Zuschauer.» (Ebd.: 51) Im Glauben, dass der Schlag eigentlich dem Proletariat gelte, einer «grotesken Reduktion des Antisemitismus auf eine Veranstaltung für das nichtjüdische Publikum» (Wussow 2014: 176), verkannte er die Jüdinnen und Juden als die «zwar erste[n], nicht aber besondere[n] Opfer des Nationalsozialismus» (Diner 1988: 37). Dieser Irrtum findet sich auch bei Neumann (1942/44: 582), der die «Speerspitzentheorie des Antisemitismus» formulierte. Demnach «stellt die Ausrottung der Juden […] nur ein Mittel dar, das schließliche Ziel zu erreichen, nämlich die Zerstörung freiheitlicher Institutionen, Meinungen und Gruppen.» Jüdinnen und Juden würden bloß «wie Versuchstiere benutzt, um die Methoden der Repression zu testen.» (Ebd.) Neumann reduzierte den NS-Antisemitismus auf Propaganda, die einfach ab- oder aufgedreht werden könne.[56] Tatsächlich glaubten die führenden Nazis «an ihre Legende vom Judentum» und sie benutzten «die Organe ihrer antisemitischen Propaganda keineswegs zur Verbreitung bewusst fabrizierter Lügen […], sondern als Fanfaren, mit denen sie ihre innersten Überzeugungen übers Land schmetterten.» (Goldhagen 1976: 393)

56 Neumann (1942/44: 163) traute zunächst dem Nazismus nicht zu, dass er sich selbst die Grundlage entzöge: Der «innenpolitische Wert des Antisemitismus lässt […] eine völlige Vernichtung der Juden niemals zu.» Nicht minder falsch war seine Annahme, dass der «spontane Antisemitismus des Volkes in Deutschland nach wie vor schwach» sei. Auch im Entwurf für eine Antisemitismus-Studie des *Instituts* hieß es 1939, dass «der Antisemitismus der deutschen Regierung bei den deutschen Volksmassen offene Empörung hervorruft» (zit. n. Jay 1979: 442). Die Illusion steigerte sich zur Derealisierung, etwa in der Annahme, dass «unter den deutschen Massen offener Abscheu gegen den Antisemitismus der Regierung laut» werde (Horkheimer et al. 1941: 408). Nach Auschwitz konnten sich Horkheimer und Adorno (1959: VIII) nur schwer vom Bild «eines Volkes» lösen, «das von sich aus, spontan, vielleicht weniger Rassenhass aufbrachte als jene zivilisierten Länder, die ihre Juden schon vor Jahrhunderten vertrieben oder ausgerottet hatten».

Grenzen der Aufklärung

Mit den *Elementen des Antisemitismus*, einem Kapitel der *Dialektik der Aufklärung*, legten Horkheimer/Adorno (1947: 7) eine «philosophische Urgeschichte des Antisemitismus» vor. Dieser stellt das eindringlichste Beispiel für den Umschlag von Aufklärung in Mythologie dar. Einerseits wird er als Folge der herrschenden Vernunft analysiert, andererseits in seiner Eigenschaft, sich zum Irrationalismus auszuwachsen. Jedoch verorten die Autoren den Irrationalismus nicht als Gegensatz zur herrschenden Vernunft, sondern leiten ihn aus deren «Wesen [...] und der ihrem Bild entsprechenden Welt» ab (ebd.). Dieser Doppelcharakter des Antisemitismus als Mythos und (unreflektierte) Aufklärung, wird auf die Dialektik Letzterer zurückgeführt: Aufklärung sei immer auch Mythos und endgültig in Mythologie umgeschlagen. Der Zusammenhang von Antisemitismus und Aufklärung lässt sich darin sehen, dass der zum *Bürger* zivilisierte Mensch die Unterdrückung (der Triebnatur) verinnerlicht hat und nun selbst ausübt. Die dabei entstehenden Frustrationen, das *Unbehagen in der Kultur*, werden projektiv gegen Jüdinnen und Juden ausagiert. Der Antisemitismus als «Nebenprodukt der Zivilisation» (Simmel 1946: 58) und seine Dynamik können nur aus der Geschichte der Zivilisierung, der Verwandlung von Menschen in *Bürger*, verstanden werden.

Dass sich einzelne *Elemente* widersprechen, schmälert ihren Wert nicht. Ganz im Gegenteil, ist doch diese Widersprüchlichkeit dem Gegenstand geschuldet: Der Antisemitismus vermag die verschiedensten Bedürfnisse zu befriedigen, entsprechend seines totalitären Charakters kann er *alles* erfassen und erklären. Dieser «gegenüber allen anderen Formen von Vorurteilen größere Facettenreichtum» des Antisemitismus erklärt, «warum Juden [...] eher zu Sündenböcken gemacht wurden [und werden, Anm.] als andere Minderheiten.» (Brustein/King 2002: 263) Daneben gründen die Widersprüche in den *Elementen* in den unterschiedlichen Blickwinkeln, aus denen sich die Autoren dem Phänomen nähern. Anstatt die Perspektiven und die aus ihnen gewonnenen theoretischen Einsichten gegeneinander auszuspielen, sollten wir sie in einer *Ergänzungsreihe* anordnen – und wie Horkheimer und Adorno zwischen psychologischen und sozialen Erklärungen changieren. Antisemitismuskritik zählt weder einfach «eine Vielfalt von ‹Faktoren›» auf, noch wählt sie «einen spezifischen als ‹den› Anlass» aus, vielmehr entwickelt sie «eher einen geschlossenen Rahmen [...], in dem alle ‹Elemente› konsistent miteinander verbunden sind» (Adorno 1950: 108f).

Die *Elemente* nehmen ihren Ausgang bei der nazistischen Extremform des Antisemitismus. In der ersten These wird der «Vernichtungswille[.]» als Produkt der «falsche[n] gesellschaftliche[n] Ordnung» (Horkheimer/Adorno 1944/47: 177) bestimmt. Weil aber die «Arbeiter[.]» die *objektiven Feinde* dieser Ordnung seien, hätte es der Nazismus «zuletzt freilich» auf sie «abgesehen» (ebd.). Richtiger als diese Variante der *Speerspitzentheorie* ist die folgende Differenzierung zwischen dem Rassismus, der seine Objekte nur fernhalten wolle, und dem Antisemitismus, der die ganze Erde von Jüdinnen und Juden *reinigen* müsse (ebd.). Schließlich findet sich hier der erste Hinweis auf den Antisemitismus als Projektion: «Im Bild des Juden, das die Völkischen vor der Welt aufrichten, drücken sie ihr eigenes Wesen aus.» (Ebd.)

Manches an der ersten These erinnert an die Häme, mit welcher Horkheimer 1939 die bürgerlich-liberalen «Juden» bedachte: «Ihre Beziehung zu den Herrenvölkern war die der Gier und der Furcht. [...] Die Harmonie der Gesellschaft, zu der die liberalen Juden sich bekannten, mussten sie zuletzt als die der Volksgemeinschaft an sich selbst erfahren. Sie meinten, der Antisemitismus erst entstelle die Ordnung [...]. Die Verfolgung der Juden, wie Verfolgung überhaupt, ist von solcher Ordnung nicht zu trennen.» (Ebd.: 178)

Im Zentrum der zweiten These steht der Antisemitismus als (völkische) Bewegung, wobei zunächst mit der Annahme, er würde wirtschaftlichen Profit bringen, gebrochen wird. Es sind keine ökonomischen, sondern psychologische Vorteile, die der Antisemitismus verspricht: «Dass die Demonstration seiner ökonomischen Vergeblichkeit die Anziehungskraft des völkischen Heilmittels eher steigert als mildert, weist auf seine wahre Natur: Es hilft nicht den Menschen, sondern ihrem Drang nach Vernichtung. Der eigentliche Gewinn, auf den der Volksgenosse rechnet, ist die Sanktionierung seiner Wut durchs Kollektiv.» (Ebd.: 179) Die Autoren charakterisieren AntisemitInnen als «verblendete, der Subjektivität beraubte Menschen», die «als Subjekte losgelassen werden. Der Antisemitismus ist ein eingeschliffenes Schema, ja ein Ritual der Zivilisation und die Pogrome sind die wahren Ritualmorde.» (Ebd.: 180) Seinen psychischen Kern bilde der «unerhellte Trieb» (ebd.) – die (*erste*) *Lüge* von der Einheit (Identität) der psychischen Instanzen (Salzborn 2010: 117). Im Dienste dieser Lüge steht die Erfahrungslosigkeit, die das antisemitische Subjekt charakterisiert.

Daneben findet sich hier ein weiterer Hinweis auf das projektive Moment des Antisemitismus: Wo der Gedanke an das Glück «inmitten der prinzipiellen Versagung verwirklicht erscheint, müssen sie [die «betrogenen Massen», Anm.] die Unterdrückung wiederholen, die der eigenen Sehnsucht galt.» (Horkheimer/Adorno 1944/47: 181) Als Projektionsfläche verdrängter Wünsche ziehen die *unheimlichen Fremden* «die Zerstörungslust der Zivilisierten auf sich, die den schmerzlichen Prozess der Zivilisation nie ganz vollziehen konnten. [...] Der Bankier wie der Intellektuelle, Geld und Geist, die Exponenten der Zirkulation, sind das verleugnete Wunschbild der durch Herrschaft Verstümmelten, dessen die Herrschaft sich zu ihrer eigenen Verewigung bedient.» (Ebd.: 181)

Die Sündenbockthese wird falsch, wenn sie zum Kurzschluss verleitet, dass nur die Beherrschten antisemitisch seien, während die Herrschenden den Antisemitismus nur «unterhalten» und «als Ablenkung» einsetzen würden (ebd.: 179). Auch wenn seine «Zweckmäßigkeit für die Herrschaft» unbestritten ist, lässt er sich nicht auf ein «billiges Korruptionsmittel, terroristisches Exempel» reduzieren (ebd.). Horkheimer und Adorno verkennen die Unabhängigkeit des Antisemitismus, der eben nicht nur von den unrespektablen «Rackets» (ebd.) ausgeübt wird. Und die «hohen Auftraggeber» (ebd.: 180) haben nicht einfach ein instrumentelles Verhältnis zum Antisemitismus, sondern diesen ebenfalls verinnerlicht. Zudem gehorcht es der Logik des Sündenbockes, dass er beliebig austauschbar ist – was die These noch problematischer werden lässt. Es ist fragwürdig, eine «Blindheit» oder «Intentionslosigkeit» des Antisemitismus zu behaupten (ebd.), wo sich dieser doch gegen Jüdinnen und Juden richtet und deren Marginalisierung, Beraubung, Vertreibung und Ermordung zum Ziel oder zur Folge hat. Gleiches gilt für die Annahme, dass die «Opfer» jederzeit auch zu «Tätern» werden können: Je «nach der Konstellation: Vagabunden, Juden, Protestanten, Katholiken, kann jedes von ihnen anstelle der Mörder treten, in derselben blinden Lust des Totschlags, sobald es als die Norm sich mächtig fühlt. Es gibt keinen genuinen

Antisemitismus, gewiss keine geborenen Antisemiten.» (Ebd.) Das Gegenteil ist wahr: Es gibt einen genuinen Antisemitismus, der sich zudem vom Rassismus unterscheidet. Wenn der *Jude* auch von «Anfang an [...] in allen Feindbildern als ihr eigentlicher Wesensgehalt vorhanden» ist (Löwenthal 1949: 71), so heißt das nicht im Umkehrschluss, dass alle *Feindbilder* seine Rolle übernehmen können.

Vor allem in der dritten These finden sich noch Spuren der Identifikation von *Juden* und Zirkulation. Die spätbürgerliche «Gesellschaft [...] entrüstet sich über das zurückgebliebene Händlergebaren der Juden und bestimmt ihn als den Materialisten, den Schacherer» (Horkheimer/Adorno 1944/47: 182). Auf den *Juden* werden die abgespaltenen, negativen Seiten kapitalistischer Vergesellschaftung übertragen. Die *Hochbürger* projizierten im 19. Jahrhundert ihre Wesensmerkmale wie den Egoismus auf die «Liberalitätsjuden» (Enderwitz 1991: 108) und «reihten sich unter die Schaffenden ein, während sie doch die Raffenden blieben wie ehedem.» (Horkheimer/Adorno 1944/47: 192)[57] Der Modernisierungsprozess lässt sich auch als Abstraktionsprozess bestimmen – diese «Verkleidung von Herrschaft in Produktion» stelle den «spezifischen ökonomischen Grund» des Antisemitismus dar (ebd.: 182). Strukturell geworden, kommen der Herrschaft Züge des *Unheimlichen* zu. Und die prototypischen *unheimlichen Fremden* sind die Jüdinnen und Juden (ebd.: 191). Zunächst erkennen Horkheimer und Adorno im Verantwortlichmachen «der Zirkulationssphäre für die Ausbeutung [...] gesellschaftlich notwendige[n] Schein.» (Ebd.: 183) Aber unter Missachtung des eigenen Anspruches, Antisemitismus ursächlich nicht mit seinen Objekten zu erklären, sitzen sie im nächsten Satz diesem *Schein* auf: «Die Juden hatten die Zirkulationssphäre nicht allein besetzt. Aber sie waren allzu lange in sie eingesperrt, als dass sie nicht den Hass, den sie seit je ertrugen, durch ihr Wesen zurückspiegelten.[58] [...] Seit sie als Kaufleute römi-

---

57 Solche Versuche, die antisemitischen Bilder gegen ihre Ursprünge in den Verhältnissen und deren Profiteure zu wenden – der (nichtjüdische) «Industrieritter» wird zum «Parasiten» oder zum «wahre[n] Shylock» (Horkheimer/Adorno 1944/47: 184, 182) –, sind höchst problematisch. Gleiches gilt für die «undisziplinierte Mimik», die sie den «Juden» zuschreiben – und für Antisemitismus mitverantwortlich machen (ebd.: 191).

58 Mit solchen Formulierungen öffneten die Autoren «einen Imaginationsraum des Jüdischen», der sich «nur schwer mit der [...] Projektionstheo-

sche Zivilisation im gentilen Europa verbreiten halfen, waren sie im Einklang mit ihrer patriarchalen Religion die Vertreter städtischer, bürgerlicher, schließlich industrieller Verhältnisse. Sie trugen kapitalistische Existenzformen in die Lande und zogen den Hass derer auf sich, die unter jenen zu leiden hatten. [...] Die immer die ersten sein wollten, werden weit zurückgelassen.» (Ebd.: 183f) Hier wird teilweise «den Juden die Verantwortung für den Triumph des Kapitalismus und für die von ihm provozierte Reaktion» aufgebürdet (Jay 1979: 449) und Antisemitismus mithilfe von Antisemitismus erklärt. Der Kapitalismus hat aber keine *jüdischen* Ursprünge, sondern entwickelte sich (zuerst im *judenfreien* England des 16. Jahrhunderts) aus den politischen Widersprüchen und ökonomischen Fesseln des Feudalismus. Juden und Jüdinnen wirkten weniger als «Kolonisatoren des Fortschritts» (Horkheimer/Adorno 1944/47: 184), vielmehr profitierten sie von der Modernisierung, was sie in den Augen viel zu vieler zu ihrem Urheber machte.

Die vierte These widmet sich den religiösen Ursprüngen des Antisemitismus. Am Anfang steht die Schuld, welche die *schlecht getauften Christen* nicht annehmen können und darum projizieren (ebd.: 177). Dann ist es die Desymbolisierung (*Konkretisierung*), die den Antisemitismus maßgeblich konstituiert: «Christus, der fleischgewordene Geist, ist der vergottete Magier.» (Ebd.: 186) Indem das Christentum den «göttliche[n] Mittler [...] mit einem menschlichen Namen» ruft und «einen menschlichen Tod» sterben lässt (ebd.: 185f), bringe es «die Idolatrie [den Götzendienst, Anm.], als vergeistigte, nochmals hervor.» (Ebd.: 186)

Das neue (jenseitige) Heilsversprechen blieb unverbindlich, zudem wurde den *Gläubigen* die Möglichkeit genommen, durch ein Leben nach dem *Gesetz* sich der Einlösung des Versprechens zu nähern. Diese «Unverbindlichkeit» werde «vom naiven Gläubigen im Stillen fort gewiesen, ihm wird das Christentum [...] zum magischen Ritual, zur Naturreligion. Er glaubt nur, indem er seinen Glauben vergisst.» (Ebd.: 187f) Von theologischen Relativierungen befreit, bestätige sich das «Heil am weltlichen Unheil» der Jüdinnen und Juden (ebd.: 188).[59] Im

rie des Antisemitismus in Einklang bringen lässt.» (Wussow 2014: 173)

59 Die Hoffnung auf das jenseitige *Reich* fühlt sich durch «das hartnäckige Beharren auf Erlösung und Befreiung in der Welt» herausgefordert: «Eine Religion, die stets auch das Diesseits meint, das Hier und Jetzt, das

Anschluss an Freud erkennen die Autoren im Hass gegen die «Anhänger der Vaterreligion [...] als die, welche es besser wissen» den «religiöse[n] Ursprung des Antisemitismus»: «Es ist die Feindschaft des sich als Heil verhärtenden Geistes gegen den Geist. Das Ärgernis für die christlichen Judenfeinde ist die Wahrheit, die dem Unheil standhält, ohne es zu rationalisieren [...]. Der Antisemitismus soll bestätigen, dass das Ritual von Glaube und Geschichte recht hat, indem er es an jenen vollstreckt, die solches Recht verneinen.» (Ebd.)

Die fünfte These widmet sich der Affektstruktur des Antisemitismus als «rationalisierte Idiosynkrasie» (ebd.: 192)[60]: Sie gründet im Verzicht, der mit dem Zivilisationsprozess einhergeht. Der Nazismus versuche «die Rebellion der unterdrückten Natur gegen die Herrschaft unmittelbar der Herrschaft nutzbar zu machen [...]. Dieser Mechanismus bedarf der Juden. [...] So werden die tabuierten, der Arbeit in ihrer herrschenden Ordnung zuwiderlaufenden Regungen in konformierende Idiosynkrasien umgesetzt.» (Ebd.: 194) Beim Versuch, die Frage zu beantworten, warum es gerade die *Juden* sind, an denen sich die Rebellion schadlos hält, schwanken die Autoren. Einerseits verweisen sie auf die «Anhäufung von Erinnerung» (Cesare Lombroso): «Am Zeichen, das Gewalt an ihnen hinterlassen hat, entzündet endlos sich Gewalt.» (Ebd.: 192) Anderseits habe das Judentum für den *Fortschritt in der Geistigkeit* teuer bezahlt: Es hätte «die Angleichung an Natur» weniger «ausgerottet als sie aufgehoben in den reinen Pflichten des Rituals. Damit haben sie ihr das versöhnende Gedächtnis bewahrt, ohne [...] in Mythologie zurückzufallen. So gelten sie der fortgeschrittenen Zivilisation für zurückgeblieben und allzu weit voran» (ebd.: 195f). Dass so viele Stereotype auf Sinnlichkeit bezogen sind, verweist einmal mehr auf den projektiven Charakter des Antisemitismus. Das «Besondere», an das sich Idiosynkrasie heftet, ist das Triebhafte, das beim Subjekt unterdrückt und auf die *Juden* projiziert wird. Von «Zivilisation» geblendet, erfahren die *Bürger* das Unterdrückte «erst an manchen Gesten und Verhaltensweisen, die ihnen bei anderen begegnen, und als isolierte Reste, als beschämende Rudimente

ist der Juden Sünde! Dafür müssen sie immer wieder bestraft werden» (Hurwitz 1986: 124).

60 Unter Idiosynkrasie wird eine scheinbar instinktive und heftige Abneigung verstanden.

in der rationalisierten Umwelt auffallen. Was als Fremdes abstößt, ist nur allzu vertraut.» (Ebd.: 190f)

Auch die sechste These hat das idealtypische Subjekt des Antisemitismus und seine inneren Konflikte zum Gegenstand: «Der Antisemitismus beruht auf falscher Projektion.» (Ebd.: 196) Weil die Begrifflichkeit auf Krankheit verweist, beeilen sich die Autoren, auf eine Differenz hinzuweisen: «Dem gewöhnlichen Paranoiker steht dessen Wahl nicht frei, sie gehorcht den Gesetzen seiner Krankheit. Im Faschismus wird dies Verhalten von Politik ergriffen, das Objekt der Krankheit wird realitätsgerecht bestimmt, das Wahnsystem zur vernünftigen Norm in der Welt [...] gemacht.» (Ebd.) Es ist also weniger individuelle Pathologie, welche die Paranoia bedingt, sondern der *Führer*, die Organisationsformen und die ideologischen Inszenierungen des Faschismus.

Die antisemitische Paranoia wird dann als «Symptom des Halbgebildeten» (ebd.: 205) analysiert. Diesem «werden alle Worte zum Wahnsystem, zum Versuch, durch Geist zu besetzen, woran seine Erfahrung nicht heranreicht, gewalttätig der Welt Sinn zu geben, [...] zugleich aber den Geist und die Erfahrung zu diffamieren, von denen er ausgeschlossen ist» (ebd.). Die Halbbildung – und das verweist auf die aktuelle Stärke des Antisemitismus und anderer «obskure[r] Systeme» (ebd.) – sei in der spätbürgerlichen Gesellschaft vorherrschend geworden und damit seien «in ungeahntem Maßstab neue Bedingungen für die Paranoia der Massen gegeben.» (Ebd.: 206) Schließlich wird die Paranoia mit spezifischer Vergemeinschaftung in Zusammenhang gebracht: Sie strebe «zur Bildung von Bünden, Fronden und Rackets. Die Mitglieder haben Angst davor, ihren Wahnsinn allein zu glauben. [...] Das normale Mitglied aber löst seine Paranoia durch die Teilnahme an der kollektiven ab und klammert leidenschaftlich sich an die objektivierten, kollektiven, bestätigten Formen des Wahns.» (Ebd.: 206f)

Auf der Objektseite der Paranoia stehen die «Juden», die dafür ökonomisch vorbestimmt seien: Wieder werden sie in der «Zirkulationssphäre» verortet und diese mit zunehmender Bedeutungslosigkeit bedacht (ebd.: 208). Ganz als ob die Autoren die Problematik solcher Zuschreibungen erahnten, betonen sie im nächsten Absatz den Vorrang des Judenbildes vor der Realität. Das «Bild», das sich AntisemitInnen von ihren künftigen Opfern machen, zeige das im Prozess der Zivilisation «Überwundene[.]» und trage «die Züge, denen die totalitär gewordene Herrschaft todfeind sein muss: des Glückes ohne Macht, des Lohnes ohne Arbeit, der Heimat ohne Grenzstein, der Religion ohne Mythos. Verpönt sind diese Züge von der Herrschaft, weil die Beherrschten sie insgeheim ersehnen.» (Ebd.: 208f)

Die siebte These, 1947 anlässlich der Neuauflage angefügt, hat den postfaschistischen Antisemitismus zum Gegenstand: «Aber es gibt keine [bekennenden, Anm.] Antisemiten mehr.» (Ebd.: 209) Diese Feststellung trifft jedoch nicht erst auf den Antisemitismus nach Auschwitz zu, seit jeher «geht der antisemitische Diskurs [...] zu sich selbst auf Distanz» (Omran 2000: 20). Nach 1945 sei der Antisemitismus «kaum mehr eine selbständige Regung, sondern eine Planke der Plattform: wer irgend dem Faschismus die Chance gibt, subskribiert mit der Zerschlagung der Gewerkschaften und dem Kreuzzug gegen den Bolschewismus automatisch auch die Erledigung der Juden.» (Horkheimer/Adorno 1944/47: 209) So treffend diese Analyse für die extreme Rechte und den deren Antikommunismus, den es tatsächlich ohne Antisemitismus nicht geben kann, so sehr werden damit die Ressentiments auf der Linken verfehlt. Jedoch findet sich der Hinweis, dass «der sich ausbreitende Verlust der Erfahrung auch die Anhänger des progressiven Tickets am Ende in Feinde der Differenz [verwandelt]. Nicht erst das antisemitische Ticket ist antisemitisch, sondern die Ticketmentalität überhaupt.» (Ebd.: 217) Die Begründung bleibt jedoch schwach: Weil dieser Mentalität eine «Wut auf die Differenz [...] teleologisch» innewohne (ebd.), sei sie antisemitisch.

Charakterliche Disposition

Neben den *Elementen* und den Arbeiten Löwenthals stellen die *Studien zum Autoritären Charakter* (1950) die zentrale Fundstelle für eine kritische Theorie des Antisemitismus dar. Deren Essential, wonach der Antisemitismus seine Ursache nicht in Eigenschaften oder im Verhalten seiner prospektiven Opfer hat, sondern auf «subjektiven Faktoren und der allgemeinen Situation des Antisemiten basiert» (Adorno 1950: 3), steht am Beginn dieser Arbeit. Diese «Wendung aufs Subjekt» (Adorno 1959: 27) fußt auf der Grundannahme, dass «das antisemitische Vorurteil sehr wenig mit den Eigenschaften derer zu tun hat, gegen die es sich richtet.» (Adorno 1950: 108)

Nach Adorno entspricht dem Antisemitismus auf individueller Ebene ein «psychischer Totalitarismus» (ebd.: 143), was nahelegt, bestimmte charakterliche Dispositionen für ihn verantwortlich zu machen. Den Anfang machte die Annahme, hinter dem Wunsch nach Sicherheit und Stärke, wie sie der Antisemitismus verspricht, stehe eine strukturelle Schwäche des Ichs. Dieses projiziert seine (verdrängten) Wunschregungen nach außen, um sie dann dort – beim *fremd* gemachten *Anderen* – zu verfolgen. Es flieht vor den Anforderungen eines ausgesprochen rigiden (aber nicht voll integrierten) Über-Ichs und der Realität in die autoritäre Symbiose. Von Fromm, Adorno und anderen wurde dieses Ich als *autoritärer Charakter* beschrieben. Als Ursache für die Ausbildung autoritärer Charakterstrukturen wurde lange ein spezifischer Bewältigungsversuch des ödipalen Konflikts gesehen: Die väterliche Autorität zwischen Subjekt und erstem Objekt (Mutter) wird nicht oder nur unvollständig verinnerlicht, d. h. sie kann auch nicht vom Ich, das die Ansprüche von Über-Ich und Es mit der Objektwelt vermittelt, kontrolliert werden. Moralische Entscheidungen bleiben so von äußeren Autoritäten (*Führer* oder Gruppenzwang) abhängig.

Im Allgemeinen wird die charakterliche Basis des Antisemitismus heute als breiter und weit über die klassische autoritäre Persönlichkeit hinausgehend gefasst. In solcher Öffnung machen sozialisationstheoretische Ansätze weiterhin Sinn. Dabei ist aber von der Vorstellung fixer Charaktertypen Abstand zu nehmen: Autoritarismus und Antisemitismus sind nicht nur «an autoritäre Persönlichkeiten gebunden [...], sondern auch situationsspezifisch möglich» (Oesterreich 2001: 281). Trotz des eingeschränkten Erklärungsgehalts des Ansatzes bleibt die grundlegende Einsicht gültig: Fehlen dem Subjekt bestimmte psychische Dispositionen, wie sie sich rund um ein starkes (synthetisierendes) Ich gruppieren, ist es nicht oder nur schwer in der Lage, die vielen (persönlichen wie sozialen) Krisen anders als bedrohlich zu interpretieren. Auf den (*fremd* gemachten) *Anderen* kann es nur auf bestimmte, ängstlich-vermeidende Art und projizierend reagieren. Ich-Schwäche und Autoritarismus stellen also nach wie vor die wichtigsten subjektiven Faktoren, die Antisemitismus begünstigen, dar. Trifft diese charakterliche Disposition auf biographische Brüche und narzisstische Kränkungen, wie berufliches Scheitern (Otto Glagau u. a.) oder die Entlarvung als Betrüger (Hermann Ahlwardt u. a.), schlägt das

Ressentiment in Hass um.[61] Aber wie jede Einzeltheorie kann die sozialpsychologische alleine nicht erklären, warum gerade Jüdinnen und Juden zu Objekten von Projektion und Hass werden. Auch Adorno (1950:108) musste bei der Beantwortung der Frage «Warum die Jüdinnen und Juden?» auf die Herstellung des Objektes durch die antisemitische Tradition zurückgreifen: «Es muss greifbar genug, aber nicht zu greifbar sein, damit die eigene Wirklichkeit es nicht zunichtemacht. Es muss historisch fundiert sein und als unbestreitbares Element der Tradition erscheinen. Es muss in starren und wohlbekannten Stereotypen definiert sein, und schließlich muss es Merkmale besitzen oder zumindest im Sinne von Merkmalen wahrgenommen oder verstanden werden können, die den destruktiven Tendenzen des Vorurteilsvollen entgegenkommen. [...] Es ist kaum zu bezweifeln, dass alle diese Bedingungen in hohem Maße von dem Phänomen ‹Jude› erfüllt werden. Das heißt nicht, dass Juden Hass auf sich ziehen müssen oder dass eine unabwendbare historische Notwendigkeit sie eher als andere zum idealen Angriffsziel sozialer Aggressivität macht. Es genügt, dass sie diese Funktion im psychischen Haushalt vieler Individuen erfüllen *können*.»

Antisemitismus lässt sich nun bestimmen als eine «Ideologieform, die die autoritären Verstümmelungen wie autoritätsgebundenen Bedürfnisse der Individuen» aufgreift «und zu einer stereotypen Welterklärung verdichtet» (Rensmann 1998: 91). Ihm kommen Züge einer «autoritären Rebellion» (Erich Fromm) zu: Im «Konflikt zwischen einer Neigung zum Aufruhr» und dem «Respekt vor der Obrigkeit» verschafft der Antisemitismus «die Möglichkeit, diese beiden einander widersprechenden Bestrebungen zugleich zu befriedigen.» (Fenichel 1946: 38) Er ist ein Versuch, die Spannung zwischen Es, Ich und Über-Ich zu

61 Je kränkender die Realität, desto radikaler der Bruch mit ihr. Die Gekränkten neigen dazu, sich «an eine alternative Sicht der Realität» zu klammern, «an die Illusion, dass die Feinde vernichtet sind und er selbst in einer mystischen Vereinigung mit der Mutter neu geboren wird.» (Ostow 1988: 25) Wut und Destruktivität verwandeln sich in die «Phantasie, dass sich die gesamte Welt in einem Zerstörungsprozess befindet – die eigenen Zerstörungsabsichten werden auf den Kosmos projiziert. [...] Voraussetzung für Erlösung ist jedoch die Vernichtung der bestehenden Welt.» (Hegener 2006: 20) Diese apokalyptische Struktur, die «in der westlichen Kultur als geschichtliche Prozessgestalt, als kollektives Interpretationsmuster» existiert (Beland 1992: 98), kennzeichnet nicht erst den Antisemitismus, sondern schon das Christentum und manche Formen des Islam.

mildern. Durch die Zeichnung drastischer Bilder von «Juden als schmutzige, ausschweifende Mörder» wird vermieden, sich verpönter «Neigungen bei sich selbst bewusst zu werden» (ebd.: 45): Die *Juden* werden zur «Verkörperung der Begierde zu töten und der niederen Sexualität» (ebd.). Für das Unbewusste der AntisemitInnen stellen sie «nicht nur jene Obrigkeit dar, welche sie nicht anzugreifen wagen, sondern auch die eigenen verdrängten Triebe, die sie hassen und die gerade von der Obrigkeit, gegen die sie gerichtet sind, verpönt werden.» (Ebd.)

Essentials der Kritik

Eine Kritik des Antisemitismus reduziert diesen nicht auf antijüdische Feindschaft oder auf die Summe antijüdischer Ressentiment[62], sondern fasst ihn als universale Sinnstiftung (Mythos) zu Lasten von Jüdinnen und Juden. Das Besondere liegt in bestimmten Arrangements von Stereotypen, die sich rund um die Macht, die den *Juden* seit ihrem *Gottesmord* zugeschrieben wird, gruppieren. Der Gottesmordvorwurf begründete die phobischen Fantasien von *jüdischer* Übermacht und damit das Spezifische am Antisemitismus. Dieser ist nur auf allgemeiner Ebene eine Urform des Fremdenhasses: Jüdinnen und Juden können als prototypische *Fremde* (fremd Gemachte) begriffen werden.[63] Er weist aber über den Rassismus hinausgehende Aspekte auf, die der Austauschbarkeit seiner Opfer Grenzen setzen. Vor allem eignet ihm eine «doppelte Unterscheidung»: «eigenes versus anderes Volk, eigenes und alle anderen Völker versus Juden.» (Holz 2001: 160) Wenn der «Gegensatz ‹eigenes versus anderes Volk›» die Fremdenfeindlichkeit konstituiert, ist der auf dem Gegensatz *Volk* und *Nicht-Volk* basierende Antisemitismus nicht einfach eine ihrer Spielarten (ebd.: 99).

Entsprechend der halluzinierten Übermacht seiner Objekte eignet dem Antisemitismus eine spezifische (paranoide) Wahnstruktur: «Um diesen […] Wahn als Wirklichkeit darzutun», hat er «vielerlei Techniken ausgebildet: Entwicklung stereotyper Juden-Bilder, Standardargumentationen zu ihrer wirtschaftlichen Schädlichkeit, ihrer grundsätzlichen Unveränderbarkeit, körperlichen Minderwertigkeit, ihrer raffinierten Mimikry-Natur usw.» (Bering 2002: 174f) Er nimmt «prinzipiell die Form einer Paranoia» an, weil «die jüdische Fremdheit keine Andersartigkeit *wie die anderen* ist. Denn ‹diese Leute› entziehen sich jeder Einordnung, der des Blicks ebenso wie der des Begriffs und der

62 Nicht jedes antisemitische Ressentiment muss Antisemitismus zur Basis haben – was jedoch nichts an der Notwendigkeit seiner Korrektur ändert. Ganz im Gegenteil: Haben sich die Ressentiments einmal zu Antisemitismus verdichtet, hat es Kritik schwer.

63 Schon Pinsker (1882: 11) wies darauf hin, dass der *Jude* ein besonderer *Fremder* sei: Er «ist seiner Heimat nicht nur kein Einheimischer, er ist auch kein Ausländer, er ist recht eigentlich ein Fremder ‹kat' exochen› [im eigentlichen Sinne, Anm.].»

des Staates.» (Finkielkraut 1984: 158) In der modernen Welt war kein Platz für so einen undefinierbaren *Rest* – er wurde ins Imaginäre verbannt, von wo aus er die Menschen erst recht verfolgte. Antisemitismus produziert also «durch die Kraft irgendwelcher Einbildung künstlich» belebtes «Unwirkliches» (Wagner 1869: 9), immer betreibt er Derealisation, darin liegt sein «bizarrer und ziemlich schrecklicher Kern [...]: dass man sich in einem Raum der reinen Projektion, der [...] Phantasmatik bewegen kann» (Horn 2012: 25). Ihn kennzeichnet eine spezifische Selbstreferenz: Antisemitismus reproduziert sich seit jeher aus sich selbst bzw. seinen Folgen – eine fatale *Anhäufung von Erinnerung* «vom Wucherjuden des Mittelalters über den Hofjuden der Barockzeit bis zum beherrschenden Bankjuden des Industriezeitalters» (Leers 1933: 81).

Unter den begünstigenden Variablen antisemitischer Einstellungen (Frindte 2006: 241f) ragt der biographisch zugrunde gelegte, sozial und politisch verstärkte Autoritarismus heraus. Daneben können überbordende (soziale) Angst und Selbstzweifel für Antisemitismus verantwortlich gemacht werden. Als dessen «innere[n] Grund» nennt Sterling (1969: 58) «eine krankhafte Angst, die von ihrem Gefühl der eigenen Schwäche genährt wird». Dementsprechend zählt Braun (1995a: 84) die «Glaubenszweifel[.]» der *Christen* zu seinen Ursachen. Diese verdrängten Zweifel ließen das Christentum die *Juden* «aus seinen ‹eigenen Eingeweiden› heraus» erzeugen (Nirenberg 2015: 277). Denn im Gegensatz zur jüdischen Gesetzesreligion war es dem Christentum aufgrund seines Primats des *Glaubens* schwer möglich, die Zweifel zu integrieren – es benötigte zur Stabilisierung die *Juden* als Projektionsflächen. Aufgrund ihrer «innere[n] Vieldeutigkeit» (Weininger 1903: 281) bieten sie sich dazu an: «Der Jude glaubt an gar nichts, er glaubt nicht an seinen Glauben, er zweifelt an seinem Zweifel», so Otto Weininger (ebd.: 279).

Auch die hilflosen Versuche von Halbgebildeten, sich und anderen die Welt zu erklären, begünstigen Antisemitismus. Schwächer ist hingegen die Wirkung sozialer und ökonomischer Faktoren, wie der relativen fraternalen Deprivation.[64] Wahrgenomme-

64 Wer die Eigengruppe gegenüber Fremdgruppen (v. a. «Ausländer») benachteiligt sieht, tendiert häufiger zu Antisemitismus (Zick/Küpper 2011: 47f). Es muss jedoch bezweifelt werden, dass es sich bei dieser Form der gefühlten Deprivation tatsächlich um eine Ursache für Anti-

ne soziale und ökonomische Bedrohung führt nicht von selbst zu Antisemitismus. Erst wenn bestimmte Gruppen als Schuldige an der Krise ausgemacht wurden (Personalisierung), das vage Bedrohungsgefühl sich in konkrete Angst und Feindschaft übersetzt hat, wächst er signifikant (Becker et al. 2010: 141). Wie erfolgreich antisemitische Mobilisierungen sind, hängt jedoch «nicht nur von sozialstrukturellen Bedingungen, psychosozialen Dispositionen und verfestigten unbewussten Stereotypen» ab, sondern auch «von den demokratischen Rahmenbedingungen und der Opportunität in der politischen Kultur.» (Rensmann 2004: 496)

So wichtig die Kritik der Strukturprinzipien bürgerlich-kapitalistischer Vergesellschaftung sind, so falsch wäre es, den Antisemitismus als objektive Gedankenform oder «Basisideologie der bürgerlichen Gesellschaft» (Bruhn 1997) einfach aus dieser abzuleiten[65]: «Die Bedeutung politisch-kultureller Vermittlung, Kommunikation und demokratischer Praxis, aber auch die Spannungen zwischen Individuum und Gesellschaft» würden solcherart vernachlässigt und die Differenz zwischen «konventionellen, verdinglichten Bewusstseinsformen und Antisemitismus als spezifischer antidemokratischer Ideologieform» unterschlagen (Rensmann 2004: 182).

Eine Kritik des Antisemitismus analysiert seine individuellen, sozialen und politischen Funktionen – ohne von diesen einfach auf seine Ursachen zu schließen. Zudem lassen sich die Funktionen weniger aus objektiven Notwendigkeiten als aus den antisemitischen Diskursen ableiten. An erster Stelle wäre die Kohäsionsfunktion zu nennen. Gleich das zweite der «Zehn deutschen Gebote» Fritschs (1887: 358) lautet: «Du sollst wissen, dass du mit all Deinen Mitdeutschen [...] einen gemeinsamen unversöhnlichen Widersacher hast. Er heißt Jude.» Antisemitismus schafft *Identität* wo (sozialer) Widerspruch wäre. Seit jeher steht er im Dienste der Überbrückung von politischen und so-

---

semitismus handelt (Rippl 2003: 157), vielmehr scheint sie ein integraler Bestandteil desselben zu sein. Je stärker jemand davon überzeugt ist, dass er/sie zu einer historisch privilegierten Gruppe gehört und davon entsprechende (hohe) Erwartungshaltungen ableitet, desto eher wird er/sie (in Krisenzeiten) einen Statusverlust befürchten. Gerade pathologische Gruppenbildungsprozesse lassen das Gefühl weiterwachsen, dauernd und überall zu kurz zu kommen. Hier ist der Nationalismus als Determinante für die antisemitische Verarbeitung von Krisenerfahrungen angesprochen.

65 Darum schränkt auch Bruhn (1997) ein, dass der Antisemitismus «nichts [ist] ohne die Gesellschaft, die in ihm sich reflektiert».

zialen Gräben im Gemeinschaftsinneren: «Weil der Jude ihnen Frankreich rauben will, so gehört Frankreich ihnen. So haben sie den Antisemitismus erwählt als Mittel, sich als Besitzende zu fühlen.» (Sartre 1946: 118)

Dann stiftet Antisemitismus Sinn, «wo kein Sinn ist» (Erb 1995: 77): Er beansprucht, nicht nur die *Juden* zu erklären, sondern gleich die ganze Welt (Erklärungsfunktion). Solcherart erlaubte der Antisemitismus nicht erst den Nazis, «in das einen Sinn zu bringen, was bisher widerspruchsvolle Geschehnisse waren», wie es 1936 in einem *SS-Leitheft* hieß (zit. n. Goldhagen 1976: 382). Damit verschafft er dem Individuum narzisstische Zufuhr und stärkt das Gefühl von Selbstwirksamkeit (Decker et al. 2018: 212). Daneben erleichtert er die Stabilisierung von Herrschaft durch die Indienstnahme und Ablenkung rebellischer Affekte. Schließlich ermöglicht Antisemitismus, Hass und Aggression zu legitimieren. Denn zuerst war der Hass: «Man wird aller Unbegreiflichkeiten, die mit dem Glauben an die jüdische Minderwertigkeit zusammenhängen, nicht Herr, solang man sich nicht vor Augen führt, *dass in Wirklichkeit nicht die schlechte Eigenschaft den Hass erregt, sondern dass der Hass die* [vermeintliche, Anm.] *Eigenschaft des Gehassten als schlecht erscheinen lässt.*» (Bernstein 1926: 41)

Traditionen und Brüche

Am Anfang seiner Geschichte und darum auch seiner Kritik steht der *christliche* Antisemitismus, der von der Kirche im Laufe des Mittelalters «in ein lückenloses Nachrichtennetz von Predigten, Exerzitien, Inquisitionen, Kreuzwegen, Gnadenbildern, Wallfahrtsstätten, Bildgeschichten, Passionsspielen und volksmissionarischen Bußfeldzügen» übersetzt wurde und mit dem sie «ganz Europa überzieht und seelisch kontrolliert.» (Kreis 1999: 22) Jüdinnen und Juden wurden früh zum Opfer der christlichen «Wirklichkeitskonstruktion»: Diese schuf die «virtuellen, [...] an die Wand gemalten, [...] erfundenen Juden.» (Ebd.: 8)

Aus dem *christlichen* Antisemitismus begann sich im 19. Jahrhundert der nationale (völkische) Antisemitismus herauszubilden. «Von Volk zu Volk: hier zum ersten Male stellt sich mit Evidenz dar, welcher Charakter dem überindividuellen Träger des Antisemitismus zukommt: der nationale.» (Zweig 1927: 56)

Im Prozess der völkischen Formierung der Massen wurden die *Juden* zum Gegenbild der *Deutschen*. Dabei blieb das «Christentum ein wichtiges Auslegungsreservoir, aus dem das symbolische Material für die neue nationale Ordnung geschöpft wurde» (Berghoff 1999: 163). In Deutschland und den anderen *verspäteten Nationen* (mit der hier nicht näher zu behandelnden Ausnahme Italiens[66]) ging darum die nationale Massenbildung zu Lasten der Jüdinnen und Juden.

Der zuerst völkische und dann rassistische Antisemitismus wurde auch aus der enttäuschten Erwartung gespeist, wonach die Jüdinnen und Juden nach der Emanzipation verschwinden würden. Vor allem aber reagierte er auf ihren Wechsel ins Innere der Gesellschaft, die nun als von *Zersetzung* bedroht wahrgenommen wurde. Begünstigt wurde diese Wahrnehmung durch die Gleichzeitigkeit von Emanzipation und rasantem gesellschaftlichen Wandel. Der Antisemitismus wurde zur Reaktionsbildung auf krisenhaft erlebte Modernisierung: Sie blieb unverstanden und wurde darum (vor dem Hintergrund jahrhundertelanger Zuschreibungen) mit *Juden* verbunden. Die sich durchsetzende bürgerlich-warenförmige Gesellschaft wurde als *christlicher Staat* politisch gerahmt und der religiöse Gegensatz trotz aller Säkularisierung anhaltender Diskriminierung dienstbar gemacht, wobei die basale Spaltung in Staat und Gesellschaft weitergetrieben und Ersterer mit der *Volksgemeinschaft* zum *Volksstaat* verschmolzen wurde. Dieser ist gekennzeichnet durch politische Rückständigkeit und die Hegemonie vorbürgerlicher (antiliberaler) Einstellungen. Viele (Klein-)Bürger identifizierten den Liberalismus mit den Jüdinnen/Juden und bekämpften an ihnen die bedrohlichen Elemente der Modernisierung – und ihr schlechtes Gewissen aufgrund des Verrates der Revolution. Die Schwäche der bürgerlichen Gesellschaft korreliert mit der Stärke des Staates und zwischen «dem Ausmaß, in dem die kapitalistische Modernisierung durch den Staat vermittelt wurde, und dem Erstarken des modernen Antisemitismus im letzten Drittel des 19. Jahrhunderts» besteht ein enger «Zusammenhang» (Postone 2000: 135).

66 Während sich im religiös gespaltenen Deutschland der Antisemitismus als Kitt des nach Einheit strebenden Christentums angeboten hat, musste der italienische Nationalstaat gegen die (geeinte) Kirche erkämpft werden, was den *Risorgimento* in Opposition zum (klerikalen) Antisemitismus brachte.

Damals begann sich der völkische Antisemitismus zum *Erlösungsantisemitismus* zu radikalisieren – zu jener Extremform, in welcher die Vernichtung der Jüdinnen und Juden zur Bedingung für die Rettung der *Deutschen* gemacht wurde (Friedländer 1998: 99ff). Damit einher gingen (weitere) Abstraktion[67] und Verselbstständigung: Mehr und mehr wurden *Juden* (und – unter umgekehrten Vorzeichen – *Christen* oder *Deutsche*) zum Symbol. Antisemitismus meint die ursächliche Deutung des Unerwünschten und Bedrohlichen im «Symbol des Juden» (Müller-Claudius 1927: 114): Der *Jude* wurde zum «Schuldträger für alles, was nicht sein soll.» (Ebd.: 125) War der Antisemitismus zunächst Teil der (christlichen) Volkskultur, wurde er nun zu einer eigenständigen Weltanschauung, die den christlich-jüdischen Gegensatz in einen *nationalen* und dann *rassischen* transformierte. Da jedoch sogar die Nazis erkennen mussten, dass es keine *Rassen* gibt, kehrten sie immer wieder zur religiösen und kulturellen Differenzmarkierung zurück: «Geistige Rasse ist härter und dauerhafterer Art als natürliche Rasse.» (Hitler 1945: 70) Die strikte Unterscheidung zwischen religiösem (kulturellem) und säkularem (rassistischem) Antisemitismus ist also zu hinterfragen: Der moderne Antisemitismus ist weniger durch die Behauptung einer jüdischen «Rasse», sondern «vor allem durch seine Verknüpfung mit dem Nationalismus konstituiert» (Holz 2001: 12).[68]

Während die Geschichtswissenschaft den modernen Antisemitismus zumeist erst mit der *Gründerkrise* des *Deutschen Reiches* 1873 und dem Aufkommen des entsprechenden Begriffs in den 1870er Jahren beginnen lässt[69], möchte ich seinen Anfang

67 Zweig (1927: 71f) betonte, dass «zu dem einzelnen Juden, den der Antisemit etwa kennt, […] ein erträgliches Verhältnis möglich [ist]; er wird als Ausnahme empfunden […]; nicht der Nachbar Jude, sondern dieses mythisierte Alljudentum ist der Gegner; und das Wesen des Juden.» Der abstrakte Charakter kommt aber nicht erst dem modernen Antisemitismus zu, vielmehr abstrahierte schon das Christentum von realen Jüdinnen und Juden, der Hass auf sie wurde durch «das Dogma, die theologische Notwendigkeit» begründet (Bein 1980: 54).

68 Dass Arendt (1955: 6) sich entschieden «gegen jede Identifizierung von Nationalismus und Antisemitismus» aussprach, ist der, an dieser Stelle von ihr nicht vorgenommenen Differenzierung zwischen politischem und völkischem Nationalismus geschuldet. Claussen (2011: 180) kritisiert an Holz (2001) dessen Engführung von Antisemitismus und Nationalismus. Tatsächlich wäre in der Antisemitismuskritik politischer und völkischer Nationalismus zu unterscheiden (Salzborn 2010b).

69 Das chronologische Schema, das den modernen Antisemitismus streng vom christlichen *Antijudaismus* trennt, hat oft apologetische Funktion.

im frühen 19. Jahrhunderts datieren. Schon damals wies er jene Züge auf, die gemeinhin erst seinen nazistischen Artikulationsformen zugeschrieben werden: «In den ersten Hetzblättchen aus den Tagen des Fries [...] war schon der totalitäre Antisemitismus angelegt; schon ihre Sprache wollte auf den Mord hinaus» (Horkheimer/Adorno 1959: VI). Im *Gründerkrach* stieg der Antisemitismus zwar massiv an, auch wurde er zu einer eigenständigen politischen Bewegung – er erfuhr jedoch keine qualitative Erneuerung. Die Hetze der *Germanomanen*[70] war bereits durchsetzt von Schädlings- und Krankheitsmetaphern und schon 1817 war die Rationalisierung der Mordlust als Hauptfunktion des Parasitendiskurses evident. So hieß es damals im *Allgemeinen Anzeiger*: «Den Christen [...] kann es nicht verdacht werden, wenn sie einer alles aussaugenden Schmarotzerpflanze Schranken setzen, und es ist, wenn sie dies tun, keine Verletzung der angeblich angeborenen Menschenrechte, keine Verletzung der allgemeinen Menschenliebe, sondern nur Notwehr» (Zit. n. Erb/Bergmann 1989: 211). Die Verwendung solcher Metaphern muss als Vorbereitung der Tat gesehen werden: Sind Jüdinnen und Juden einmal als *Parasiten* oder *Bazillen* identifiziert, käme alles andere als ihre Vertreibung oder Vernichtung einer Gefährdung des *Volkes* gleich. Darum riefen auch die *Taufbeckenantisemiten*[71] nach einem «Ausscheidungsprozess»: «Das Parasitentum im Erwerbsleben kann ebenso wenig geduldet werden, wie die Parasiten im Kulturleben.» (Waldhausen 1892: 17) Der Parasitendiskurs und die damit einhergehende Dehumanisierung bereitete «den Mord an den europäischen Juden mental» vor und ließ ihn «geboten erscheinen» (Erb/Bergmann 1989: 194). Auch die Tötungsmethode wurde schon nahegelegt – «gegen Ungeziefer und Schädlinge kann man Giftgas verwenden». (Ebd.)

Noch im 19. Jahrhundert wurde der Antisemitismus zum «Allgemeingut», das sich «durch alle Gesellschaftlichen Schich-

---

So im vatikanischen Dokument *Wir erinnern*: «Die Shoah war das Werk eines typisch modernen neuheidnischen Regimes. Sein Antisemitismus hatte seine Wurzeln außerhalb des Christentums.» *(https://stjosef.at/dokumente/shoah-reflexion.htm)*

70 So lassen sich mit Saul Ascher (1815) jene völkischen Nationalisten bezeichnen, die ihr *Deutschland* gegen Frankreich und die *Juden* konstruierten.

71 Als «Taufbeckenantisemiten» wurden Geistliche wie Stoecker von extremeren *Antisemiten* denunziert, weil sie die *Judenfrage* durch die Taufe für lösbar hielten (Bergmann 2002: 43).

ten [zog], er war die nationale Klammer – konstitutiv für *die* politische Kultur.» (Heid 1995: 242) Auf dieser Basis konnte er sich radikalisieren, so dass jene «Stimmen, welche [...] einer gnadenlosen Verfolgung und Vernichtung das Wort redeten», schon Ende des 19. Jahrhunderts «in der Mehrzahl» waren (Felden 1963: 69). Seine genozidale Dynamik entfaltete der Antisemitismus im Zusammenwirken mit Enttäuschungswut und Ohnmacht, Katastrophenangst und Untergangspanik, wirtschaftlicher Krise und sozialer Frustration, individuellen Dispositionen und Formen ideologischer Vergesellschaftung. Daneben fußt die Vernichtungsdynamik auf der gleichzeitigen Zuschreibung von Macht und Schwäche, Zivilisation und Natur: Der *Jude* «erscheint als schwacher und elender Parasit – und zugleich als das Symbol der Gewalttätigkeit. Die Verfolgung der Juden findet ihre Nahrung in diesem Paradox. Da er in Wirklichkeit schwach ist und doch als stark beschrieben werden kann, lädt er zur Verfolgung geradezu ein.» (Löwenthal 1944/45: 181)

Für die weitere Radikalisierung des Antisemitismus nach 1918 sind mehrere Faktoren verantwortlich zu machen: Erstens wurde er noch abstrakter, in sein Zentrum rückte die *jüdische Weltverschwörung* mit dem angeblichen Ziel der *Vernichtung* Deutschlands. Zweitens wirkte die kriegsbedingte Entzivilisierung enthemmend. Gleiches gilt drittens für die Tatsache, dass jüngere, im völkischen Aufbruch und Untergang sozialisierte (*soldatische*) Männer ihn zum Medium des Aufstandes gegen die Vätergeneration und die Republik machten (Gräfe 2016: 211f). Schließlich begünstigten die bestenfalls halbherzigen staatlichen Reaktionen auf die antisemitische Gewalt die Entfesselung der Mordlust: «Wer vorgab, die Interessen der Nation und die bestehende Ordnung zu verteidigen, der erzielte hinsichtlich der Wahl der Mittel weitgehende Freiheiten, der durfte sogar noch auf Nachsicht hoffen, wenn er gegen bestehende Gesetze verstieß.» (Jochmann 1985: 128) Von einer «unmissverständliche[n] Stellung der staatlichen Ordnungsmacht» zum Antisemitismus (Hoffmann 2004: 48) kann keine Rede sein: Er wurde in der Regel erst dann polizeilich und juristisch bekämpft, «wenn die Autorität des Staates, seiner Institutionen oder die Monarchie [und nach 1918 die Republik, Anm.] unmittelbar mit angegriffen» wurden – «kurz: wenn es um die Staatsräson ging.» (Jahr 2011: 91)[72]

72 Popper-Lynkeus (1925: 8) unterstrich die Bedeutung des «staatsautoritativen Anstoßes» für den Antisemitismus. Man könne den «Antisemi-

Auf diesem Humus begann die Saat der völkischen Rechten aufzugehen: Die *Juden* wurden «als ‹Gegenrasse› definiert, mit der [...] ein Kampf ‹auf Leben und Tod›, geführt werden müsse. Damit war eine Position erreicht, von der aus es nur noch wenige Schritte bis zum systematisch angelegten Völkermord waren.» (Rürup 2004: 96) Das dämonische Bild vom *Juden* war bereits hegemonial, als die Nazis an die Macht kamen: «Wenn Hitler von den Juden sprach, bewegte er sich auf einem, den Deutschen vertrauten Terrain.» (Hilberg 1994: 21) Der Nazismus konnte den «Antisemitismus fertig übernehmen. Er hat ihn ideologisch nicht weiterentwickelt, sondern beim Wort genommen und in die Tat umgesetzt.» (Bergmann 1996: 461)

In den Nachfolgestaaten des *Dritten Reiches* folgte auf die Vernichtung ein sekundärer oder Schuldabwehr-Antisemitismus: Der Hass auf die Opfer, die alleine durch ihre Existenz an die Shoah erinnern. Antisemitismus hatte aber schon vor 1945 Züge einer Abwehr von schlechtem Gewissen: Die Verbrechen an den Jüdinnen und Juden werden auf diese projiziert und zu deren (geplanten) Verbrechen. Aus «verdrängten Schuldgefühlen für die Entrechtung, Verfolgung, Zerstörung und Demoralisierung von anderthalb Jahrtausenden» gespeist (Zweig 1927: 212), reproduziert sich Antisemitismus permanent. Seit jeher dient seine lange Geschichte als Beleg für seine Richtigkeit. Die mythischen, von christlichen Traditionen geprägten Vorstellungen von den *Juden* sind alltagskulturell verankert und nach Auschwitz bestenfalls von verordnetem Philosemitismus oder verschämtem Schweigen in der Öffentlichkeit verdeckt worden. Mit der Tabuisierung des Antisemitismus im öffentlichen Raum nach 1945 wurde dieser ins Private gedrängt. Dabei wurden manche Projektionen auf andere Gruppen gelenkt (struktureller Antisemitismus) und andere in Latenz gehalten. Viele der Irrationalitäten begannen frei zu flottieren und sich an die unterschiedlichsten Heilversprechen zu hängen. In dieser Betrachtungsweise erscheint der Antisemitismus nach 1945 weniger als im Schwinden begriffen, vielmehr artikuliert er sich verstärkt über Umwege und in gewandelten Formen.

Nach wie vor dient Antisemitismus dazu, um die im Alltag nicht oder kaum auslebbaren «Spannungen und Aggressionen zumindest phantasiert abführen bzw. Unbegreifliches an den

---

ten nicht unrecht geben», wenn sie den Staat «für ihren Protektor halten.» (Ebd.: 147)

eigenen Lebensverhältnissen durch mythologische Versatzstücke deuten zu können.» (Marin 1979: 123). Er ist insbesondere als «wichtiges kulturelles Artikulationsschema für Klassenressentiments […] gegen ‹die da oben›» von anhaltender Bedeutung (ebd.). Dabei artikulieren sich die Ressentiments aber meist nicht direkt gegen *Juden*: Die *Bürokraten*, *Bonzen* oder *Altpolitiker* «als Symbole von Macht und Potenz» eigenen sich zur «Übernahme einzelner Komponenten des allmählich fragmentierten Judenbildes» (Marin 1976: 403). Aber auch auf «‹neue› Minderheiten und Randgruppen, insbesondere auf soziale abweichende, aktiv und bedrohlich erlebte, erfolgreich, mächtig, intellektuell überlegen, distant usw. wahrgenommene Minderheiten» können antisemitische «Teilstereotypen» verschoben werden (ebd.). Der «Möglichkeit der Verschiebung dessen, was in Auschwitz sich austobte» (Adorno 1966: 103), sind jedoch durch die Spezifika des Antisemitismus Grenzen gesetzt: Die *Weltverschwörung* bleibt ein halluziniertes *jüdisches* Projekt.

Wendung aufs Subjekt

Neben der Notwendigkeit jüdischer Staatlichkeit kann aus der Shoah die Folgerung gezogen werden, dass der Antisemitismus einer ethischen Störung entspricht. Sarte (1946: 132) charakterisierte den «Antisemiten» als «Verbrecher»: «Was er wünscht und plant, ist der Tod des Juden. […] Jedoch, der Antisemit hat ein reines Gewissen, er ist Verbrecher für die gute Sache.» Auf die Notwendigkeit der Berücksichtigung individueller Faktoren verweist die Tatsache, dass die Avantgarde des modernen Antisemitismus sich mehrheitlich aus Männern zusammensetzte, die unter massiven narzisstischen Kränkungen litten und von «Minderwertigkeitsgefühle[n]» geplagt wurden – die sie «in nationalistischen Kraftakten» abreagierten (Rudolph 1969: 9).

Dem extremen Antisemitismus eignet eine apokalyptische Denkstruktur, die der *paranoid-schizoiden Position* des Kleinkinds ähnlich ist. Die Regression auf diese *Position* zeichnet sich aus durch eine Spaltung der Welt in *Licht* und *Finsternis*, *Gut* und *Böse*, die sich in einem Endkampf befänden. Diagnosen von Katastrophen paaren sich mit Hoffnungen auf das *neue, paradiesische* Zeitalter, in welchem absolute Harmonie und Frustrationsfreiheit herrschten. Die Sehnsucht dahinter ist die nach dem primären Narzissmus, dem das Gefühl der *Allmacht* und Vollkommenheit entspricht. Insbesondere gegen die Herausforderungen der Triebökonomie und der ödipalen Reifung steht der Wunsch nach Rückkehr zu diesem Zustand der (R)Einheit. Bedroht wird der soziale Uterus vom *Juden*, der «unserer Mutter Deutschland» Schlimmes antue (Goebbels 1939: 330). Die dem Antisemitismus innewohnende Eskalationsdynamik ist in der Idealisierung des (eigenen) homogenen *Volkes* begründet. Dieses wird mit den Attributen der *Reinheit* ausgestattet, alles *Unreine* findet sich außerhalb, bei den (*jüdischen*) Anderen. Jedoch ist diese Kollektivphantasie prekär, das *Volk* wird ständig bedroht, was permanente Alarm- und Kampfbereitschaft verlange. Der Hass wird nicht als eigener erkannt, vielmehr sind es die *Juden*, derer man sich erwehren würde. Die Täter-Opfer-Umkehr ist «psychologisch brisant, […] weil sie zur Aggression ermutigt und diese legitimiert.» (Erb/Kohlstruck 2009: 428)

Antisemitismus ist ein in «abstrakten Hass» (Pinsker 1882: 10) auf die – gleichzeitig mit Eigenschaften der niederen Triebbefriedigung ausgestatteten – *Juden* verwandeltes *Unbehagen* an der Zivilisation: An den Jüdinnen und Juden, «die der Mehrheit als Protagonisten oder Nutznießer ihrer Entfremdung erscheinen», wird «das Leiden an der Zivilisation […] gerächt.» (Dahmer 2017: 166). Bis heute bietet der Antisemitismus die Möglichkeit, das «‹Unbehagen in der Kultur›» in ein «‹Behagen in der Unkultur›» zu verwandeln (Beland 1992: 133). Mit dem Unbehagen wächst das Ressentiment, das «aus Versagung und Repression resultiert» (Adorno 1950: 108). Die aus solcher Frustration rührende Feindschaft wird «vom eigentlichen Objekt abgewandt» und auf ein «Ersatzobjekt» umgelenkt (ebd.). Die «Fremdheit» der *Juden* «scheint die handgreiflichste Formel zu sein, mit der Entfremdung der Gesellschaft fertig zu werden» (ebd.: 124): Antisemitismus bedeutet vor allem das Haftbarmachen von Juden und Jüdinnen für unpersönliche und undurchschaute Herrschaft. Die unverstandenen Entwicklungen erzeugen beim Individuum Angst und Unsicherheit. Es «sieht sich vor Probleme gestellt, die es nicht begreift, und muss gewisse Techniken entwickeln, die […] ihm den Weg durch das Dunkel finden helfen. Solche Orientierungshilfen erfüllen eine doppelte Funktion: Einmal verschaffen sie dem Individuum eine Art Wissen oder Pseudowissen […]. Zum anderen mildern sie psychologisch das Gefühl der Angst und Ungewissheit und gewähren ihm die Illusion intellektueller Sicherheit, geben ihm Halt» (ebd.: 188).

Am Anfang des Antisemitismus stehen also nicht Jüdinnen und Juden, sondern über Gebühr geschwächte Individuen und ideologische Gemeinschaften, die keinen Raum lassen für Ambivalenz. Grundsätzlich knüpft er «an unbewusste Triebregungen, Konflikte, Neigungen und Tendenzen [an], die er verstärkt und manipuliert, anstatt sie zum Bewusstsein zu erheben und aufzuklären.» (Adorno 1964a: 92) Werden diese Konflikte zu heftig oder die Bedrohungen von außen zu stark, kann es zur Regression kommen, zumal in Prozessen pathologischer Massenbildung und unter dem Einfluss spezifischer Propaganda. Dabei werden jene Gedanken und Triebabkömmlinge, die ins Unbewusste verdrängt wurden, in antisemitische Bilder umgewandelt (Pohl 2006: 54). Die «Hauptantriebskraft antisemitischer Gewalttaten ist tiefsitzender Hass, der [...] aus einer spezifischen Umwandlung sozialer und persönlicher Ängste entsteht.» (Ebd.: 37) Weil Antisemitismus stets «Ausdruck eines Konfliktes innerhalb der vorurteilsbehafteten Person [...] und keine rationale Reaktion auf die Außenwelt» ist (Jahoda/Ackermann 1948: 239), haben alle Versuche seiner Bekämpfung bei seinen Subjekten und deren ideologischer Vergesellschaftung anzusetzen.

Ende der Geschichte?

Schließlich ist der Antisemitismus ein Effekt des Pessimismus, der Hinnahme und Verteidigung des status quo – zu Lasten der Jüdinnen und Juden. Die Welt ist nach jüdischer Lehre zum Positiven veränderbar, das *Heil* in Gerechtigkeit zu suchen. Es besteht ein Zusammenhang zwischen dem allem Utopischen feindlichen Konservativismus und dem Antisemitismus: Der Zwang zur Bejahung des Bestehenden fordert seine Opfer. Mit der Ausweglosigkeit und dem Stilllegen der Geschichte, die angeblich nach 1989 wie alle anderen *Erzählungen* zu ihrem Ende gekommen sei, hat sich dieser Zusammenhang aktualisiert – was das Fortleben, ja Anwachsen des Antisemitismus erklären hilft.

Ley (2003: 15) setzt demgegenüber das «Ende der klassischen Moderne» mit dem «des politisch organisierten Antisemitismus» gleich. Dagegen ließe sich fragen, ob nicht die Postmoderne in sich widersprüchlich ist, etwa Ent- und Renationalisierung gleichzeitig wirken, und vor allem, ob nicht gerade die Unsicherheit angesichts des Epochenbruchs dem Antisemitismus eine neue (begünstigende) Grundlage beschert hat. Wo «alt gewordene Gestalt» ideologischer Herrschaft «erschüttert wird», zeigt er «sein Antlitz.» (Claussen 1987: 57) Wenn er unter den Bedingungen der Globalisierung seine Motive auch variiert hat[73], ist er noch lange nicht überwunden. Jedoch scheint der antisemitische Mythos sich vom Nationalismus abgelöst zu haben, in seiner Wendung gegen Israel kleidet er sich oft anti- oder internationalistisch.

In seiner Eigenschaft als ein über Jahrhunderte tradiertes «Modell zur Sicherung kultureller Kohärenz» wird der Antisemitismus immer dann relevant, wenn zu «viele der alten Gewissheiten» zerbrechen (Goldhagen 1996: 76), was seine anhaltende Bedeutung in Zeiten sozialer und politischer Umbrüche erklärt. Als «negative Leitidee der Moderne» (Salzborn 2010) prägt er auch die Postmoderne. Den sich verändernden Rahmenbedingungen kommt der Antisemitismus durch seine ausgesprochene Flexibilität entgegen. Auf diese Beweglichkeit wies bereits Pinsker (1882: 14) hin, als er betonte, dass der *Jude* «für die Eingeborenen ein Fremder, für die Einheimischen ein Landstreicher, für die Besitzenden ein Bettler, für die Armen ein Ausbeuter und Millionär, für die Patrioten ein Vaterlandsloser, für die Klassen ein verhasster Konkurrent» sei.

So wie die «Moderne in der Gruppe der Juden bekämpfbar» war (Weyand 2016: 336), scheinen sich auch die Verwerfungen der Postmoderne zu Lasten von Jüdinnen und Juden *schiefheilen* zu lassen. Als eingeübte Form der Kompensation von lebensgeschichtlichen Enttäuschungen, die im Dienste einer «affektbasierten Externalisierung negativer Selbstanteile» steht (Beyer 2015: 576), weist der Antisemitismus große Beharrlichkeit auf.

Bis heute kommen ihm Züge einer autoritären Rebellion zu: Die AntisemitInnen «führt die Lust zum Gehorchen zum Ungehorsam.» (Sartre 1946: 121) Als «eine Verdichtung der wider-

---

73 Die Globalisierung wurde zur «neuen Projektionsfolie alter antisemitischer Klischees von jüdischer Weltherrschaft» und hat «auf nahezu dem gesamten Globus zur Entstehung oder Festigung von Judenfeindschaft beigetragen.» (Nonn 2008: 104)

sprüchlichsten Bestrebungen: eines Aufruhrs der Triebe gegen die Obrigkeit sowie einer gegen das eigene Selbst gerichteten, grausamen Unterdrückung und Bestrafung für diese Rebellion» (Fenichel 1946: 45) scheint er für den Erhalt des autoritären Gesamtzusammenhangs unerlässlich zu sein. Der Antisemitismus ist «der Reim, den sich das staatsloyale und kapitalproduktive Subjekt auf die gesellschaftlichen Verhältnisse macht, ohne es genau wissen zu wollen.» (Kettner 2001) Solange diese Verhältnisse bestehen, ist der Kampf gegen ihn auf die «subjektive Seite abgedrängt» (Adorno 1966: 89) – auf den Versuch, die Bereitschaft, es genau wissen zu wollen, zu vergrößern.[74] Es besteht ein enger Zusammenhang zwischen der Fähigkeit die Verhältnisse kritisch zu durchdringen und dem Antisemitismus: «Erst wenn die Menschen die Gesellschaft richtig wahrnehmen, werden sie auch die Juden richtig wahrnehmen.» (Claussen 1987: 80)

Insbesondere die Verständnislosigkeit «gegenüber gewissen modernen Eigentumsformen wie Geld, Aktien und so weiter» (Sartre 1946:117) ist eine wichtige (begünstigende) Variable für Antisemitismus. In Deutschland gaben fast 90 Prozent der Befragten «Bankern und Spekulanten» die Schuld an der Finanzkrise – eine Zuschreibung, die ihn nachweislich begünstigt (Becker et al. 2010: 139). Unter bestimmten Bedingungen kann «eine als diffus erlebte Bedrohung durch die Krise falsch konkretisiert und personalisiert werden» (ebd.: 129). Demgegenüber ist zu hoffen, dass «eine systembezogene Ökonomiekritik» zur Prävention von Antisemitismus beiträgt (ebd.: 140). Wo hingegen «ein theoretisch fundiertes Konzept von Stärke, Macht und Herrschaft nicht entwickelt ist», werden oft *Juden* «mit diesen Symbolen besetzt.» (Löwenthal 1944/45: 181) Jüdinnen und Juden werden – besonders unter den Bedingungen von Halbbildung, fehlendem Klassenbewusstsein und erfolgreicher Integration in den *Volksstaat* – zum «Opfer der unvermeidlichen Ressentiments», die aus den sozioökonomischen Machtverhältnissen «zwangsläufig erwachsen.» (Ebd.: 203)

74 In allen Bildungsanstrengungen gilt es, die Fähigkeit und den Willen, «abstrakt zu denken und konkret zu fühlen» zu verstärken (Salzborn 2010a). Demgegenüber wird im Antisemitismus «beides vertauscht, das Denken soll konkret, das Fühlen aber abstrakt sein.» (Ebd.) Zu den Essentials antisemitismuskritischer Bildungsarbeit s. Rajal/Schiedel 2016: 194ff.

In «der Befreiung des Gedankens von der Herrschaft, in der Abschaffung der Gewalt, könnte sich erst die Idee verwirklichen, die bislang unwahr blieb, dass der Jude ein Mensch sei. Es wäre der Schritt aus der antisemitischen Gesellschaft [...] zur menschlichen.» (Horkheimer/Adorno 1944/47: 209) Die *Juden* sind, nach Treitschke, so lange ein «Unglück», so lange die gesellschaftliche Produktion des Unglücks andauert und die Betroffenen keine anderen Wege und Mittel finden (können oder wollen), diese Erfahrung anders als antisemitisch zu verarbeiten. Erst in unter den Bedingungen von Klassenlosigkeit und Herrschaftsfreiheit «wird der Antisemitismus keine Daseinsberechtigung mehr haben. Er wird mit der Wurzel ausgerottet sein. [...] Und was geschieht bis dahin?» (Sartre 1946: 188) Das Warten auf die Revolution bringt nicht nur Jüdinnen und Juden in Gefahr, sondern auch die Möglichkeit der Befreiung selbst. Darum ist der Antisemitismus «kein jüdisches Problem» – er ist das Problem aller (ebd.: 189).

Antijüdische Feindschaft

Die ersten antijüdischen Äußerungen datieren aus dem vierten Jahrhundert v. u. Z. und hatten die unverstandenen jüdischen Riten zum Motiv. Unter den frühen Vorwürfen war jener, dass die monotheistischen *Juden* keine *richtigen* Gläubigen, sondern «Philosophen» seien (Schmitthenner 1981: 14). Gleiches gilt für den «Grundtext» des ägyptischen Antijudaismus, die «Legende von den Aussätzigen» (Maciejewski 2004: 33). Der antijüdische Diskurs ist seit Beginn mit dem Krankheits- und Seuchendiskurs verbunden. Die «Pathologisierung des jüdischen Körpers» (ebd.: 43) zieht sich wie ein Faden durch die Geschichte des Antisemitismus und kennzeichnet nicht erst seine rassistischen Artikulationsformen. Sie nimmt ihren Ausgang bei der Säuglingsbeschneidung, die in der Phantasie zur Kastration wird. Dass die «Juden [...] ihre «Kinder verstümmeln» (Naudh 1861: 21), gehört bis heute zum Standardrepertoire des Antisemitismus.

Das *Buch Esther*[75] enthält bereits eine Zusammenfassung der damals erhobenen Beschuldigungen. Haman, Beamter unter dem persischen König Ahasveros (Xerxes), hetzte diesen auf: «Es ist da ein Volk, das wohnt zerstreut und abgesondert unter den Völkern in allen Bezirken deines Königtums; ihre Gesetze sind andere als die der andern Völker, und die Gesetze des Königs halten sie nicht [...]. Wenn es dem König gut dünkt, so werde vorgeschrieben, sie auszurotten, dann vermag ich zehntausend Talente Silbers den Beamten auszuhändigen für die königlichen Schatzkammern.» (Est 3,8f) Neben dem Vorwurf der Absonderung und dem Ressentiment gegenüber dem (jüdischen) *Gesetz*, der Befolgung der religiösen Regeln, dessen Einhaltung Jüdinnen und Juden die Unterordnung unter weltliches Recht verunmögliche, findet sich hier bereits das Versprechen, sich an geraubtem Eigentum zu bereichern. Den historischen Hintergrund bildet der jüdische (Makkabäer-)Aufstand gegen die Seleukiden, der 175 v. u. Z. begann. Auch gegen die Herrschaft Roms (63 v. – 313 n. u. Z.) erhoben sich immer wieder Aufstände. Vor allem zum *Jüdischen Krieg* (66-74) wurde die

75 Teil des Tanach, der hebräischen Bibel, dessen historischer Hintergrund jedoch nicht belegt ist.

passende Propaganda produziert, worin sich Tacitus besonders hervortat: «Dort ist alles unheilig, was bei uns heilig ist, andererseits ist bei ihnen erlaubt, was bei uns ein Frevel ist. […] Weil sie in Treue fest zueinanderstehen, üben sie bei sich selbst Mitleid, aber feindseligen Hass gegenüber allen anderen […]. Und die zu ihrem Brauch übertreten, […] lernen nichts rascher als die Götter zu verachten, das Vaterland abzutun» (zit. n. Schnelle 2016: 435ff). Er stellte das Judentum als «eine den Göttern verhasste Menschenart» dar, die «den übrigen Sterblichen widerwärtigen Kultgewohnheiten» fröne – ein «abscheuliches Volk» (zit. n. Schmitthenner 1981: 27). Später projizierte er seinen Hass auf die Christen, denen er nun unterstellte, alle anderen zu hassen. Diese griffen seinen «odium humani generis» («Hass auf die Menschheit») auf und richteten ihn als Vorwurf gegen Jüdinnen und Juden. Darin war Paulus vorangegangen, als er eine *jüdische Feindschaft* gegenüber «allen Menschen» behauptete (1 Thess 2, 15). Die Täter-Opfer-Umkehr als zentrale Argumentationsstrategie (Wodak et al. 1990: 352) oder Strukturelement des Antisemitismus (Holz 2001: 159) lässt sich früh nachweisen. Ressentiment und Hass wähnen sich in der Position der Schwäche, stets stilisieren sich ihre Subjekte als Angehörige einer verfolgten Minderheit, obwohl es genau umgekehrt ist. Die Täter-Opfer-Umkehr gehorcht aber nicht nur strategischem Kalkül, sondern – bei objektiver Lüge – auch subjektiver Aufrichtigkeit von ParanoikerInnen.

Der jüdische Monotheismus forderte in seinem Abstraktionsgrad und Opfer-Verbot die nicht-jüdische Umgebung heraus. Sein strenger Eingottglaube machte das Judentum zur skeptisch bis feindselig betrachteten Minderheit in einer polytheistischen Welt. Unfreiwillig und «im strengen Sinn des Wortes» waren «die Juden […] Religionskritiker, sie entmythologisierten die heidnischen Götter zu Götzen», so Schubert (1995: 30). Im Talmud, der Auslegung der jüdischen Bibel, wird diese Rolle des Judentums als Motiv für seine Ablehnung genannt: «Als Gott den Juden die 10 Gebote gab, kam der Hass in die Welt.» (Zit. n. Maciejewski 2004: 26) Damit ist aber nicht der «monotheistische[.] Hass[.]» gegen die *Polytheisten* gemeint, den manche zur Ursache und «zum Gegenspieler des antisemitischen Hasses» erklären (Maciejewski 2002: 305), sondern der aus dem Unbehagen an den Einschränkungen durch das jüdische *Gesetz* geborene Hass auf diejenigen, die es als Erste zu erfüllen versuchten. Den drei narzisstischen Kränkungen der Menschheit[76] kann eine vierte beigefügt werden: «Der jüdische Monotheismus nahm ihm [dem Menschen, Anm.] die Illusion, Gott sein zu können.» (Grunberger/Dessuant 1970: 351) Am Anfang des Antisemitismus steht der schwer zu tragende Verlust der *Allmacht*. An einen abstrakten *Gott* zu glauben, bedeutete – in Verbindung mit dem Verbot des Opfers – einen enormen Triebverzicht. Dieser Preis war für viele zu hoch und so erscheint das Christentum als Rächerin des gekränkten heidnisch-antiken Narzissmus, das Christusdogma als erneuertes Angebot zur Verschmelzung mit göttlicher Macht, die sich wieder in einem Menschen konkretisiert.

Die antike Feindschaft gegen Jüdinnen und Juden schrieb sich noch «einer einfachen fremdenfeindlichen Ablehnung ein» und war «eher soziokultureller Art als religiös im eigentlichen Sinne» (ebd.: 261f). Sie bildete noch keine «Ideologie mit Verallgemeinerungsanspruch» und konnte keinen «argumentativen Antijudaismus auf doktrinärer Grundlage entwickeln.» (Ebd.: 265) Die Feindschaft hatte, wo sie nicht antimonotheistisches Ressentiment war, reale Gruppenspannungen und (militärische) Konflikte zum Hintergrund. Als Kriegspropaganda war ihr daran gelegen, den jüdischen *Feind* möglichst *hinunter*zudrücken auf die Stufe der *Barbaren* oder – wie später auch im Koran (5,60) – der Tiere. Wenn sich auch schon am jüdischen Gruppenzusammenhalt in feindseliger Umgebung erste Verschwörungsvorwürfe entzündeten – die Vorstellung einer *jüdischen* Übermacht war den antiken *Judenfeinden* fremd. Jedoch sind schon einige der Stereotypen aufbereitet, die zum fixen Arsenal des Antisemitismus wurden, etwa *Illoyalität*, *Exklusivität*, *Ansteckung*, *Rationalität*, *Gottlosigkeit/Unglauben*[77] und *Hass* auf die Gruppenfremden. Auch erfüllten diese Vorwürfe schon viele Funktionen, die dem Antisemitismus zukamen: Gemeinschaftsbildung, Abwehr von Selbstzweifel und Erleichterung durch Projektion.

76 Freud (1917: 6ff) nennt als solche die kosmologische (durch Kopernikus), die biologische (durch Darwin) und die psychologische (durch ihn).

77 Diese Zuschreibung hat ihren wahren Kern in der Abstraktheit *Gottes* im Judentum. In heidnischer Umgebung wurde dieser abstrakte *Gott*, von dem noch dazu ein Bild zu machen nicht erlaubt ist, oft als *fehlender* verarbeitet.

Christlicher Antisemitismus

Mit der Durchsetzung des Christentums wurden Jüdinnen und Juden in jene fatale Einzigartigkeit und *Unheimlichkeit* gedrängt, aus welcher der Antisemitismus bis heute seine Motive bezieht. Das *Unheimliche* an den antisemitischen Imagines stammt aus der engen, aber verleugneten Beziehung zwischen Christen- und Judentum: «Was man ins Unbewusste hinabgedrückt hat, erscheint einem […] im Juden wieder offen vor Augen und man erschrickt davor. Das Geheimnisvolle […] wird zum Unheimlichen.» (Sterling 1969: 68)[78] Das Judentum wurde zum «Geist einer erschlagenen Mutter, der das Christentum von seiner Wiege an höhnend und drohend begleitet.» (Ludwig Börne zit. n. ebd.: 56) Bestenfalls bezeugten Jüdinnen und Juden die Überlegenheit der neuen Religion, schlimmstenfalls wurden sie als *Kinder des Teufels*[79] der Vernichtung preisgegeben. Ihre Fortexistenz kam einer narzisstischen Kränkung gleich. Das Bilderstürmende am Judentum führte dem Christentum dessen Praktiken dauernd «als Götzendienst vor Augen» und musste es in seiner «religiösen Selbstgefälligkeit unsicher machen.» (Ebd.: 64) Jüdinnen und Juden sind jetzt nicht nur *Ungläubige*, sondern auch mit dem Prinzip *Glauben* unvereinbar – eine permanente Provokation für die *Gläubigen*. Sie werden nun «als gewichtige (negative) heilsgeschichtliche Größe wahrgenommen.» (Heil 2002: 46) Der *Jude* begann, «eine völlig andere Gestalt» anzunehmen: Er ist nicht mehr einfach ein «Fremder […], sondern schlechthin der Hammerträger, der die Nägel in die reinen Hände des Gottessohnes schlug.» (Müller-Claudius 1927: 72) Er wurde zum absoluten *Bösen* stilisiert und «in das Reich der Symbolgestalt des Satans» (ebd.: 82) eingemeindet: «Der, der Hand und Sinn gegen den Heiligen Gottes erhob – ist er nicht jedes Mordes fähig?» (Ebd.: 76)

78 Daneben ist das *Unheimliche* des *Juden* seiner Funktion als Projektionsfläche für verpönte (verdrängte) Wunsch- und Triebregungen zuzuschreiben. Dies gilt insbesondere für das abgespaltene Sexuelle: «Die verneinende Einstellung zum Trieb, der sündhaft sei, […] erkennt, was sie bei sich unterdrückt, in den Juden vervielfacht.» (Sterling 1969: 69)

79 «Ihr habt den Teufel zum Vater und ihr wollt das tun, wonach es euren Vater verlangt. Er war ein Mörder von Anfang an.» (Joh 8,44)

Die Mythen wurden vom (niederen) Klerus zum festen Bestandteil der Volksreligiosität gemacht, in der die theologische Komplexität zu Lasten der *Juden* reduziert wurde. Im Verhalten der Kirchen gegenüber diesen Mythen, allen voran jener des *magischen Blutes*, zeigt sich die Doppelgleisigkeit von theologischem Wissen und volksreligiöser Unwissenheit. Der Wunderglaube und die Idolatrie (Bilderverehrung) wurden vom höheren Klerus zwar offiziell verurteilt, gleichzeitig wurde ihre Verbreitung durch den «Pöbel der Priesterschaft» (Riem 1789: 4) als notwendiges Übel zur Herrschaft über das *Volk* in Kauf genommen. Die «schlecht getauft[en]» ChristInnen (Freud 1939: 197) lassen sich bis heute mit viel Blut, Heiligen- und Märtyrerkitsch und der Angst vor einem äußeren, absoluten *Bösen* mobilisieren: «Judenhass kann nur unter den Christen entstehen, die im Grunde keine sind.» (Sterling 1969: 57)

Gottesmordvorwurf

Der *christliche* Antisemitismus ist «nicht einfach die Verlängerung seines antiken Vorläufers» (Katz 1989: 325). Der Bruch besteht im Vorwurf des *Gottesmordes*, nun erhielt die «Verdammung der Juden eine fast metaphysische Qualität, die sie in der antiken Welt nicht hatte.» (Ebd.) Der antiken *Judenfeindschaft* fehlt das *chimärische* Element des Gottesmordvorwurfes[80], der die «Grundlage jeder antisemitischen Hetze» bildet (Lehr 1974: 235). Als Gründungsmythos der westlichen Zivilisation hat er seine Wirkmächtigkeit bis heute erhalten (Diner 2004: 390) und ist darum in das Zentrum der Kritik des Antisemitismus zu stellen, denn nur die Beharrlichkeit dieses Mythos erklärt die *Macht*, über die *Juden* verfügen sollen.

Bereits Paulus scheut um 50 n. u. Z. keine Lüge gegen die «Juden, welche auch den Herrn getötet haben, Jesus und die Propheten, und uns verfolgt haben und Gott nicht zu gefallen suchen und gegen alle Menschen feindselig sind» (1 Thess 2, 15). Das handfeste Motiv hinter der in den Passionsgeschichten immer deutlicher werdenden Verschiebung der Schuld am Tod

80 Im Gegensatz zu Langmuir (1987), der das Chimärische (Trugbildhafte) im definitorischen Kern des Antisemitismus verortet, zähle ich schon den Gottesmordvorwurf (und nicht erst die Ritualmordbeschuldigungen) diesem zu.

Jesu von der römischen Besatzungsmacht auf die Jüdinnen und Juden stellt die Angst vor dieser Macht, die zudem gerade einen ihrer Kriege gegen das Judentum führte, dar. Neben dem christlichen Überlebenswillen und der Unfähigkeit der theologisch Ungebildeten, den *Heilsplan* anzuerkennen und die Schuld am Tod Jesu anzunehmen, motivierte die *Enterbung* der Herkunftsreligion zur Lüge vom *jüdischen Gottesmord*. Mit dieser – von den *Christen* auf sie projizierten – untilgbaren Schuld beladen, konnten Jüdinnen und Juden vom Heil ausgeschlossen werden und der *Bund* mit *Gott* auf die *Heiden* übergehen. Schließlich diente der *Gottesmordvorwurf* der Legitimation antisemitischer Raserei: «Dem Volk, das die Hand gegen Gott erhoben hat, ist nichts mehr heilig. Durch diese Aktion erwarb sich dieses Volk gewissermaßen den Freibrief für alle Verbrechen.» (Niewiadomski 2003: 49)

Während Jesus und die Apostel sich noch als Juden fühlten und zu diesen sprachen, nannte sie Paulus «Hunde» (Phil 3,2) und wandte sich an die *Heiden*. Aus scharfer innerjüdischen Polemik wurde jener religiöse Antisemitismus, der aus der Fortbewegung vom nun als «verstockt» bezeichneten Judentum (Röm 11,7) entstand. Er brach nicht nur mit dem *Gesetz*, das er durch den *Glauben* ersetzte, sondern führte auch die Idee einer, in *gut* und *böse* zweigeteilten Welt und einer möglichen Vollkommenheit (*Reinheit*) des Menschen in die neue Religion ein. Paulus Lehre erweiterte die «gnostisch-apokalyptischen Motive der gefallenen Schöpfung und der kommenden Erlösung durch die Heilsidee des Opfers. Während der jüdische Monotheismus gerade durch die Überwindung der religiösen Opferlogik sich konstituierte, erfolgt im paulinischen Christentum eine Remythisierung der Religion.» (Ley 2003: 43)

Mit der Abschaffung des Opfers und seiner Ersetzung durch das *Gesetz* hat das Judentum einen zentralen Beitrag zur Kulturentwicklung geleistet. Das Christentum fiel von dieser Stufe wieder hinunter, wobei der «Rückfall in die Opfertheologie [...] gleichsam ‹umgedreht› [wird], indem den Juden eine archaische Opfermythologie als Gottesmörder unterschoben wird.» (Ebd.: 49) Zweig (1927: 292) sprach angesichts ihrer politischen Folgen «bedauernd» von der «Verheidnischung des Christentums», die «das Opfer» in die «Mitte der christlichen Ideologie aller Völker» stellte. Auch der französische Analytiker Charles Baudouin wies früh auf das «Motiv des Totemopfers» zur Erklärung des Antisemitismus hin: «So ließ das christliche Opfer – der Tod Christi, wie ihn die Messe symbolisiert – im Unbewusstsein der Christen die Überreste aller Arten von primitiven Kulten unvermeidlich wiederaufleben. [...] Der Jude als der ‹Christusmörder› nimmt im christlichen Denken die Rolle des rituellen Opferers ein.» (Zit. n. Epstein 1933: 163) Die «Antisemiten» seien «in ihrem Unbewussten vom Szenarium des christlichen Opfers beherrscht [...]. Es ist eine entgleiste Kommunion. [...] Nicht mehr das Opfer steht im Mittelpunkt, sondern der Opferer [...]. Die Erregung wendet sich gegen den Opferer und opfert ihn selbst.» (Ebd.: 165)

Die Opferintroversion hat viele überfordert, der Antisemitismus füllte die «Leerstelle, die das überwundene Opfer und den unsichtbaren Gott zugleich symbolisiert. [...] Wer das Opferritual überwindet und dadurch das Über-Ich zur ersten Instanz einer Kultureignung ohne Gewalt und Destruktion erhebt, wird das Stigma nicht los, das ihn selbst wieder zum Opfer disponiert.» (Heim 1998: 382f) Ihre zivilisatorische Leistung wurde zum «Verbrechen der Juden, denn das von ihnen geforderte Opfer übersteigt die menschlichen Möglichkeiten.» (Simmel 1946: 84)[81]

Heiliger Hass

Weil der Hass durch einen *göttlichen Auftrag* motiviert ist, hat er schon lange vor seinen Ideologisierungen im 19. Jahrhundert abstrakten Charakter (Grözinger 1995: 65). Auch die Rollenzuweisung an die *Juden* als *Dritte*, die Holz (2001: 543) beim nationalen Antisemitismus erkennt, zeichnet schon den *christlichen* aus. Dieser betrachtete bereits «die Juden nicht im Gegensatz zu einzelnen Völkern, sondern zur ‹Gesamtheit der Christenheit›» (Graus 1985: 30).

81 Entsprechend der Kontinuitätslinien zwischen Christentum und Nazismus steht das *Opfer* auch im Zentrum des *nationalen Sozialismus*, wobei es zunächst den *Volksgenossen* abverlangt wurde: «Sozialist sein: das heißt, das Ich dem Du unterordnen, die Persönlichkeit der Gesamtheit zum Opfer bringen.» (Goebbels 1929: 25) Die NS-Verzichtsideologie baute auf der *christlichen*: «Die Idee des Opfers gewann zum ersten Mal in Christus sichtbare Gestalt. Das Opfer gehört zum Wesen des Sozialismus. Sich selbst hingeben für die anderen. Dafür hat der Jude allerdings kein Verständnis. Sein Sozialismus heißt: die anderen zum Opfer bringen für sich selbst.» (Ebd.: 82)

Im Spätmittelalter verband sich Antisemitismus mit Sadismus, etwa in den *Passionsspielen*, in denen das Leiden Jesu immer detaillierter dargestellt wurde und die ab dem 13. Jahrhundert oft den Auftakt zu Pogromen bildeten: «Das grausame Spiel von der blutigen Opferung eines Gottes war es, das mit Wein und Gebäck, mit Musik und Belustigung gefeiert wurde.» (Dieckmann 1991: 72) Der Lustgewinn an den Passionsdarstellungen kollidierte mit dem kulturellen Zwang zum Mitleid mit dem Gemarterten, deshalb «mussten die Aggressionen sekundär umgelenkt werden» (Hurwitz 1995: 70). Nur die Projektion des verdrängten Sadismus am Leiden Jesu auf die *Juden* erlaubt es, die «Grausamkeit, die am Allerheiligsten vollzogen wird», zu genießen (Scheit 1999: 41). Bis in das 19. Jahrhundert wuchs zu Ostern die Bedrohung für Jüdinnen und Juden: Je größer die Erregung, in welche das Publikum sich versetzte, desto hasserfüllter die Verfolgungen. Aber auch ohne Erbauung zum Pogrom hatte «das christliche Osterfest [...] die Funktion, rituell und aggressiv an den Gottesmordvorwurf zu erinnern. Juden ließen sich in der Osterzeit tunlichst nicht auf der Straße sehen» (Rohrbacher/Schmidt 1991: 14). Noch im 20. Jahrhundert war die Wirkung der Passionshetze «in katholischen Gegenden Deutschlands [...] deutlich zu spüren.» (Ebd.: 259)

Der Evangelist Johannes machte den, vom *Teufel* besessenen, *geldgierigen Verräter* Judas[82] zum folgenreichen «Prototyp [...] des Juden» (Gerlach 1990: 18). Die «Judasgestalt» wurde «aus dem Bedürfnis der Entlastung von dem drückenden Schuldgefühl» geschaffen, «auf sie wurde nun projiziert, wofür die Verantwortung zu schwer zu tragen war.» (Reik 1923: 118) Das «zum religiösen Grundwissen Europas» gehörende *Judas*-Motiv (Stölting 1995: 220) vergrößerte seine Wirkmacht im Verlauf der Auseinandersetzung um die Emanzipation im 19. Jahrhundert, deren Verweigerung oder Rücknahme auch mit dem Verweis auf die *jüdische Unzuverlässigkeit* begründet wurde. Als Jüdinnen und Juden zumindest auf abstrakter (rechtlicher) Ebene zur Eigengruppe gehörten[83], bekam die Rede vom *jüdischen Verrat* neue Bedeutung.

---

82 Jener *Jünger Jesu*, der diesen an die Römer – gegen Bezahlung – ausgeliefert haben soll.

83 Die Tatsache, dass Jüdinnen und Juden «nach ihrer Emanzipation in Europa die einzige Gruppe dar[stellten], die die Bestimmungen von Staatsbürgerschaft als rein politische Abstraktion erfüllte» (Postone 2000: 145), kann für die Genese des modernen Antisemitismus nicht über-

Im Johannes-Evangelium (18,22) findet sich ein weiteres Motiv des Antisemitismus: Jener *Jude*, der Jesus geschlagen und ihm die Rast vor seinem Haus verweigert hat – und dafür zu *ewiger Wanderschaft* verflucht wurde. Der *Ahasver*-Mythos kam im 13. Jahrhundert auf, wurde aber erst zu Beginn des 17. Jahrhunderts Bestandteil des Volksglaubens. In dem vielgelesenen Buch *Kurze Beschreibung und Erzählung von einem Juden mit Namen Ahasverus* wird von einem Bischof erzählt, der nach seinem Studium bei Luther eine Begegnung mit dem verfluchten *Juden* hatte (Stern 1995: 117f). Im Verlauf seiner Tradierung wurde der *ewig umherirrende Jude* «zum Paradigma für die Schicksale seines Volkes, wie auch umgekehrt die Rastlosigkeit des Ewigen Juden schließlich nicht mehr als Ergebnis einer göttlichen Strafe, sondern als Ausdruck einer ‹Nationaleigenschaft› der Juden verstanden» wurde (Rohrbacher/Schmidt 1991: 249).[84]

Adversos Judaeos

Bis ins vierte Jahrhundert wurde der Antisemitismus in ein Regelwerk gegossen. Beginnend mit Tertullian (2. Jh. n. Z.), versuchten Theologen mit ihren Schriften *Adversos Judaeos* («Gegen die Juden») die Vormachtstellung des Christentums herzustellen und zu festigen. Die bis dahin wüstesten Invektiven stammen von Chrysostomos, der die *Juden* als «vernunftlose[.] Geschöpfe [...], die sich zur Arbeit nicht eignen», der «Schlachtung» anempfahl (zit. n. Nirenberg 2015: 123). Seine Rachewünsche dienten Generationen von *Judenschlächtern* und jedem kirchlichen *Judenregime*[85] als Legitimation: «Weil ihr

---

schätzt werden. Der/die AntisemitIn «pocht auf das Gefühl, dass die Herrschaft des Allgemeinen, die Herrschaft der Gesetze nur die Verschleierungsform für Herren ist, die nicht in Erscheinung treten wollen» (Claussen 1987: 61).

84 Die Figur schien aber auch geeignet, Mitleid zu erregen. In diesem Sinne dient der Mythos in nicht- oder antiantisemitischer Literatur von Heine bis Heym als Personifikation von Unzugehörigkeit und Widerstandsgeist (Körte 2000). Jedoch blieb die feindselige Lesart die vorherrschende, noch im 19. Jahrhundert diente *Ahasver* als Argument gegen die Emanzipation. Der Wiener Orientalist Adolf Wahrmund (1887) akademisierte den Mythos, indem er die *Juden* zu einer *nomadischen Rasse* machte.

85 Unter *Judenregime* ist das Sonderrecht, unter welchem Jüdinnen und Juden leben mussten, gemeint.

Christus getötet habt, […] weil ihr das kostbare Blut vergossen habt, gibt es für euch keine Besserung, keine Vergebung, keine Entschuldigung. […] Deshalb werdet ihr schwer bestraft […]. Wegen jenes Verbrechens seid ihr in eurer jetzigen schlimmen Lage.» (Zit. n. Grözinger 1995: 61) Chrysostomos nannte die Synagoge «Hurenhaus», «Theater» und «Räuberhöhle» und behauptete, die «Juden» würden «den Beischlaf» wie Tiere vollziehen (zit. n. Henschel 2008: 48). Er stattete sie mit übermenschlicher Macht aus – einer Macht, die vom «Teufel» komme (Frank 1985: 40). Auch *Kirchenvater* Hieronymus erklärte seinen «seltsamen Widerwillen gegen Beschnittene» mit der Tatsache, dass diese «bis heute […] unseren Herrn Jesus Christus in den Synagogen des Satans»[86] verfolgen würden (zit. n. Rohrbacher/Schmidt 1991: 154).

Der «mit dem Kern des Christentums» verbundene Antisemitismus ließ bei aller Totalität aber noch «ein Schlupfloch für die Juden, die das Christentum annahmen», offen (Katz 1989: 325). Wurde dieses Angebot zurückgewiesen, schlug die *Milde* jedoch oft in Raserei um. Zudem konnte, wie das spanische Beispiel[87] zeigt, die Konversion den Verfolgungsdruck nur vorübergehend mildern. Jahrhunderte bevor die Angst vor *Zersetzung* den rassistischen Antisemitismus befeuerte, trieb sie bereits die Inquisition um: Diese versuchte den Nachweis zu erbringen, dass die auch als *Marranos* (Schweine) bezeichneten *Conversos* im Geheimen *Juden* geblieben seien. Bereits Ende des 15. Jahrhundert wurde per Gesetz auf das *Blut* zurückgegriffen, wenn es darum ging, Konvertierte vom Dienst im spanischen Staat auszuschließen. Das «Schlupfloch» begann sich also wieder zu schließen, lange bevor Antisemitismus sich mit Rassenkonzeptionen verband.

Wenn ein *Kirchenvater* wie etwa Augustinus die Jüdinnen und Juden am Leben gelassen wissen wollte und sich gegen Zwangstaufen aussprach, dann nur, weil sie in ihrem Elend, in welchem sie die Kirche gefangen hielt, als lebendes Beispiel für die göttliche Rache an den *Gottesmördern*, die Folgen der *Ver-*

86 Dieses noch im Nazismus wirksame Bild geht auf die *Offenbarung* (3,9) zurück.

87 Nach der katholischen Rückeroberung (Reconquista) wurden Jüdinnen/Juden vor die Wahl gestellt, sich taufen zu lassen oder Spanien zu verlassen. Über 100.000 Jüdinnen und Juden flohen, die wenigen Zwangskonvertierten sahen sich in der Folge marginalisiert, angefeindet und verfolgt.

stocktheit und für die Überlegenheit der neuen Religion dienen sollten. Nach der Erhebung des Christentums zur Staatsreligion (380) wurden die *Gottesfeinde* zu *Staatsfeinden*. Juristen brauchten «nur noch in Gesetzesform gießen», was «die Theologen bis zum Beginn des vierten Jahrhunderts an antijüdischem Gedankengut erarbeitete hatten» (Görzinger 1995: 62).

Kreuzzug als Pogrom

Mit der Eroberung Jerusalems (614 und 637) durch die (muslimischen) Sassaniden und Umayyaden wuchs die Gefahr für Jüdinnen und Juden in Europa, die für die Niederlage verantwortlich gemacht wurden.[88] In Frankreich kam es um 1010 erstmals zu Massakern, nachdem die jüdische Gemeinde in Orléans bezichtigt worden war, hinter der Zerstörung der *Grabeskirche* im damals von den (schiitischen) Fatimiden beherrschten Jerusalem zu stecken. Die Unterstellung, mit einer feindlichen äußeren Macht verbunden zu sein, knüpfte an den älteren Vorwurf der *Illoyalität* an und vergrößerte von nun an die Gefahr – insbesondere in Kriegszeiten und nach Niederlagen.

Der erste Kreuzzug 1096/97 ging in den Herkunftsländern der fanatisierten Bauern und Ritter (Frankreich und Deutschland) mit der ersten wirklichen Pogromwelle in Europa einher (Graus 1985: 32). Kleriker versprachen jedem Kreuzritter, «der einen Juden tötet, [dass] alle Sünden vergeben sind» und dass «es töricht sei, sich auf eine lange Reise zu begeben, um Gottes Feinde weit weg zu töten, während die schlimmsten Feinde Gottes, die Juden, nahebei ein schönes Leben führen.» (Ruether 1978: 191) Poliakov (1977: 30) nennt die Pogromwelle, die bis zu 5000 Opfer forderte, die «Pubertätskrise der Christenheit». Neben Glaubenszweifeln ist ein folgenreicher Wandel in der «Feinbildpropaganda» für die Eskalation verantwortlich zu machen: Sie

88 Schon im 9. Jahrhundert behauptete Bischof Agobard, die «Juden» hätten «die Araber aus Afrika herübergerufen. […] Auch die Hauptstadt Toledo fiel durch den Verrat der Juden den Arabern in die Hände.» (Zit. n. Strobl 1937: 23) Sie würden darüber hinaus *Christenkinder* stehlen, um sie als Sklaven nach Spanien zu verkaufen – «zu den Sarazenen, den ‹Feinden der Christenheit›.» (Zit. n. ebd.: 17) Seinen Kinderraublegenden fügte Agobard bei, «dass die Juden diese Kinder nicht allein als Sklaven verkaufen, sondern auch andere schreckliche Dinge machten, die zu berichten allzu schändlich sei.» (Ebd.)

«wechselte vom politisch-militärischen Feld auf das theologische» (Mertens 1985: 54), wo die endzeitliche Erwartung der Wiederkehr des *Messias*, angefeuert durch die Entzweiung von Papst und Kaiser, den Blutrausch noch vergrößerte. Im apokalyptischen Wahn glaubten die Schlächter ein «endzeitliches Gericht an den Juden [zu] vollziehen» (ebd.: 57). Der Hass auf die *Gottesmörder* drang durch die Kreuzzugspropaganda «immer tiefer in das Volk ein […]. Im Kampf gegen die Ungläubigen trat dem Volke der wirkliche Jude als der Prototyp des Irrgläubigen, mehr noch des […] Mörders des Christengottes, des in jeder Hinsicht ‹Verworfenen› immer plastischer vor Augen.» (Bein 1980: 83)

Die antisemitische Eskalation ist ursächlich nicht auf die sozioökonomische Lage von Jüdinnen und Juden zurückzuführen. Das versuchen Erklärungsversuche, die «den jüdischen Schacher, die angeblich Abhängigkeit stiftende wirtschaftliche Stärke der jüdischen Händler für Ausbrüche von antijüdischem Hass» verantwortlich machen (Rohrbacher/Schmidt 1991: 31). Tatsächlich war der «Schacher der Juden» eine «Funktion der Habgier der Christen» (ebd.: 24) und keine historische Realität. Entsprechend der performativen Kraft von Vorstellungen, zumal solcher von langer Dauer, kann jedoch auch ein Mythos reale Folgen zeitigen: «Der theologisch erfundene Jude wird geglaubt.» (Kreis 1999: 23) Und so bekam der «Wuchervorwurf gegen die Juden» jene Faktizität, die trotz ihrer antisemitischen Ursprünge «bis heute zum festen Wissensbestand unserer historischen Handbücher» gehört (Rohrbacher/Schmidt 1991: 40). Auch wäre es ohne die lange Tradition der Identifikation des *Juden* mit dem *Wucher* oder *Schacher* nicht möglich gewesen, ihn im 19. Jahrhundert als Repräsentanten des Kapitalismus zu verunglimpfen.

Pestpogrome

Die Pogromwelle von 1348 traf die marginalisierten Jüdinnen und Juden «in einer Situation, die den Keim zu einer Katastrophe bereits enthielt.» (Kampmann 1963: 24) Noch vor der großen Pestepidemie wurde 1321 in Südfrankreich das Gerücht gestreut, die Leprakranken hätten sich verschworen, um die Brunnen zu vergiften, wobei sich in der Phantasie bald *Moslems* und *Juden* als die geheimen Auftraggeber dazu gesellten. Mit der Pestepidemie Ende der 1340er Jahre fand die Brunnenvergifterlegende rasende Verbreitung, die folgende Pogromwelle löschte fast alle jüdischen Gemeinden in Mitteleuropa aus.

1348 wurde den Jüdinnen und Juden in Worms von aufstrebenden Kleinhändlern erstmals vorgeworfen, die Brunnen zu vergiften, um den *Volkszorn* gegen jüdische Konkurrenten zu entfachen. Die Brunnenvergifterlegende stellte daneben den Versuch dar, die Angst vor der Pest im herkömmlichen Welterklärungsraster zu bannen.[89] Diese entlastende Funktion kommt dem Antisemitismus bis heute zu: Ist der *Jude* als Verursacher unverstandener Katastrophen benannt, hat die soziale Wut ihr Ventil gefunden.

Die geographische Entgrenzung des Blutrausches wurde durch die Behauptung einer globalen *Verschwörung* ermöglicht. Im Gegensatz zu den vorangegangenen Pogromen stellten jene während der Pestepidemien keine relativ spontanen Volksaufstände mehr dar, vielmehr ist oft «eine sorgsame Regie [...] exakt nachzuweisen.» (Graus 1985a: 72) Manchmal, wie etwa in Nürnberg (1349), wurde vom König das den Juden und Jüdinnen erst noch zu raubende Eigentum Adel und Patriziat schon vor dem Pogrom versprochen. Jedoch wäre es ein Fehler, die Pogrome allein mit Raubgier zu erklären: Die desaströse Wirtschaftslage reicht «als ausschlaggebender Grund [...] nicht aus» (ebd.: 78), die Zuspitzung des Konfliktes zwischen den an Selbstbewusstsein erstarkenden Zünften und den alteingesessenen städtischen Oberschichten ist in die Deutungsversuche einzubeziehen. Wie so oft ging auch dieser Kampf unter konkurrierenden Gruppen zu Lasten der Jüdinnen und Juden aus, wurden diese doch von der aufsteigenden der unrechtmäßig dominierenden Schicht zugeschlagen. Und die bedrohten Oberschichten taten das ihrige, um die soziale Wut in antisemitische Bahnen zu lenken.

Die Ventilfunktion des Antisemitismus ist aber «kein Patentschlüssel» zur Erklärung der Pestpogrome (ebd.: 80). Erst die Berücksichtigung der Dämonisierung der *Juden*, ihre Gleichset-

---

89 Im 19. Jahrhundert wurde auch dieser Mythos zur Metapher. So distanzierte sich Treitschke vom «Pöbelwahn des Mittelalters», der «die Juden fälschlich der Brunnenvergiftung beschuldigt hätte» – um zu verlangen, dass «die alte Anklage jetzt mit vollem Rechte auf dem Gebiet der Literatur erneuert» werde. Denn das «vaterlandslose Judentum zersetzte und zerstöre» *deutsche* «Scham und Sittlichkeit» (zit. n. Peters 1997: 74).

zung mit dem *Teufel*, vermag das Motivrätsel zu lösen. Mit der «diabolischen Explosion» (Jean Delumeau, zit. n. Wippermann 2005: 26), der auch *Hexen* und *Magier* zum Opfer fielen, steigerte sich der Antisemitismus zur Pogromraserei. Diese erfasste verunsicherte Gruppen, die sich bedroht fühlten und «auf wirkliche und vermeintliche Bedrohungen panisch, geradezu hysterisch» reagierten (Graus 1985a: 82). Am Ende dieser Massenpsychose waren die überlebenden Jüdinnen und Juden aus fast allen Städten vertrieben, von fast jeder Erwerbsmöglichkeit ausgeschlossen und vollständig in die Pariaexistenz gedrängt.

Hostienfrevel und *Ritualmorde*

Erste Ritualmordlegenden kamen schon in der Antike in Umlauf. Sie richteten sich gegen verschiedene religiöse Gruppen, später war auch die christliche mit solchen Vorwürfen konfrontiert. Den Außenstehenden war die *Eucharistie* verdächtig, immer wieder knüpften sich daran kannibalistische Phantasien (Coudenhove 1901: 310ff). Der alexandrinische Hetzer Apion unterstellte den *Juden* bereits, sie würden im Tempel einen gefangenen Griechen mästen, um ihn zu opfern und zu verzehren, begleitet von Feindschaftsschwüren gegen die Griechen (Lotter 1995: 60). Angesichts dieser Tradition überrascht es, dass «im christlichen Herrschaftsbereich über ein Jahrtausend lang diese Anklage gegen Juden nicht erhoben wurde.» (Ebd.: 61) Es führt kein direkter «Weg von hellenistischen Verleumdungen zu den hochmittelalterlichen Blutbeschuldigungen» (ebd.), die Gründe für deren Aufkommen sind im Christentum zu suchen.

Nachdem sich im 13. Jahrhundert die Lehre von der *Transsubstantiation*, der realen Präsenz Christi in der *Eucharistie*, durchgesetzt hatte, wurde dem *reinen* Blut des *unschuldigen* Opfers magische Wirkung zugeschrieben. Das Verständnis der Verwandlung von Brot und Wein in *Fleisch* und *Blut* Christi als bloße Metapher war nun mit dem Feuer der Inquisition bedroht. Der *Eucharistie* kommt seit damals der Charakter einer «symbolischen Gleichsetzung» (Segal 1957: 208) von Bild und Wirklichkeit zu. Die *tatsächliche Wandlung* war endgültig «als offizielle Fetischform anerkannt, die metaphorische Lesart unmöglich gemacht und die physische Bedeutung von Fleisch und Blut des Heilands entschieden aufgewertet.» (Scheit 1999: 32f)

Dieser Konkretismus hatte fatale Auswirkungen, «denn mit der Gemütsbewegung, die mit dem Essen des Leibes Christi verbunden war, wuchs beim Christen der Hass gegen die, die diesen Leib geschändet hatten.» (Poliakov et al. 1976: 188) Freud (1939: 190) lieferte einen Hinweis auf den *oralen Sadismus*: Der «Ritus der christlichen Kommunion, in der der Gläubige in symbolischer Form Blut und Fleisch seines Gottes sich einverleibt», wiederhole «Sinn und Inhalt der alten Totemmahlzeit». Die Einverleibung geschehe jedoch «nur in ihrem zärtlichen, die Verehrung ausdrückenden, nicht in ihrem aggressiven Sinn.» (Ebd.: 193f) Die Aggressionen werden abgespalten und auf die *Juden* projiziert, die Ritualmordlegenden entlasteten die schuldgeplagten Gläubigen (Reik 1923: 201). Allen antisemitischen Anschuldigungen, die den Frevel am *Leib Christi* zum Inhalt haben, liegt diese psychologische Wahrheit zugrunde: Die *Christen* beschuldigen «die Juden, das in Wirklichkeit zu tun», was sie selbst vollziehen (Simmel 1946: 80).

Die *Transsubstantiationslehre* machte die Hostie zu einem magischen Objekt, das Mitte des 13. Jahrhunderts in das Zentrum eines Kults gestellt wurde. Nun begannen die Hostien, «den Charakter eines ‹lebendigen Leibes›» anzunehmen (Lotter 1995: 61). Mit dem Hostienwunderglauben einher ging der Vorwurf an die Juden und Jüdinnen, an diesem – nun belebten – Stück ihre schändlichen Rituale durchzuführen: «Die Juden konnten nun [...] die Hostien genauso martern, wie sie einst Christus selbst gemartert haben [sollen, Anm].» (Graus 1985: 37). Der Wahn führte Ende des 13. Jahrhunderts zur Auslöschung von 146 jüdischen Gemeinden in den deutschsprachigen Ländern. 1298 diente der Vorwurf als Vorwand für das *Rintfleisch*-Pogrom[90], das bis zu 5000 Todesopfer forderte. 1337 führte ein angeblicher *Hostienfrevel* in Deggendorf zu Pogromen, dennoch begaben sich *Gläubige* bis 1992 alljährlich auf die als *Deggendorfer Gnad* bezeichnete Hostien-Wallfahrt. In einer apologetischen Broschüre zur antisemitischen Pilgerfahrt wurde noch 1960 der «Wahnwitz» derer beklagt, «welche in neuerer Zeit das hl. Mirakel als Unsinn und Schwindel verhöhnen» (zit. n. Rohrbacher/Schmidt 1991: 293f). Im Laufe des 17. Jahrhunderts versandeten die Legenden vom Hostien-

90 Benannt nach einem mutmaßlich verarmten Adeligen oder Fleischermeister, der sich selbst zum «König» der mordenden Pogrombanden ernannte.

frevel langsam, die Ritualmordlegende kam hingegen im 19. Jahrhundert zu neuer Blüte und gehört bis heute zum Standardrepertoire des arabischen und islamistischen Antisemitismus. Aber auch in linken Kreisen lebt sie (unbewusst) in Form des *Kindermord*-Vorwurfs an *Zionisten* fort.

Nach dieser Legende würden Juden – meist zu Pessach – ein Christenkind kaufen oder stehlen, es töten (*schächten*) und dann mit seinem Blut Mazzen (ungesäuertes Brot) backen. Oft wurde behauptet, dass das solcherart gewonnene Blut zur Heilung verwendet werde, so diene es, «um die Hörner zu beseitigen, mit denen alle Judenkinder» als Abkömmlinge des *Teufels* ausgestattet seien (Erb 2003: 15). Auch würden die menstruierenden Juden[91] mit dem geraubten Blut den Verlust ihres eigenen ausgleichen, wie der Luther-Gegenspieler Johannes Eck behauptete (Henschel 2008: 52).

Der 1150 im englischen Norwich erstmals gegen eine jüdische Gemeinde erhobene Ritualmordvorwurf hatte zwar bereits ein *Christenkind* als Opfer im Repertoire, aber noch fehlten die blutmagischen Beigaben (Erb 1995: 74). Der Hetzmönch Thomas von Monmouth beschuldigte in seiner Schrift über den angeblichen Ritualmord an William von Norwich aber bereits alle Jüdinnen und Juden – er verband sie zu einer *Verschwörung* (Lotter 1995: 64). Nach dem Mythos würden sich alljährlich «Fürsten und Rabbiner» im südfranzösischen Narbonne treffen, um Christus zu schmähen und zu verhöhnen, wobei sie «per Los das Ritualmordopfer des kommenden Jahres und die Gemeinde, die die Tat ausführen sollte», bestimmten (Heil 2002: 41).

Während die Ritualmordlegenden in England und Frankreich wieder versandeten, verbreiteten sie sich in den deutschsprachigen Ländern, wo zudem die Pogrome schlimmer wüteten. Die Legende wurde nun um blutmagische Motive angereichert, was den *Volkszorn* noch vergrößerte. Die erste blutmagische Beschuldigung im deutschsprachigen Raum wurde 1235 in Fulda erhoben. 1287 führte das Gerücht, dass der *Gute Werner von Bachrach* von Juden rituell geschlachtet worden sei, zur Ermordung von mehr als 600 Jüdinnen und Juden in 20 Städten

91 Die Gleichsetzung von Beschneidung und Kastration macht *Juden* zu *Frauen*: «Am Juden ist jene dunkle, aus der Kinderzeit stammende Drohung vollzogen worden; er ist so nach einer kindlichen Sexualtheorie zum Weibe geworden.» (Reik 1923: 209)

des Mittelrhein- und Moselraums (Lotter 1995: 67f). Erst 1963, als der *Gute Werner* aus dem örtlichen liturgischen Kalender gestrichen wurde, endeten die alljährlichen Prozessionen in seinem Andenken.

Ihren Höhepunkt fand die Welle der Beschuldigungen rund um den Prozess gegen die rituellen *Schächter* des *Simon von Trient*: Nachdem der Hetzmönch Bernhardin von Feltre vor Ort einen baldigen weiteren Beweis für die *jüdische Verderbtheit* angekündigt hatte, wurde 1475 das Gerücht verbreitet, der mutmaßlich tödlich verunglückte dreijährige Simon sei einem *Ritualmord* zum Opfer gefallen. Unter Folter wurden Geständnisse erpresst, woraufhin die vermeintlich Schuldigen hingerichtet und die örtliche jüdische Gemeinde ausgelöscht wurde (Eckert 1995). Die Hetzer machten sich auch damals neue Technologien zu Nutze: Das erste in Trient gedruckte Buch war die *Historie vom Simon von Trient* (1475). Als Teil der populären mittelalterlichen *Legenda aurea* fand die Ritualmordlegende Eingang in den *abendländischen* Bildungskanon: «Die ganze gebildete abendländische Christenheit und nicht nur diese konnte nun fortan ihrem Glauben an die kindermordenden Juden den Rang eines sicheren Wissens geben» (Niewiadomski 2003: 45). Der Vatikan erkannte den Prozess zwar als rechtmäßig an, zeigte zunächst aber noch Vorbehalte gegenüber der Verehrung des Simon als *Märtyrer*. Im Zuge der Gegenreformation wuchs der Bedarf an solchen Legenden und so erfolgte 1588 die offizielle Seligsprechung. Erst 1965 wurde die Legende von der katholischen Kirche verworfen und die Seligsprechung Simons widerrufen, seit 2004 taucht er nicht mehr im offiziellen Heiligenkalender auf.

Im 19. Jahrhundert erfuhr der Aberglaube neue Nahrung. Es war vor allem die von Mönchen und Diplomaten 1840 angeheizte *Damaskus-Affäre*[92], die eine regelrechte Welle an Ritualmordbeschuldigungen nach sich zog. Nun kam es zwar nicht mehr zu Pogromen, jedoch verbreitete die antisemitische Presse eine entsprechende Stimmung, die insbesondere im katholischen Rheinland nur mit Mühe im Zaum gehalten werden konnte. Ende des 19. Jahrhunderts wurde auch der protestan-

92 Nach dem Verschwinden eines Geistlichen und seines muslimischen Dieners in Damaskus wurden Ritualmordgerüchte gestreut, woraufhin eine Pogromwelle den Nahen Osten überzog. Damals wurden die *christlichen* Blutbeschuldigungen Teil des *islamisierten* Antisemitismus.

tische Norden von Ritualmordgerüchten überzogen. Hier war es vor allem die Beschuldigung des jüdischen Metzgers Adolf Buschhoff, 1891 in Xanten einen christlichen Knaben rituell geschlachtet zu haben, die eine Welle an Übergriffen und weiteren Beschuldigungen nach sich zog (Rohrbacher/Schmidt 1991: 335ff). Zwischen 1867 und 1914 kam es in Deutschland und Österreich-Ungarn zu dutzenden Ritualmordprozessen. In jenem zum angeblichen Ritualmord von Tiszaeszlár (1882/83) trat der akademisch-katholische Hetzer August Rohling als Belastungszeuge auf, wobei er nicht mal vor einem Meineid zurückschreckte, um eine Verurteilung zu erreichen (Schubert 1995: 45). Der Wiener Rabbiner Joseph S. Bloch ließ Rohling als Lügner und Scharlatan auffliegen, doch es standen bereits Legionen weiterer akademischer und geistlicher *Judenfresser* bereit, um sein Werk fortzuführen.

In der Renaissance der Ritualmordlegenden im 19. Jahrhundert gesellten sich zu den unschuldigen Knaben *christliche Jungfrauen* – der Prozess der Säkularisierung vollzog sich im kollektiven Imaginären «als eine *Verweiblichung* des christlichen Opfertodes» (Braun 1995: 184). Der seit der Aufklärung zunehmend als Personifikation von *Reinheit* geltende (*unbefleckte*) Frauenkörper ließ diesen «würdig erscheinen [...], die Rolle des Opfers zu übernehmen.» (Ebd.: 185) Nun wurden die sexuell-sadistischen Motive hinter der Legende noch deutlicher, unter rigiden Sexualregimen boten sich verdrängte sexuelle Wünsche besonders gut als Projektionsmaterial an.

Nach dem verlorenen Krieg schwoll die Ritualmordpropaganda neuerlich an, wobei die alten Motive wie jenes des Kannibalismus aktualisiert wurden. In einem Flugblatt hieß es etwa Ende 1919: «Über 2000 Kinder in Groß-Berlin vermisst [...]. Man vermutet, dass das Fleisch dieser unglücklichen Kinder in der Ziegenwurst verarbeitet ist! [...] Ist nicht schon der bloße Gedanke grauenerregend, dass wir uns [...] wieder mitten im Zeichen des Kannibalismus befinden sollen!? [...] Wir wissen ja alle, dass bestimmte Sekten zur Auffrischung ihres minderwertigen Blutes aus rituellen Gründen ihren Opfern unter den grausamsten Qualen das Blut abzapfen!» (Zit. n. Strack 1921: 12) Im NS-Staat wurden die Rachegelüste an den *Kindermördern* und *Rasseschändern* weiter angeheizt. *Der Stürmer* brachte 1934 gar eine Sondernummer zu diesem antisemitischen Dauerbrenner. Am Höhepunkt des Vernichtungsfeldzuges legte Hellmut

Schramm eine «historische Untersuchung» mit dem Titel *Der jüdische Ritualmord* vor. Sie war derart nach dem Geschmack Heinrich Himmlers, dass er mit ihr die mordenden *Einsatzkommandos* versorgen ließ (Rohrbacher/Schmidt 1991: 359).

Luther und die Folgen

Mit 22 Jahren hatte Luther, der «Erfinder der Innerlichkeit» (Adorno 1951: 175f), ein Erweckungserlebnis, das auch bei ihm am Beginn des Fanatisierungsprozesses steht: In einer «asketischen Reaktion» (Freud 1923: 348) flüchtete er in die «Vorstellungswelt von der Sündhaftigkeit und Wertlosigkeit diesseitigen Lebens» (Ehrlich 1985: 61). Bevor Luther die *Juden* als Projektionsfläche entdeckte, richtete er seinen Hass auf den Vatikan.[93] Aber bald brachte er das *Schmutzige* (*Anale*) mit den *Juden* in Verbindung. Seine Verbalinjurien gegen die «Saujuden» wurden regelrecht obszön, schon das Deckblatt der Hetzschrift *Vom Schem Hamphoras und vom Geschlecht Christi*, welches das sexuell überdeterminierte Bild der *Judensau* ziert, verweist auf den «schweinischen» Inhalt (Wippermann 2005: 72).[94] In Luthers «apokalyptische[m] Welttheater» (Obermann 1986: 193) wurden die *Juden* zu Objekten der Fäkalisierung: «Der Teufel hat in die Hosen geschissen und den Bauch abermals geleert. [...]. [D]er Teufel [...] frisst mit Lust, was der Juden oberes und unteres Maul speiet und spritzet.» (Luther 1832: 282)

Luther, der den Zusammenbruch des Überkommenen und die damit verbundenen Bedrohungsgefühle diskursiv verar-

93 Luther «hasste, er hasste vor allem den Pöbel, er hasste sich selbst; er hasste das Leben.» (Fromm 1945: 73)

94 Das weitgehend auf den deutschen Sprachraum beschränkte Motiv der *Judensau* ist seit dem 13. Jahrhundert belegt und eng mit dem Teufelsglauben verbunden, galt das Schwein doch als Tier des Teufels, dessen Gesichtszüge es auch in vielen Darstellungen trägt (Schubert 1995: 38). Das «skatologische[.] Schandbild hat [...] die Jahrhunderte überdauert» (Rohrbacher/Schmidt 1991: 161) und lebt im *Judenschwein* oder *Saujuden* fort. Im Oktober 1998, am Höhepunkt der Auseinandersetzung um Walsers Rede zum Friedensbuchpreis, trieben etwa Neonazis ein «Ignatz Bubis» benanntes Ferkel mit aufgemaltem *Judenstern* über den Berliner Alexanderplatz (Maegerle 2000). Und im Sommer 2014 skandierte ein islamistisch verhetzter Mob in den Straßen Berlins: «Jude, Jude, feiges Schwein, komm heraus und kämpf allein!» (http://www.tagesspiegel.de/berlin/polizei-justiz/polizei-in-berlin-reagiert-auf-kritik-jude-jude-feiges-schwein-soll-auf-demonstrationen-verboten-werden/10229256.html)

beitete, kann geradezu als Personifikation autoritärer Rebellion gesehen werden. Als Beschützer der kleinen Kaufleute begann er 1519 gegen den *Wucher* zu polemisieren und damit der «Machtlosigkeit und Angst» der städtischen Mittelschichten «Ausdruck zu verleihen.» (Fromm 1945: 70) Als autoritärer Charakter – vor entsprechendem Begriff – war Luther von massiven Ambivalenzkonflikten beherrscht: «Er hasste die Autorität und bewunderte sie zugleich.» (Ebd.: 73) Den Hass hat er einerseits auf die *Juden* projiziert, von denen er sich dann verfolgt fühlte, andererseits in *Demut* umgewandelt. In den frühen 1520er Jahren verwarf Luther neben der vulgären *Judenhetze* noch jeden staatlichen Glaubenszwang, sein Antisemitismus wuchs mit seiner Rückkehr zum «mittelalterlichen Standpunkt [...], dass die Obrigkeit für die Einheit von Kirche und Gesellschaft sorgen muss, wenn nötig, auch mit Zwang.» (Deppermann 1981: 127) In der Lutherschen Übersetzung von Röm 13, 1ff[95] ist jene «Weltanschauung und politische Sittenlehre» zu Grunde gelegt, «die man den Deutschen [...] bis zum Nazismus gelehrt hat.» (Bauer 1963: 20)

Das Festhalten an ihrem (religiösen) Partikularismus machte die *Juden* in den Augen Luthers zu aufrührerischen Elementen. Bis heute ist die Revolutionsangst der Autoritären eng mit dem Antisemitismus verwandt: Der *Jude* dient der (*christlichen*) Gemeinschaft als *Rebell*. Als solcher bietet er sich zur Projektion verdrängter rebellischer Stimmungen an: «Der Jude [...] lieferte dem nach Einheitlichkeit strebenden Christen einen Typus, der für die Projektion des ‹irrgläubigen› Innenlebens besonders günstig war.» (Epstein 1933: 162) Luthers Antisemitismus ist auch ein ideologischer Effekt seines Verrats der Freiheitsbestrebungen. Er erscheint in milderem Licht, wenn er mit dem Kampf gegen die angeblich wahren *Herrscher*, die *Juden*, verbunden wird. Diese dienen nicht nur als Ersatzobjekte für die nicht länger kritisierte Herrschaft, sondern auch als Projektionsflächen für die verdrängte rebellische Vergangenheit.

In Form der Diabolisierung der Jüdinnen und Juden brachte Luther seine narzisstische Wut über deren *Verstocktheit* zum

95 «Jedermann sei untertan der Obrigkeit, die Gewalt über ihn hat. Denn es ist keine Obrigkeit ohne von Gott; wo aber Obrigkeit ist, die ist von Gott verordnet. Wer sich nun der Obrigkeit widersetzt, der widerstrebt Gottes Ordnung; [...] Darum ist›s not, untertan zu sein, nicht allein um der Strafe willen, sondern auch um des Gewissens willen.»

Ausdruck (Wippermann 2005: 69ff). Er versuchte, die Wunde der Zurückweisung des Konversionsangebotes mittels Antisemitismus zu heilen. Nun lässt sich seine verbale Raserei verstehen: Massive narzisstische Kränkungen können eine derartige Wut auslösen, «dass das Subjekt zur Regression gezwungen wird.» (Grunberger/Dessuant 1970: 361) Dabei werden archaische Bilder aktualisiert, «die aus all dem bestehen, was der reine Narzissmus des Subjekts nicht akzeptiert: das Schmutzige, Unreine, Bestialische, Ansteckende, Lüsterne, Dämonische. [...] Der narzisstische Antisemit projiziert diese Imagines auf den Juden: Eben deshalb muss er vernichtet (verbrannt) werden.» (Ebd.) Dementsprechend wurde Luthers manische «Beschäftigung mit dem Judenproblem» in den Augen seiner Nachfolger im Geiste zum «gewaltige[n] Reinigungsbad der Seele.» (Linden 1936: 40)

Grundlegungen und Kontinuitäten

Richtete sich Luthers Zorn in den 1520er Jahren noch gegen den *christlichen Wucher*, so setzte er diesen nun mit den *Juden*, deren Atem «nach der Heiden Gold und Silber» stinke (Luther 1543: 156), gleich. Er knüpfte an die Legende an, wonach «die Juden mit einem besonderen *odor judaicus* behaftet seien, dem ‹Judengestank›, der sich nur durch das Wasser der Taufe beseitigen ließ» (Rohrbacher/Schmidt 1991: 163).[96] Solche Abneigung erschien in Luthers magischer Welt als *natürliche*, schon damals diente die Berufung auf Idiosynkrasie der Legitimation des Antisemitismus. Sein Hass ist auch durch die Nähe zu den «Mördern Gottes» (Heinrich Heine), wie sie sich aus seinem Rückgriff auf das hebräische Original der *Heiligen Schrift* ergab, motiviert. Während Jüdinnen und Juden in Augustinus' Weltbild noch eine Funktion (als Zeuginnen und Zeugen der *Wahrheit*) zukam, fehlt diese bei Luther, der sie als (*uneinsichtige*) Überbringer der

96 Zu Beginn des 19. Jahrhunderts wurde die Legende von Grattenauer (1803: 12) aufgewärmt: Wenn sich *Juden* auch täglich «zehnmal waschen, so bleibt doch der Schmutz und Gestank ihr eigentümliches Nationalerbteil, und nach den Zeugnissen der Ärzte sind ihre Ausdünstungen höchst gefährlich.» Auch Hundt-Radowsky (1821: 38f) phantasierte über einen «spezifischen Judengeruch», den er für «die Folge der bei allen echten Juden üblichen, widernatürlichen Befriedigungsarten des Geschlechtstriebes und der daraus entspringenden Krankheiten» hielt.

Auszug Zeittafel antijüdische Vorurteile
(alle Zeitangaben nach Jesu Geburt)

Um 50: Paulus von Tarsos nennt die Juden «allen Menschen feindlich» (1 Thess 2,15). Während die Evangelien – je größer der zeitliche Abstand zum Geschehen war, desto mehr – die Verantwortung («Schuld») für denTod vom römischen Weltreich auf damals konkret handelnde Juden verschoben, sprach Paulus von Tarsos erstmals von «den» Juden als denjenigen, die Jesus getötet hätten.

Um 90: Das Johannes-Evangelium ist der Meinung, die jüdischen Gegner (nicht als «die Juden» gedacht) des Jesus haben «den Teufel zum Vater» (Johannes 8,44)

Um 160: Der christliche Bischof Melito von Sardes bezichtigt gegen alle Fakten nicht nur konkrete einzelne Juden, sondern «die» Juden (Kollektivschuld) des Mordes an «Gott» (peri pascha – Osterhomilie), dessen angeblicher Sohn Jeshua (Jesus) ebenfalls als Gott angesehen wurde.

Um 390: Johannes von Antiochia (Beiname Chrysostomos – Goldmund), Erzbischof von Konstantinopel, bezeichnet Juden – neben der inzwischen als Konstante zu bezeichnenden Phrase «Juden sind Mörder» – als «unvernünftig» und «Hunde»

Um 400: Bischof Augustinus von Hippo glänzt mit zahlreichen Beleidigungen. Juden seien «boshaft», «lügen», «hassen Christus»

12. Jh.: Allgemeines Zinsverbot in Mitteleuropa für Christen. Der Geldverleih als einer der Berufe, die Juden nicht verboten waren (1179 von Papst Alexander III. ausdrücklich erlaubt), wurde von säumigen christlichen Kreditnehmern dazu benutzt, grundsätzlich gegen den Zins zu polemisieren und die Zinsnahme als Wucher zu verunglimpfen (Benz 2001, 14).

12.Jh.: Ritualmordlegende: Juden töten christliche Kinder, zapfen ihnen Blut ab, das den Mazzen (Brot) beigefügt wird (Rohrbacher/Schmidt, 18).

12.Jh.: Brunnenvergiftung: jüdische Ärzte sollen in Böhmen Christen vergiftet haben. In Frankreich Brunnenvergiftung gemeinsam mit Leprakranken – eine Verbindung «Juden» und «Krankheit», bereits in der Antike behauptet, wurde aktualisiert. Pogrome waren die Folge. Die Pestepidemie in großen Teilen Europas ab 1347 wurde natürlich auch den Juden angelastet und dazu benutzt, Massenmord an ihnen zu verüben, auch in Gebieten, die (noch) nicht von der Pest betroffen waren. Selbstredend traten Pestepidemien auch in Städten ohne jüdische Bevölkerung auf.

13.Jh.: Aus der von der katholischen Kirche neu eingeführten Transsubstantiationslehre (Wesensverwandlung; Wein und Brot beim Abendmahl wird zu Leib und Blut Christi in der Hostie) wird von Judenhassern zur «Hostienschändung», indem Juden z.B. durch Zerschneiden die Marter Jesu am Kreuz verhöhnen würden (Erb 1993)

13. Jh.: «Judensau» – Die Christen verhöhnen Juden mit der Verbindung zum Schwein, das in der jüdischen Religion als unrein gilt. So gibt es bildliche Darstellungen, in denen ein Jude an Schweinezitzen säugt.

Ab 13. Jh.: Pogromwelle nach Vorwurf des Ritualmords. Viele Gemeinden im Heiligen Römischen Reich werden ausgelöscht. Zuvor Pogrome in England und Frankreich mit Vertreibung der noch lebenden jüdischen Bevölkerung. England war etwa 400 Jahre «judenfrei».

Ab 13. Jh.: In den Passionsspielen wurden Juden nach dem schon lange erhobenen «Vorwurf» «ungläubig» zu sein (da sie einer «falschen» Religion anhängen, die kurzerhand zur Nicht-Religion erklärt wird), und als «Satan» oder Anti-Christ beschimpft. Auch diese Gelegenheit wurde von der christlichen Mehrheit dazu genutzt, gefahrlos an einer schutzlosen Minderheit die eigenen Mordgelüste in Form von Pogromen durchzuführen.

Aufklärung ab 18. Jh.: Mit der allmählichen Durchsetzung des Territorialstaats (gegenüber dem dynastischen Staat) und der Definition allein des «3. Standes» (das Bürgertum – im Gegensatz zu Adel und Klerus) als Nation, deren Grundlage die Befürwortung der neuen Ideen der Freiheit und Gleichheit ist, wird den Juden von Antisemiten nun die Nicht-Zugehörigkeit zu der Nation abgesprochen, die von ihnen etwa als «Geburtsgemeinschaft» nach ethnischen Kriterien verstanden wird. Die Juden sind für Antisemiten nun «Volksschädlinge», «Schmarotzer» bzw. «Parasiten» (Lebewesen, die von anderen, von einem «Wirt», leben), «Blutegel» etc. alles Zuschreibungen, die aus der Veränderung alter christlich-antijüdischer Ressentiments bzw. Neuformungen durch das Aufkommen der Naturwissenschaften entstanden sind. Die Verwendung des Begriffs «Rasse» (de Gobineau 1853) diente zur Aufwertung der, zum Zeitpunkt der Abfassung, Bevölkerungen der «erfolgreichen» Staaten und zur Abwertung «erfolgloser» Staaten. Daraus machten einzelne «Rassetheoretiker» eine spezielle rassische Abwertung von Juden und die «arische Herrenrasse». Mit Durchsetzung der kapitalistischen Produktionsweise werden Juden nun für deren negative Folgen verantwortlich gemacht. Während einige Frühsozialisten Juden für den Kapitalismus – die Ausbeutung der Arbeiter – verantwortlich machen, machen Gegner der Arbeiterbewegung sie für den «Sozialismus» verantwortlich – und widersprechen sich damit. Also wurde «der Jude» als «raffgierig», «geldgierig» etc. bezeichnet. Nach der Veröffentlichung der vom zaristisch-russischen Geheimdienst produzierten Fälschung der «Protokolle der Weisen von Zion» (um 1900) wurde – eine angestrebte «Weltherrschaft der Juden» halluziniert.

Bücher nicht mehr brauchte: «Die Juden sind ein unnützes, sogar beschmutzendes Abfallprodukt geworden. Sie sind Abwasser, ‹Unrat auf der Gasse›.» (Nirenberg 2015: 261)

In *Von den Juden und ihren Lügen* wollte Luther (1543: 222) «lieber eine Sau» sein, als an den *Messias* glauben, den «die Juden begehren». Dieser sei ein «weltlicher König [...], der uns Christen totschlage, die Welt unter den Juden aufteile und sie zu Herren mache» (ebd.). Die *Juden* seien «Bluthunde und Mörder der ganzen Christenheit» (ebd.: 198), ein «faules, müßiges, unnützes, böses, schädliches Volk» (ebd.: 208) und ein «solch verzweifelt, durchböset, durchgiftet, durchteufelt Ding, die [...] 1400 Jahr unsere Plage, Pestilenz und alles Unglück gewesen sind und noch sind.» (Ebd.: 207f) Seit ihrem *Gottesmord* würden die *Juden* ihren «giftigen Hass wider die Gojim» tagtäglich unter Beweis stellen, sie würden ihn schon als Kinder «von ihren Eltern und Rabbinern» eingeflößt bekommen, bis er ihnen «ganz und gar Natur [...] geworden ist.» (Ebd.: 160) Sind die Jüdinnen und Juden solcherart als feindliche *Rasse* bestimmt (ohne sie aber schon so zu benennen), bleibt als *Lösung* nur ihre Vernichtung. Dementsprechend verlangte Luther mit ihnen «nach aller Unbarmherzigkeit» umzugehen, «wie Moses [es] in der der Wüste tat, der dreitausend totschlug» (ebd.: 222). Neben der Proto-*Rassifizierung* der Jüdinnen und Juden verlangte auch deren Diabolisierung exterminatorische Maßnahmen – die *Notwehr* seien. Denn die *Christen* würden neben «dem Teufel keinen [...] giftigeren, heftigeren Feind» haben als die *Juden* (ebd.: 161). In den Vernichtungsantisemitismus weisen auch Luthers Forderungen, die Synagogen anzuzünden, die Häuser der *vogelfrei* erklärten Juden und Jüdinnen zu zerstören, sie in Ställen als «Gefangene im Exil» zu konzentrieren, sie zu versklaven, ihnen ihre Gebetsbücher, den Talmud und die Bibel wegzunehmen, den Rabbinern bei Todesstrafdrohung zu verbieten, Unterricht zu erteilen und rituelle Handlungen zu setzen, sie zur Arbeit zu zwingen, ihnen den «Wucher» zu untersagen, ihnen den gesamten Besitz zu nehmen, da dieser geraubt und gestohlen sei (ebd.: 201ff).

Luthers «praktische Forderungen» wirken «wie eine programmatische Vorwegnahme der nationalsozialistischen Judenvernichtung» (Grözinger 1995: 63). Bei solchen Reinigungsphantasien kann «von gesellschaftlicher Einordnung keine Rede mehr sein, auch nicht von Deklassierung, hier handelt es sich um die Zerstörung einer religiösen Lebensordnung und um die

Ausstoßung einer kleinen Gruppe aus der menschlichen Gemeinschaft.» (Kampmann 1963: 48) In Luthers Antisemitismus waren die «Konturen» des nazistischen Judenbildes bereits «vorgezeichnet; die Nazis brauchten kaum etwas hinzuzufügen» (Hilberg 1994: 22). Auch im Kontext seiner Zeit sind die Forderungen nicht als «Verbalradikalismus abzutun. Mit der Vertreibung der Juden taten sie 1537 zumindest in Sachsen ihre Wirkung.» (Rohrbacher/Schmidt 1991: 406) Gleiches gilt für die Vertreibung aus den Städten Thüringens in den 1540er Jahren, auch die Pogrome in Braunschweig (1543) waren maßgeblich durch Luthers Hetze motiviert. Dass im Verlauf des 16. Jahrhunderts alle Territorien, außer Hessen, alle Reichsstädte, außer Frankfurt, *judenrein* wurden, ist ebenfalls seinem Wirken zuzuschreiben (Nirenberg 2015: 268).

Mit Fritschs *Antisemiten-Katechismus* (1887) wurden Luthers Hetzschriften zu einer der beliebtesten Begründungen für den Antisemitismus. In den 1920er Jahren fiel Hitlers Urteil über den Reformator aber ambivalent aus: Einerseits habe der «größte Deutsche» und «der gewaltige Gegner der Judenheit» dieser ohne Wollen – durch sein Zurück zur hebräischen Bibel – den Weg bereitet: «Eine Schuld von so grauenhafter Wirkung, dass heute die ganze Kultur daran zugrunde zu gehen droht» (Zit. n. Eckart 1924: 35). Andererseits sei er «ein Riese» gewesen, der «mit einem Ruck […] die Dämmerung» durchbrochen und «den Juden» so gesehen hätte, «wie wir ihn erst heute zu sehen beginnen.» (Ebd.) 1936 wurden seine Hetzschriften unter dem Titel *Luthers Kampfschriften gegen das Judentum* neu verlegt. Und 1938 publizierte der Thüringer Bischof Martin Sasse ein Bekenntnis, in welchem er die Mitverantwortung Luthers für die Reichspogromnacht betonte: «Am 10. November, an Luthers Geburtstag, brennen in Deutschland die Synagogen.» (Zit. n. Kaufmann 2014: 165f).

Zum Stellenwert des *christlichen* Antisemitismus

Weil der Antisemitismus «ein endemisches pathologisches Geschehen unserer Kultur» (Mitscherlich 1962: 241) ist, hat seine Kritik seine *christliche* Form zum Ausgangspunkt. Damit stellt sie sich gegen die Neigung der Geschichtswissenschaft, eine strikte Abgrenzung zwischen den einzelnen Formen der *Judenfeindschaft* vorzunehmen. Vielmehr wird eine Kontinuität behauptet, ausgehend vom ersten antisemitischen Vorwurf – dem des *Gottesmordes*, jenem «Paradigma kollektiver Projektion der christlichen Völker, das unsere Geschichte bis in die Gegenwart bestimmt» (Beland 1991: 458). Nur durch die primäre Verwerfung des Judentums war es möglich, dieses mit allem Negativen und Bedrohlichem in Zusammenhang zu bringen. Die «Grundentscheidung» über die Schlechtigkeit der *Juden* strukturiert «die Wahrnehmung und die Informationsverarbeitung [...]. Man ist grundsätzlich misstrauisch, in Alarmstimmung und fühlt sich bedroht. [...]. [J]edes Detail [hat] eine Bedeutung, nichts geschieht zufällig, sondern alles Handeln wird unter dem Aspekt der Gegnerschaft interpretiert. Noch so heterogene Ereignisse und Handlungen können unter der Prämisse der Schadenserwartung in einen verständlichen Zusammenhang gebracht werden.» (Erb 1995: 77) Der «christliche antijüdische Komplex» wirkte aber nicht nur unmittelbar, sondern wurde auch zur «Matrix seiner postchristlichen Varianten», und noch die Postmoderne «würde ihre permanente Reizbarkeit durch Jüdisches nicht erhellen können, wenn sie sich nicht die archaisch-christliche Matrix ihres Judenkomplexes bewusstmachte. Und das gilt nicht zuletzt für eine zunehmend wahrnehmbare Antisemitisierung des jüdischen Staates, Israel, und des Zionismus.» (Stegemann 2004: 51)

Auch Horkheimer und Adorno (1947a: 295) sahen «im Christentum selbst» den «Grund des Antisemitismus». Dieses würde die «zivilisatorischen Tugenden» vergöttlichen, wo sie doch nur «die andere Seite der Verfremdung und Verteufelung» seien: «Das Kreuz, das angebetet statt verabscheut wird, ist bereits das infame Gelöbnis der Foltermaschinen, das die europäische Geschichte treu eingelöst hat.» (ebd.) Während Horkheimer die These vom Ursprung des Antisemitismus im Christentum relativierte (Diner 1988: 260), blieb für Adorno (1950: 428) «das spezifische Phänomen des modernen Antisemitismus tiefer im Christentum verankert als es den Anschein hat». Ihm schien gesichert, «dass die antisemitischen Ideen [...] unmöglich ihre gewaltige Anziehungskraft ausüben könnten, hätten sie ihre kräftigen Wurzeln nicht [...] innerhalb der christlichen Zivilisation.» (Ebd.) Aufklärung und Säkularisierung bedeuteten zumal in Deutschland «nicht das Ende der christlichen Religion», vielmehr habe sich diese «einen Teil der im Lauf der Jahrhunderte erlangten sozialen Funktionen bewahrt» (ebd.: 282). Es wurden vor allem die «äußere Schale der christlichen Lehre» und «eine Anzahl mehr oder weniger isolierter inhaltlicher Elemente» erhalten und «als ‹Kulturgut konsumiert›» (ebd.) Als Form ohne (theologischen) Inhalt lebt das Christentum vor allem bei vorurteilsbehafteten Personen weiter, wo einige seiner «formalen Elemente […], wie die starre Antithese von Gut und Böse, asketische Ideale, die Betonung des unermüdlichen Strebens des Menschen» nach Vervollkommnung «noch immer eine beträchtliche Wirkung» ausüben (ebd.: 283). Die entleerte Religion werde als «unverbindliche ideologische Hülle» bewahrt und diene vor allem der sozialen Kohäsion und kulturellen Abgrenzung. Auf seine *Identität* stiftende Funktion reduziert, zeige das Christentum offen seine «feindseligen, destruktiven und negativen Züge» (ebd.).

Nach Freud drückt sich im *christlichen* Antisemitismus vor allem das schlechte Gewissen aus, das der Verrat an der jüdischen *Elternreligion* nach sich ziehe. Der Hass auf die Jüdinnen und Juden lasse sich «nur als Ausdruck eines verdrängten und projizierten Schuldgefühls verstehen.» (Grunberger/Dessuant 1970: 205) Über die Folgen des Verrates der Herkunft und der Vergöttlichung Jesu schrieb Freud (1939: 194): «Das Judentum war eine Vaterreligion, das Christentum wurde eine Sohnesreligion. […] In manchen Hinsichten bedeutete die neue Religion eine kulturelle Regression gegen die ältere, jüdische […]. Die christliche Religion hielt die Höhe der Vergeistigung nicht ein, zu der sich das Judentum aufgeschwungen hatte. Sie war nicht mehr streng monotheistisch, übernahm von den umgebenden Völkern zahlreiche symbolische Riten, stellte die große Muttergottheit wieder her und fand Platz zur Unterbringung vieler Göttergestalten des Polytheismus in durchsichtiger Verhüllung.» Die kulturelle Regression wurde durch die Tatsache begünstigt, «dass alle diese Völker erst in spät-historischen Zeiten Christen geworden sind, oft durch blutigen Zwang dazu getrieben. Man könnte sagen, sie sind alle ‹schlecht getauft›, unter einer dünnen Tünche von Christentum sind sie geblieben, was ihre Ahnen waren, die einem barbarischen Polytheismus huldigten. Sie haben ihren Groll gegen die neue, ihnen aufgedrängte Religion nicht überwunden, aber sie haben ihn auf die Quelle verschoben, von der das Christentum zu ihnen kam. […] Ihr Judenhass ist im Grunde Christenhass» (ebd.: 197). Jüdinnen und Juden werden unbewusst für die Zumutungen der Zivilisation verantwortlich gemacht, der Hass auf den abverlangten Triebverzicht findet sich ein Ventil im Hass auf diejenigen, die das *väterliche Gesetz* repräsentieren. Je weniger Platz eine herrschende Kultur den ambivalenten Gefühlen gegenüber *Gott/Vater* einräumt, desto größer der Hass der mit ihr Identifizierten gegen die *ungläubigen Juden*. Weil das von Selbst- und Gotteszweifel, Anklagen und Selbstbezichtigungen geprägte Judentum die Ambivalenz der Symbolisierung erschlossen hat, zieht es sich bis heute den Zorn der *Autoritären* zu.

Primat des *Glaubens*

Die christlichen Differenzkonstruktionen bilden die «langfristige, strukturgeschichtliche Komponente» des Antisemitismus (Lenk 1988: 34). Es gibt also gute Gründe, den religiösen Antisemitismus ins Zentrum der Kritik zu stellen: «Sowohl der rassistische wie der nationalistische Antisemitismus sind […] durchsetzt von religiösen Elementen. Wir möchten sogar die Behauptung aufstellen, dass die völlige Durchdringung der weltlichen Werte mit christlich-religiösen Vorstellungen einer der wichtigsten Faktoren war, die Deutschland zur Katastrophe prädisponierten.» (Braun/Heid 1990: 9) Die antisemitischen Stereotypen können mehrheitlich als «säkularisierte[.] Ableitungen» vom «Bild des Juden als Antichrist» gesehen werden (Löwenthal 1949: 87). Das «Vorbild für den Kampf mit den Juden scheint das Ringen des Erlösers mit dem Teufel der Christen zu sein.» (Adorno 1950: 282) Auch die «Phantasiebilder vom jüdischen Bankier und Geldverleiher haben ihr biblisches Modell in der Geschichte von Jesus, der die Wucherer aus dem Tempel treibt» (ebd.). Dementsprechend stellte das Christentum über Jahrhunderte den «intellektuelle[n] Träger» des Antisemitismus dar (Mitten 2002: 40). Noch seine Modernisierung im letzten Drittel des 19. Jahrhunderts war durch Geistliche wie Adolf Stoecker geprägt.

Der Wandel vom religiösen zum rassistischen Antisemitismus lässt sich als «Prozess der Transformation religiösen Weltverstehens» fassen (Weyand 2016: 161). Der NS-*Erlösungsantisemitismus* stellt in dieser Perspektive «lediglich eine akzentuierte, verstärkte und weiterentwickelte Form des bereits weithin akzeptierten Grundmodells dar» (Goldhagen 1996: 50). Was *Säkularisierung* genannt wird, bedeutete gerade im deutschsprachigen Raum die «Verweltlichung des Christentums. Die daraus hervorgegangene Kultur bleibt [...] eine christliche.» (Diner 1988: 48) Mit dem Christentum wurde dessen «antijudaistische[r] Effekt» in die (*deutsche*) Nationalkultur integriert (ebd.).

Vor allem gegen die Überbetonung des *Biologischen* im modernen Antisemitismus ist auf Kontinuität zu verweisen: Der Rassismus ersetzte zu keiner Zeit «die ursprüngliche religiöse [...] Feindseligkeit» vollständig und diese stützte «sowohl die ökonomisch als auch die *rassisch* begründete Ausgrenzung der Juden» (Mitten 2002a: 99) – dementsprechend griffen die Nazis immer wieder auf die Religion als Verfolgungsgrund zurück. Auch unterschied sich «die theologische Parole, dass die Juden als Volk verworfen und unrettbar verloren seien» in «ihren möglichen praktischen Konsequenzen [...] kaum von einem biologisch begründeten Antisemitismus» (Deppermann 1981: 125). Die Vorstellung einer zwangsläufigen und linearen Eskalation vom Ressentiment über Diskriminierung zur Vernichtung führte jedoch in die Irre: Wenn «die jahrhundertelange, kirchliche Hetze» auch «notwendig [war], damit Auschwitz möglich wurde», hätte sie «nicht notwendig zu Auschwitz führen müssen.» (Rabinovici 2001: 79)

Das Rassistische an der *christlichen* Gemeinschaft ist neben der Gleichsetzung des abgespaltenen *Bösen* mit den *Juden* im einverleibten *reinen* Blut Christi zu finden. *Rasse* ist nicht erst Konzept der Wissenschaft, sondern schon die konkretisierte und biologisierte christliche Blutmetapher. Die «christliche Metaphorik» bildete spätestens im 13. Jahrhundert «den Ausgangspunkt, um eine neue quasi-ethnische, im eigentlichen Sinn *protorassistische Identität* hervorzubringen.» (Scheit 1999: 53) Auch stellt der rassistische Antisemitismus keine «eigenständige Form antisemitischen Wissens» dar (Weyand 2016: 260). Jedoch kennzeichnet ihn weitere Abstraktion: Im Prozess seiner Radikalisierung trat das «Massenvorurteil [...] an die Stelle von Individualvorurteil. Das Individualvorurteil ist noch durchaus an emotionale Wertungen und Idiosynkrasien gebunden. [...] Bei der Fusion der einzelnen Feindstereotypen weicht das Individualvorurteil jedoch einer kalten, abstrakten, standardisierten Wut, die dem Zerstörungsdrang des Paranoikers ähnlicher sieht als der Leidenschaft des Hassenden.» (Löwenthal 1949: 69) Der «Jude» war nicht länger ein «verhasstes menschliches Wesen», sondern wurde «zum leblosen Objekt, das für jeden Zweck manipuliert werden kann» (Löwenthal 1943: 98). Zudem verliehen die «symbolische Kraft und die metaphorischen Implikationen des neuen Schlüsselbegriffs der ‹Rasse›» dem Antisemitismus ‹neue Sprengkraft.›» (Ebd.: 93)

Das scheinbar *Ewige* am Antisemitismus ist in seiner Eigenschaft zu finden, sich mit sich selbst zu begründen, mit vergangenem Unrecht, das legitimiert werden muss. Er ist nur unter Berücksichtigung seiner Kontinuität, der Anhäufung von Feindschaft und von schlechtem Gewissen der AntisemitInnen ob ihrer Verbrechen richtig zu bestimmen. Auch darum liegt dieser Arbeit ein generisches Verständnis des Antisemitismus zu Grunde, das sich auf die Gemeinsamkeiten der verschiedenen Formen konzentriert. Nach solchem Verständnis beginnt die antike *Judenfeindschaft* mit dem Vorwurf des *Gottesmordes* sich zum *christlichen* Antisemitismus auszuweiten. Schon hinter dem ersten antisemitischen Satz – «*Ihr* habt *unseren* Gott ermordet!» – steht die Projektion von Schuld: Die christlichen «Schuldgefühle bieten einen Schlüssel, um die antisemitischen Bilder zu begreifen: Wenn es nicht Gott ist, der sich für mich geopfert hat, sondern Christus als ‹Opfer› eine ‹jüdischen Verbrechens› ans Kreuz geschlagen wurde, so finden meine Schuldgefühle einen Ausweg aus der Schuld.» (Braun 1995a: 86) Schuldprojektionen kennzeichnen Antisemitismus von nun an. Mit der vom *Gottesmord* abgeleiteten *jüdischen Macht* und *Verschwörungsneigung* ist bereits im 4. Jahrhundert das definitorische Minimum des Antisemitismus erfüllt: Zur Feindschaft kam das *chimärische* (trugbildhafte) Element. Sein Fundament bildet der Gottesmordvorwurf, der «sich in verschiedenen und jeweils zeitgemäßen Transformationen» fortschreibende «Gründungsmythos einer ganzen Zivilisation» (Diner 2004: 390) – der dementsprechend bis heute wirkt.

Die Kontinuitätsthese verewigt den Antisemitismus nicht: Es gibt «keinen geschichtlich konstanten Antisemitismus» (Heil 2015: 2). Er verändert sich mit der machtförmigen Gesellschaft, die ihn zu ihrem Erhalt hervorbringt. Als Strukturelement moderner Vergesellschaftung ist der Antisemitismus an deren Erfordernissen gekoppelt (Claussen 2000: 66). Wird die Kontinuität geleugnet, kann er oft nur mit (angeblichen) Eigenschaften oder dem (behaupteten) Verhalten der Jüdinnen und Juden ursächlich erklärt werden. So wird etwa die «Aufstiegsmobilität» der «Juden» dafür verantwortlich gemacht, dass diese im späten 19. Jahrhundert «zu Repräsentanten gefürchteter oder verhasster Modernisierungsprozesse» wurden (Gräfe 2016: 95). Die «Frage, warum die Abwälzung aller negativen Aspekte des modernen Kapitalismus auf die Juden vielen Zeitgenossen offenbar plausibel erschien», ist besser als mit der «Asymmetrie zwischen der jüdischen Modernisierung und der Modernisierung der Gesamtgesellschaft» (ebd.: 121) mit der langen Tradition antisemitischer Zuschreibungen zu erklären. Die Kontinuitätsthese steht gegen Betrachtungsweisen, die den Antisemitismus erst mit dem Aufkommen des Begriffes in den 1870er Jahren beginnen lassen. Aber es gibt «keinen zwingenden Grund» dafür, «den vergleichsweisen jungen Begriff nicht auf Erscheinungen anwenden zu wollen, die älter sind als er selbst.» (Greive 1983: VIII)

Von der Aufklärung zum rassistischen Antisemitismus

Im Jahre 1673, drei Jahre nachdem die Wiener Jüdinnen und Juden unter Leopold I. vertrieben worden waren, holte dieser Samuel Oppenheimer als *Hoffaktor*[97] nach Wien, womit die mittelalterliche Institution der *Schutzjuden* eine Fortsetzung fand. Dementsprechend prekär blieb ihre Existenz: Schon der *Hofjude* des Kurfürsten Joachim II., Lippold, wurde nach dem Tod seines Schutzherren 1571 verhaftet und als dessen angeblicher Giftmörder hingerichtet (Rohrbacher/Schmidt 1991: 177). Im 18. Jahrhundert waren *Hofjuden* unter fast jeder Regentschaft im deutschen Sprachraum zu finden, aus ihnen, ihren Angehörigen und Bediensteten «erwuchs [...] die gebildete, anpassungsbereite Oberschicht der deutschen Judenheit.» (Breuer 1988: 84) Bis heute wird das *Hofjudentum* für den Ursprungsort der «beharrlichen Vorstellung von der geheimnisvollen Macht eines Weltjudentums» gehalten (Kampmann 1963: 64). Jedoch war schon die zeitgenössische Wahrnehmung der *Hofjuden* antisemitisch verzerrt. Zudem änderte das *Hofjudentum* wenig an der elenden Lage weiter jüdischer Bevölkerungsteile. Dennoch wird es bis heute – oft nicht in antisemitischer Absicht – für die alleinige Lebensform der Jüdinnen und Juden im 17. und 18. Jahrhundert gehalten (Barkai 1991: 205). Das auch bei vielen HistorikerInnen «tief eingewurzelte[.] Stereotyp» (ebd.), dass *Juden* reich seien, bedingt die Perspektivenverengung auf die *Hofjuden* – und diese wiederum prolongiert das Vorurteil. So überrascht es nicht, dass sie Sombart (1911: 50) in seinen versuchten Nachweis der *jüdischen Wurzeln* des Kapitalismus einbaute.

Gegen die verklärende Sicht Arendts (1955: 20f) ist auf das «Günstlingsschicksal» der *Hofjuden* hinzuweisen: Sie wurden oft zu Objekten «des Hasses [...] bei allen, die durch die fürstliche Machtpolitik benachteiligt waren» (Kampmann 1963: 66). Gemäß ihrer Blitzarbeiterfunktion zogen sie sich den Hass

97 Hoffaktoren waren Kaufmänner, die an Herrscherhöfen vor allem für die Versorgung mit Münzmetallen, Heereslieferungen und Kapitalbeschaffung zuständig waren. Da viele von ihnen Juden waren, bürgerte sich früh der Begriff *Hofjude* ein.

der unter Willkür leidenden Bevölkerung zu, wie das Beispiel *Jud Süß* zeigt. Das Schicksal des als *Vampir* diffamierten Stuttgarter *Hoffaktors* Joseph Oppenheimer kann wie das Lippolds als Menetekel gesehen werden (Heiden 2006): Nach dem Tod seines, vom Protestantismus zum Katholizismus konvertierten *Schutzherren* Herzog Karl A. von Württemberg fiel Oppenheimer 1738 dem Rachedurst der nach der Macht greifenden protestantischen Stände zum Opfer. Diese machten ihn nicht nur für die Verfehlungen des Herzogs verantwortlich, sondern begründeten die als öffentliches Erniedrigungsritual inszenierte Hinrichtung auch mit der angeblichen Schändung *christlicher* (Jung-)Frauen. Sein Schicksal wurde beginnend mit der Novelle *Jud Süß* von Hauff (1827) und fortgesetzt mit Runges gleichnamigem Schauspiel (1912) in der antisemitischen Hetze ausgeschlachtet. Diese fand ihren Höhepunkt in Veit Harlans *Jud Süß* (1940).

Talmudjuden

Im Talmud wurde seit dem 13. Jahrhundert jene *Geheimlehre*, mit der die *Juden* ihre Weltherrschaft aufrichteten, gesucht und – entsprechend des den Antisemitismus kennzeichnenden eidetischen Wahrnehmungsmodus[98] – auch gefunden. Zu Beginn des 18. Jahrhunderts fanden die Angriffe auf den Talmud einen Höhepunkt, als Johann Eisenmenger an die spätmittelalterliche Hetze anknüpfte. Sein Machwerk *Entdecktes Judent-*

98 Die Eidese oder «Wahrnehmungsidentität» meint die Einheit von Bild und Begriff, in der «das Gedachte (Gewünschte) einfach halluzinatorisch gesetzt» wird (Freud 1911: 231). Das Muster wird oft in regressiven Prozessen wiederbelebt. Dabei werden «bereits rationell gewordene Denkvorgänge wieder unter die Herrschaft des Lustprinzips» gebracht (ebd.: 235). Ohne davon schon einen Begriff zu haben, beschrieb bereits Müller-Claudius (1927: 23) das Eidetische am Antisemitismus: «Das Symbolurteil ist souverän. Es bedarf der Erfahrung nicht. Es stützt sich nicht auf sie, sondern es deutet sie um.» Der *Jude* als Symbol schiebt «sich aus uralten Tiefen» vor die Wahrnehmung und zwingt den/die AntisemitIn, «nach den Gesetzen des Symbols zu sehen, statt mit seinen[/ihren] Augen.» (Ebd.: 129) Das Beispiel Hitler (1925/27: 60) verweist darauf, dass erst der antisemitische «Blick» Jüdinnen und Juden sichtbar macht: «Wo immer ich ging, sah ich nun Juden, und je mehr ich sah, umso schärfer sonderten sie sich für das Auge von den anderen Menschen ab.» Zur Relevanz des Eidese-Konzeptes für die Antisemitismuskritik s. Pohl (2010: 47ff).

hum, das bis dahin «bösartigste Kompendium des Judenhasses» (Kampmann 1963: 93), diente wiederum August Rohling als Vorlage. Dieser wütete zunächst gegen den Protestantismus und schwenkte 1870 auf das Judentum als Hassobjekt um, was auf die Eignung des Antisemitismus als Bindemittel zwischen verfeindeten Gruppen verweist. Der mit akademischen Weihen ausgestattete Rohling veröffentlichte 1871 die Hetzschrift *Der Talmudjude*, mit der er beweisen wollte, dass *Juden* die Ermordung von *Christen* nicht nur erlaubt, sondern gar vorgeschrieben sei. Er nennt die Juden «Könige des Kapitals», «Beherrscher der Presse» (Rohling 1871: 3)[99] und «Prediger der Unzucht und der Revolution» (ebd.: 62). Sie würden von den Rabbinern «zur Wollust» erzogen und mit Vorliebe «Christin[en] schände[n]» (ebd.: 42). Auch sein Antisemitismus ist sexuell überdeterminiert[100], die «sexuellen Gewaltfantasien» traten mit jeder Neuauflage des Talmudjuden «immer offener zutage», wobei davon auszugehen ist, dass «seine Gewaltpornographie der Verbreitung seiner Pamphlete eher förderlich als abträglich war» (Grundmann 2015: 50). Die Drohung verkleidete Rohling (1871: 5) als Warnung – dass der Tag komme, «wo das hoch sich bäumende semitische Ross zu Boden geworfen, wo die Presselümmelei und der Geldschwindel im morgenländischen Kaftan zur Abrechnung herangezogen werden und der lange angesammelte Zündstoff Feuer fangen muss.» Der Vernichtungswunsch schlägt auch in Formulierungen wie

---

99 Die Identifikation der (liberalen) Presse mit den *Juden* setzt mit der Konterrevolution ein. So hetzte Scharffenstein (1851: 13) gegen die «Handelsjuden, Vers- und Broschürenjuden, Zeitungs- und Theaterjuden und die Quintessenz: Parlamentsjuden». Für am «gefährlichsten» hielt er «die Zeitungsjuden.» (Ebd.) Und ein anonymer Autor wusste 1865 zu berichten, dass «die Tagespresse […] im fast ausschließenden Besitze des Juden [ist], und dadurch beherrscht er schon heute beinahe die ganze Welt.» (N.N. 1865: 26f) Das «Wesen der jüdischen Presse» bestehe im «Triebe des Juden zur Verneinung, in seinem angestammten Geiste der Zersetzung.» (Ebd.: 27)

100 Nach Löwenthal (1944/45: 220) repräsentieren die *Juden* «das Verbotene»: «Sie schwelgen in […] Lasterhaftigkeit. Sie versagen sich keine Genüsse und verwehren sich gegen jede Form selbst auferlegter Disziplin. Viele antisemitischen Fantasien «enthüllen die tiefen Sehnsüchte einer sich plagenden Menschheit» (ebd.: 222). Nur indem AntisemitInnen «ihre eigenen unterdrückten Wünsche als ‹jüdisch›» brandmarken (ebd.: 201), können sie diese aus der Verdrängung lassen – und projektiv am *Juden* bekämpfen. Das gilt etwa für Paasch (1892: XVIII), der die *Juden* als «Zunft der Päderasten» entlarvt haben wollte – und «an Verfolgungswahn endete» (Buch 1937: 53).

«Geschmeiß» und Behauptungen, die Juden seien «aus Satan geboren und zu ihm wandernd» (ebd.: 8), durch.

Emanzipationsdebatte

Mitte des 18. Jahrhunderts verschlechterte sich die rechtliche Lage der Jüdinnen und Juden. Aber die Modernisierung war auf Dauer nicht aufzuhalten: Die Gleichheit vor dem Kapital begann sich auch als Gleichheit vor dem Gesetz durchzusetzen. Daneben verlangte die Notwendigkeit politischer Zentralisierung die Vereinheitlichung der *Bürgerrechte*. Und so setzte im Gefolge von Christian Dohms Schrift *Über die bürgerliche Verbesserung der Juden* (1781) die Emanzipationsdebatte voll ein. Die im Geiste aufklärerischer Erziehungshoffnungen verfasste Schrift inspirierte das *Toleranzpatent* von Joseph II. (1782) und den preußischen Emanzipationserlass (1812), jedoch auch den Widerstand all jener, die um den Verlust ihrer Vorrechte fürchteten.[101]

Der anhaltenden politischen Ungleichheit zum Trotz scheint sich zumindest im Berlin des späten 18. Jahrhundert eine «gesellschaftliche Emanzipation vollzogen zu haben» (Kampmann 1963: 117), wofür die *jüdischen* Salons stehen. Diese «kurze[.] Blütezeit deutsch-jüdischer Geselligkeit» (Arendt 1955: 96) endete, als die *Deutschen* in den *Befreiungskriegen* sich als *Volk* und die *Juden* als *Gegen-Volk* entdeckten. Wenn Arendts Blick auf die späte Aufklärungsphase auch als verklärt gilt (Hentges 1999), so ist diese Verklärung aus zeitgenössischer Sicht und angesichts Jahrhunderte langer Verfolgung nachvollziehbar. Aber das dichte «Netz», das der Antisemitismus «durch die deutsche

101 Das *Hardenberger Edikt* stellte nur einen kleinen Fortschritt dar. Es galt weder in ganz Preußen, noch war es frei von Ausnahmen. Vielmehr enthielt das Edikt, das am *Wiener Kongress* wieder rückgängig gemacht wurde, zahlreiche Auflagen, die unter dem Einfluss von Demagogen wie dem Berliner Historiker Friedrich Rühs noch verschärft wurden. Weil das Edikt von 1812, das von «keine[r] Klasse des Volkes» verteidigt wurde (Arendt 1955: 101), im größeren Zusammenhang der Reformen (Abschaffung der Adelsprivilegien, Einführung der Gewerbefreiheit usw.) stand, lag es nahe, dass der Adel und die städtischen Zünfte ihre Ablehnung der Modernisierung in antisemitischen Bahnen lenkten. Zudem erleichterte die Tatsache, dass die Emanzipation nur von oben gewährt und nicht von unten erkämpft worden ist, *Juden* und absolutistischen Staat in Verbindung zu bringen. So konnte mit Antisemitismus «gefahrlos Opposition betrieben» werden (Jochmann 1985: 108).

Kultur» gezogen hatte (Rohrbacher/Schmidt 1991: 31), konnte auch von der Aufklärung nicht durchstoßen werden. Gerade in Deutschland ideologisierte sie ihre Verstrickungen mit dem Christentum. Diese prägten das Verhältnis zum Judentum, vor allem der Hass auf das (partikulare) jüdische *Gesetz* als angeblicher Gegenspieler des (universalen) Rechts sollte es schwer belasten. Zudem wurde die «tief verwurzelte Vorstellung vom jüdischen Wucher [...] noch stärker als früher zwecks Camouflage der erheblichen Spekulationsbereitschaft in der bürgerlichen Gesellschaft auf die Juden konzentriert.» (Ebd.: 95) So attestierte Kant den *Juden*, sie seien «durch ihren Wuchergeist seit ihrem Exil in den nicht unbegründeten Verruf des Betruges» geraten und zu «Vampire[n] der Gesellschaft» geworden (zit. n. Brumlik 2000: 14). Auch Kritiker der bürgerlichen Gesellschaft wie Marx griffen auf diese Bilder zurück. Dieser verfügte zum Zeitpunkt der Abfassung seiner, in anti-antisemitischer Absicht (gegen Bruno Bauer) verfassten Schrift *Zur Judenfrage* (1844) noch nicht über das Rüstzeug, um den Kapitalismus vollständig zu erfassen: Marx konnte nicht hinter den «Schein der unpersönlichen Geldmacht» schauen und blieb am «Kaufmanns– und Wucherkapital haften [...]. Es entsteht der Schein, dass die Juden an die Stelle der alten Herren getreten seien, und die Vorstellung, dass die Erweiterung der Zirkulation in Zukunft alle alten Herren vertreiben wird und als neue die Juden an ihre Stelle treten werden, findet an diesem falschen Schein ihre Nahrung. Der anonyme Prozess der Kapitalisierung verwandelt sich im falschen Bewusstsein in einen der jüdischen Machtübernahme.» (Claussen 1987: 109f)

Arendt (1955: 69) zählte die «durch keine Tatsachen zu störende Vorstellung, dass der Antisemitismus ein Phänomen der Reaktion und die Antisemiten Reaktionäre seien», zu «den ebenso hartnäckigen wie unbegründeten Vorurteilen der liberalen öffentlichen Meinung und ihrer Geschichtsschreibung». Tatsächlich fanden auch Linke und Liberale in ihren Ideen «genügend Ansatzpunkte, um ihre ablehnende Haltung gegen die rechtliche Gleichstellung der Juden zu begründen.» (Berding 1999: 89) Der *christliche* Antisemitismus wurde «auf eine Vernunft- und geschichtsphilosophische Grundlage» gestellt, die Aufklärung führte in Deutschland und Österreich nicht zum Rückgang, sondern zur «Erweiterung und Ausgestaltung antijüdischer Vorstellungen.» (Ebd.: 89f) Sie verbreitete ein «Judenbild [...], das aus Fortschrittsglauben und Religionshass das traditionelle Judentum und die zeitgenössischen Juden geradezu zu einem Exempel dessen zu statuieren versuchte, was zu zerstören war» (Strauss 1985: 69). Der Ausschluss aus der Gemeinschaft der idealen (*aufgeklärten*) Menschheit knüpfte an den Vorwurf der *Verstocktheit* an. In der Aufklärung rangierte das Judentum «gewissermaßen als das Gegensymbol aller neuen Werte, zu denen man sich öffentlich bekennt: Die Juden sind das Dunkle, Abergläubische, Zurückgebliebene, Mittelalterliche, Nichtmitgekommene, das Schmutzige und schließlich das Untermenschliche.» (Sterling 1969: 67) War der *Jude* einst der personifizierte Glaubenszweifel, so wurde er nun zum Stachel im Vernunftanspruch. Es darf «überhaupt nichts mehr draußen sein, weil die bloße Vorstellung des Draußen die eigentliche Quelle der Angst ist.» (Horkheimer/Adorno 1944: 32)

An die Gleichberechtigung knüpften auch Aufklärer und Liberale mehrheitlich die Hoffnung auf den Untergang des Judentums als Religion, nur wenige waren bereit, seine Fortexistenz zu akzeptieren.[102] Zudem wurde es immer weniger als Religionsgemeinschaft, sondern als (feindliche) *Nation* oder *Staat im Staat* gesehen. Dohm (1781: 120) hielt es für zulässig, dass «Juden» diskriminiert werden, bis sie «zu völlig gleichen Bürgern umgeschaffen und alle Unterscheidungen abgeschliffen sein werden.» Alle «einschränkenden Maßregeln» seien legitim, wenn sich herausstellte, dass ihre Religion «solche ungeselligen Grundsätze enthalte, dass ihre göttlichen Gebote mit den Geboten der Gerechtigkeit und der Menschenliebe in Widerspruch stehen.» (Ebd.: 15) Dieser Aufforderung kamen *Antisemiten* nur zu gerne nach: Ihre Pamphlete sind voller angeblicher Beweise für die *sittliche Verkommenheit* der *Juden*. Die Ungleichbehandlung als Erziehungsmaßnahme hatte fatale Folgen: «Alte Vorurteile schienen so durch Recht und Gesetz bestätigt zu werden.» (Rürup 1985: 92) Die «Assimilationsforderungen» wurden «unerfüllbar hoch[geschraubt], um aus der Nichterfüllbarkeit der Anforderungen die Legitimation zu gewinnen, sich der Juden radikal zu entledigen.» (Erb/Bergmann 1989: 128)

102 Der französische Politiker de Clermont-Tonnerre brachte diese Haltung 1789 in der *Nationalversammlung* auf den Punkt: «Den Juden als Nation ist alles zu verweigern, den Juden als Menschen ist alles zu gewähren!» (Zit. n. Dubnov 1920: 88)

Reaktion und Pogrom

Das antiemanzipatorische Lager fand in dem angesehenen Orientalisten Johann Michaelis einen Fürsprecher. Dieser setzte *Juden* mit Lasterhaftigkeit und Unaufrichtigkeit gleich und behauptete, ihre religiösen Vorschriften würden im Widerspruch zu den Anforderungen bürgerlicher Vergesellschaftung stehen. Neben der angeblichen Scheu «vor Handarbeit» (zit. n. Weyand 2016: 149) strapazierte Michaelis die *jüdische Feigheit*, um mit ihrer «Untauglichkeit zum Kriegsdienste» Juden die *vaterländische* Zuverlässigkeit abzusprechen (zit. n. Claussen 1987b: 62).

Ein Wortführer der Kampagne gegen die Emanzipation war der preußische Justizkommissar Carl Grattenauer: In seinem *Wider der Juden* (1803) begründete er die Verweigerung der Gleichberechtigung mit der moralischen Verdorbenheit des *Juden*. Jede «Hoffnung, dass sich der verderbliche, der bürgerlichen Gesellschaft höchst gefährliche, allen Völkern feindselige Geist des Judentums je ändern» werde (Grattenauer 1803: 52), sei vergeblich. Um sein Urteil zu begründen, griff Grattenauer auf Eisenmengers Lesart des Talmuds zurück, zustimmend zitiert er aber auch Fichtes *Beiträge zur Berichtigung der Urteile über die Französische Revolution* (ebd.: 8). Daneben wusste er von Giftmorden an Kaiser, Königen und Fürsten zu berichten (ebd.: 13).[103] Die lange Verfolgungsgeschichte diente auch ihm als «Beweis[.]» (ebd.: 9) für die *Schuld* und *Bösartigkeit* der *Juden*. Der «Abschaum des Abscheulichen» hätte schon in der römischen Antike «zum Aufruhr und zur Empörung geneigt» (ebd.: 10), im 14. Jahrhunderts «die Brunnen vergiften lassen» (ebd.: 12) und zu allen Zeiten «Christenkinder gestohlen, [...] gemartert, geschunden, gekreuzigt, und ihnen das Blut mit Federstielen ausgesogen» (ebd.: 12f). Aber weil Grattenauer im 19. Jahrhundert lebt, will er seine Invektiven nicht als Ausdruck eines «rechtswidrigen Judenhasses» (ebd.: 54) verstanden wissen.

103 Grattenauer griff hier eine Variante der *Brunnenvergifter*-Legende auf: Der erste Pogrom, der mit dem Vorwurf, *jüdische* Ärzte würden *Christen* vergiften (wollen), legitimiert wurde, fand 1161 in Böhmen statt (Cohn 1969: 337). Die Zuschreibung so unmenschlicher *Bosheit* verband sich früh mit dem Aberglauben, die Ärztekunst habe mit *Magie* zu tun – und zu dieser hätten *Juden* seit jeher einen exklusiven Zugang.

Die Kampagne zeitigte 1819 Folgen, als sich ausgehend von Würzburg die so genannten *Hep-Hep-Pogrome* bis nach Norddeutschland ausbreiteten. In einem Pogromaufruf wird die Bedeutung der alten Mythen für die Gewalteskalation deutlich: «Brüder in Christo! [...] es ist Zeit, das Geschlecht der Christusmörder zu unterdrücken, damit sie nicht Herrscher werden über euch [...]. Nieder mit ihnen, ehe sie unsere Priester kreuzigen [...] Diese Juden, die hier unter uns leben, die sich wie verzehrende Heuschrecken unter uns verbreiten, und die das ganze preußische Christentum dem Umsturz drohen, das sind die Kinder derer, die da schrien: kreuzige, kreuzige! Nun auf zur Rache! Unser Kampfgeschrei sei Hepp! Hepp!! Hepp! Aller Juden Tod und Verderben. Ihr müsst fliehen oder sterben.» (Zit. n. Rohrbacher/Schmidt 1991: 263) Daneben war es die Ablehnung der Emanzipation, die hinter dem Pogrom stand – und kein (fehlgeleiteter) sozialer Protest (Sterling 1969: 162, Arendt 1955: 54f[104]). Auch wenn der aufgehetzte Mob[105] wieder unter Kontrolle gebracht werden konnte, bevor er Menschenleben forderte, wurde ein Ziel der Einpeitscher erreicht: Die Emanzipation wurde in Bayern gestoppt, in den übrigen Landesteilen erhielten ihre Gegner weiter Auftrieb.

Die Pogrome brachten «die Hetzkampagne [...] erneut in Schwung: ihre Sprache wurde nunmehr die des Straßenmobs.» (Dubnov 1929: 23) Die Gewaltwelle nutzte etwa Hundt-Rakowsky, um sein Scheitern zu Lasten der *Juden* öffentlich zu verarbeiten.[106] Hundt kann in seiner Fetischisierung der Gewalt als Vorläufer Wagners gesehen werden, fantasierte er doch bereits die *Revolution* als antisemitisches Reinigungswerk (Fasel 2010: 123). Seinen Hass rationalisierte er mit dem angeborenen *Schachergeist* und der vererbten *Geldgier* der *Juden*. Diese Eigenschaften versperrten den, mit «Erbgrind, Läusen und Flöhen» behafteten und «in allen Lastern und Unreinheiten sich wälzenden» *Juden* nicht nur die Emanzipation, sondern auch

104 Arendt (1955: 54f) geht in ihrer Verkennung so weit, «jüdisches Geld» hinter Metternichs «Polizeiregime» für die *Hep-Hep*-Bewegung, die ja eigentlich auf dieses Regime gezielt hätte, verantwortlich zu machen.

105 Die Pogrome wiesen zwar eine «manipulative Seite» auf, sind jedoch nicht auf diese zu reduzieren: «Spontanes Aufbegehren und überlegte Indienstnahme bilden erst in ihrer Verschränkung das Gesamtphänomen.» (Greive 1983: 22)

106 Der spielsüchtige Hundt hatte sein geerbtes Vermögen verloren – die Schuld dafür projizierte er auf die *Juden*.

jede Existenz in Deutschland (Hundt-Radowsky 1821: 26). Dazu wurden von Hundt die biblischen Selbstbezichtigungen[107] instrumentalisiert: «Wer anderen so viel Böses zutraut, verrät selbst einen hohen Grad einiger Verworfenheit.» (ebd.: 15). Der Skandal bestand für Hundt im Widerspruch zwischen seiner Wahrnehmung der *Juden* als Ausgeburten an «Nichtswürdigkeit» und ihrem Festhalten an der *Auserwähltheit*, was aus ihnen das «hochmütigste Volk der Welt» mache (ebd.: 23). Die «Ausnahmen» von der «Regel» der *jüdischen Verderbtheit*, solche *unjüdische Juden* wie Spinoza, erklärte er zu «Christenkindern», die von «Juden» gestohlen und aufgezogen worden seien – den Hang zum «Verbrechen des Kinderdiebstahls» hätten «Juden» und «Zigeuner» gemeinsam (ebd.: 47). Der Umgang mit den «Stammesverwandten der Juden» diente ihm als Vorbild zur Lösung der *Judenfrage*: Wie die «Zigeuner» sollten auch die «Juden [...] zusammengetrieben und wie die Raubtiere totgeschossen» werden (ebd.: 49).

Hundts Hetzte ist sexuell überdeterminiert und voll an *Perversem*, das er bei den *Juden* verfolgte: «Onan [...] war der Erfinder jenes, Leib und Seele zerrüttenden Lasters, welches nach ihm seinen Namen führt, und bei den Juden noch jetzt sehr beliebt ist. Man will versichern, es gebe keinen Juden, der nicht auf Onans Altären geopfert habe.» (Ebd.: 18) Und bei «keinem heidnischen Volke» habe das «Laster» der «Sodomiterei» (i. e. Homosexualität) «so sehr geherrscht als unter den Israeliten» (Hundt-Radowsky 1822: 26). Auch das Verdikt der fehlenden Originalität, das Wagner 1850 zu einer ganzen Schrift aufblasen sollte, lässt sich bereits finden: Wie alles «Hohe[.] und Edle[.]» fehle den *Juden* auch der «Schönheitssinn» (ebd.: 60) und darum sei es ihnen nicht möglich, Kunstwerke zu schaffen (ebd.: 65ff). Zudem seien die «Ichlinge» (ebd.: 84) viel zu egoistisch, um «der Kunst das mindeste Opfer zu bringen» (ebd.: 71).

Obwohl Hundt an vielen Stellen betont, dass ihm *Religionshass* fernstehe, greift er auf die Mythen vom *Gottes-* und

107 Die Übersetzung der hebräischen Bibel ins Griechische (*Septuaginta*) war höchst bedeutsam für die Geschichte des Antisemitismus: Nun konnte die jüdische Tradition der Selbstkritik ausgeschlachtet werden. Noch Treitschke freute sich darüber, dass «das Grausamste, was jemals über die Juden gesagt wurde, [...] aus jüdischem Munde» stamme (zit. n. Pross 1983: 251). Bis heute wird diese Tradition ausgebeutet: Die *jüdischen Stimmen* gegen den Zionismus erleichtern die *israelkritische* Camouflage des Antisemitismus.

Kindermord zurück. Weil er aber gleichzeitig einer rassistischen Lesart der *Judenfrage* anhängt, spricht er sich gegen den Religionswechsel aus. Denn dadurch würde «das Gift der physischen und moralischen, den Israeliten anklebende Krankheiten auch den Christen eingeimpft» werden (ebd.: 37). Der *Jude* könne «nie besser werden» (ebd.: 107) – es bleiben nur Vertreibung und Vernichtung. Am Ende macht Hundt dann entsprechende «Vorschläge» zur *Lösung der Judenfrage*: Versklavung, Zwangsarbeit im Bergbau, Zwangsprostitution usw. Um dem «ungezügelten kaninchenartigen Begattungs- und Fortpflanzungstrieb» der *Juden* einzudämmen, verlangt er, sie zu kastrieren (ebd.: 58). Für das «Beste[.]» hielt Hundt «jedoch, man reinigte das Land von dem Ungeziefer», wozu es «zwei Mittel» gebe – «vertilgen oder sie [...] zum Land hinausjagen» (ebd.: 108). Aus dem Wunsch nach *Vertilgung* spricht bereits der «Antisemitismus der Vernunft», den dann Hitler dem *Radauantisemitismus*[108] gegenüberstellte (Jäckel/Kuhn 1980: 88). Obwohl Hundt «die Tötung eines Juden weder für Sünde noch für ein Verbrechen» hält, soll der Schein der Legalität erhalten werden: Bevor die Jüdinnen und Juden «vertilgt» werden, «müsste ein [...] Gericht» über sie urteilen (Hundt-Radowsky 1822: 109).

Volksromantik

Die völkische Weltanschauung als extremistische Untergruppe des Deutschnationalismus stellt ein um das Primat des Kollektivsubjekts *Volk* oder *Gemeinschaft* angeordnetes Bündel von Anti-Haltungen dar. Antisemitismus, Antiegalitarismus, Antiliberalismus, Antimodernismus, Antisozialismus, Antiintellektualismus, Antifeminismus usw. sind vielfach aufeinander bezogen. Ihre Dynamik erfuhren diese Haltungen aus der Verdichtung zur umfassenden Weltanschauung, die ab dem letzten Drittel des 19. Jahrhundert – zumindest im (Klein-)Bürgertum

108 Mit diesem Begriff gingen auch Konservative auf Distanz zu ihren Übertreibern. Die Abgrenzung diente nicht nur der Legitimation des eigenen Antisemitismus, sondern trägt auch «die Spuren der bürgerlich-konservativen Ablehnung von ‹Pöbel› und ‹Demagogie›.» (Jahr 2010: 271) Darum sollte der Begriff nicht als analytischer verwendet werden, da er «von der Annahme ausgeht, dass es eine ‹gemäßigte› und ‹berechtigte›, jedenfalls erträgliche Erscheinungsform der Judenfeindschaft gibt.» (Ebd.: 272) *Moderater* und *Radau*-Antisemitismus «bedingten und beförderten [...] sich gegenseitig.» (Gräfe 2016: 170)

– als hegemonial angesehen werden muss. Anknüpfend an das duale Deutungsmuster des Antisemitismus, das gekennzeichnet ist durch die Gegensatzpaare «Opfer versus Täter, Gemeinschaft versus Gesellschaft, Identität versus Nicht-Identität» (Holz 2001: 24), setzten die Völkischen dem Liberalismus die *organische* Staatsauffassung entgegen, dem Individuum und seiner bürgerlichen Organisationsform, der Gesellschaft, die *Gemeinschaft*, dem menschenrechtlichen Universalismus den stammesrechtlichen Partikularismus, der Gleichheit die *Identität*, dem Geist die *Natur* usw. (Sterling 1969: 119ff). Die unverstandenen sozialen Entwicklungen stellten sich in der «frommbiederen Anschauungsweise [...] als das Werk einer teuflischen Macht dar» (ebd.: 116). Gegen diese Macht wurde die *Volksgemeinschaft* gesetzt: jene nach dem Vorbild der patriarchalen Familie gestaltete soziale Phantasie voller Harmonie, die bis heute ohne Antisemitismus nicht zu haben ist (Peham 2010). Er ist ideologischer Effekt des Versuches, «*gegen* die Schichtung der Gesellschaft in Klassen eine nationale Union zu verwirklichen» (Sartre 1946: 178). Keine *Gemeinschaft* ohne *Gemeinschaftsfremde* (Sündenböcke): *Identität* ist nicht zu haben ohne Hass auf *Nicht-Identische*.

Die Schwäche der rationalen Auffassung von Gesellschaft als Vertrag begünstigte die Mythologisierung und Biologisierung der *Gemeinschaft*. Weil das *Volk* nicht vermochte, institutionelle Realität (Nation) zu werden, nahm es mehr und mehr imaginäre Züge an. Die nationale Einheit wurde als Folge von (zuerst *geistiger*, dann *rassischer*) *Reinheit* gesehen, wodurch dem völkischen Nationalismus religiöse Züge zukamen. Mit dem Eindringen theologischer Begrifflichkeit in den (staats-)politischen Diskurs und der religiösen Aufladung des Nationalen wurde dieses mit dem Antisemitismus verknüpft: «Es sind die religiösen Dimensionen des Nationalismus [...], die die Feindschaft gegenüber den Juden verschärften.» (Berghoff 1999: 172) In dem Ausmaß, in welchem die Eigengruppe geheiligt wurde, wurde die (jüdische) Fremdgruppe verteufelt. Erstere imaginierte sich als «mystischer Kollektivkörper» nach dem Vorbild der «Kirche als corpus mysticum» (ebd.: 165). Der *Gottesmörder* wandelte sich zum *nationalen Feind*, der nun sein *Zersetzungswerk* im Inneren zu betreiben begann.[109]

109 Die Identifikation von *Juden* und *Zersetzung* beginnt am Vorabend des Revolutionsversuches um sich zu greifen. Gutzkow nannte 1842 das

Die staatliche Zersplitterung wurde durch die Apotheose des *deutschen Volkes* und die Mystifizierung seiner *Einheit* kompensiert. Der (*Volks-*)*Gemeinschaft* gegenüber stand der moderne Staat, der als «vom jüdischen Krebsgeschwür angefressen» betrachtet wurde (Sterling 1969: 122). Den Kontext dieser fatalen, aber «spezifisch deutschen Verknüpfung zwischen der nationalen Idee und dem Antisemitismus» (Hoffmann 2001: 49) bildet neben dem zögerlichen und sprunghaften Verlauf der Emanzipation die verspätete Nationwerdung.

Die Annahme, wonach Religion eine «Ausprägung des nationalen Charakters» darstelle, ist «eine spezifisch deutsche Konzeption» (Greive 1983: 25). Anfang des 19. Jahrhunderts begannen «Identitätsphilosophen» (Ascher 1815: 199) den Staat wieder als *christlichen* zu definieren, was den Ausschluss der Jüdinnen und Juden erneuerte. Insbesondere die Romantiker gewannen ihr *Deutschtum* aus der «Negation eines vorgestellten jüdischen Feindbildes» (Puschner 2008: 441) und kontrastierten den *mechanischen* (abstrakten) Staat mit dem *organischen Volksstaat* als Realisierung einer *göttlichen* Idee. Adam Müller definierte 1809 ihn als die «innige Verbindung des gesamten psychischen und geistigen Reichtums des gesamten inneren und äußeren Lebens einer Nation zu einem großen, energischen, unendlich bewegten und lebendigen Ganzen» (zit. n. Kampmann 1963: 150). In diesem *Ganzen*, dem «alles, selbst das Leben [...] zum Opfer zu bringen» ist (Rühs 1816: 4), war kein Platz für *Nicht-Identische*. Nach dem (totalitären) Staatsverständnis der Romantik, dieser «regressive[n] Ermüdungserscheinung[.]» (Reichmann 1951: 97), gibt es keine legitime Position außerhalb der *Einheit*. Angesichts der anhaltenden territorialen Zersplitterung blieb diese jedoch ein imaginäre – was ihre Fetischisierung erklären hilft.

Die «Epoche der militanten Teutomanie» (Poliakov 1986: 95) begann Ende des 18. Jahrhunderts. Deutschtümelnde Professoren und Demagogen wie Johann G. Fichte, Friedrich Rühs, Friedrich L. Jahn, Ernst M. Arndt und Jakob F. Fries phantasierten das *Volk* als *natürliche* Abstammungsgemeinschaft. Diese nahm unter französischer Besatzung im Zuge einer «emphatische[n] Selbst-Entdeckung» Gestalt an (Jeismann 1992: 48), von Anfang war den *Deutschen* das Gefühl der Bedrohung und ein paranoides Potential eingeschrieben. In der kollektiven Bereit-

«Lieblose, Parteiische, Hämische, Zersetzende» das «Schlechte am Judentum» (zit. n. Schmitz-Berning 1998: 699).

schaft, sich der *Gefahren* zu erwehren, konstituierte sich das *Volk*. Der *Feind* lauerte aber nicht nur außen, sondern auch – mit ihm verbündet – im Inneren. Weil die Siege Napoleons zumindest vorübergehend die Befreiung aus dem – im übertragenen Sinn – Ghetto bedeuteten, wurden in antisemitischer (Schein-)Logik *Juden* zur *Fünften Kolonne* Frankreichs. Arndt (1814: 66) verkündete das Urteil der *Befreiungskrieger*: Wer sich «mit Frankreich verbündet [...], der meint Tückisches und Verräterisches gegen Deutschland, der ist wie das Schaf, das dem Wolf die Hürde öffnet; er werde friedlos erklärt über das ganze deutsche Reich».

Fichtes *Dolch* gegen die *Juden*

Als philosophischer Ahnherr der Völkischen gilt Fichte, dessen Ressentiment an Eisenmengers Verdammung des Talmuds anknüpfte. Dort seien «die lächerlich kindischen Vorstellungen von Gott» zu finden (zit. n. Brumlik 2000: 94) – einem *Gott*, dem auch Fichte (1793: 115) *Menschenfeindlichkeit* unterstellt. Zunächst begeisterte er sich noch für die Revolution, bald brach er aber mit den *Ideen von 1789* – ein Verrat, den auch er mittels Antisemitismus zu bewältigen versuchte. Nun sind ihm *Juden* nicht länger *Mitbürger*, sondern ein «Volke, dessen Geringster seine Ahnen höher hinaufführt, als wir andern alle unsere Geschichte [...], das in allen Völkern die Nachkommen derer erblickt, welche sie aus ihrem [...] Vaterlande vertrieben haben; das sich zu dem den Körper erschlaffenden, und den Geist für jedes edle Gefühl tötenden Kleinhandel verdammt hat und verdammt wird; [...] das bis in seinen Pflichten und Rechten [...] uns andere alle von sich absondert – von so einem Volke sollte sich etwas anderes erwarten lassen, als was wir sehen: dass in einem Staate, wo der unumschränkte König mir meine väterliche Hütte nicht nehmen darf, und wo ich gegen den allmächtigen Minister mein Recht halte, der erste Jude, dem es gefällt, mich ausplündert.» (Ebd.: 114) Fichte schnürte den antisemitischen Knoten doppelt: Einerseits machte er Jüdinnen und Juden, denen er kollektiv die Verwendung des Jiddischen andichtete, zu *Fremden*[110], andererseits verstärkte seine Sakralisierung der *Deutschen Nation* ihre Ausschlusstendenz.

110 Neben der Beschneidung diente vor allem die Sprache dem Fremdmachen der *Juden*: Georg Ratzinger, katholischer Priester und Politiker, hat

Als einer der ersten versuchte Fichte, «den der bürgerlichen Gesellschaft inhärenten Widerspruch von politischer Freiheit und ökonomischer Unterdrückung auf Kosten der Juden zu lösen.» (Claussen 1987b: 11) Er verwehrte den *Juden* die Möglichkeit zum Citoyen, da sie stets dem (Gruppen-)Egoismus verhaftet blieben. Auch Fichte berief sich auf die tradierten Stereotype vom *jüdischen Schacher* und *Wucher*, um den Kapitalismus ins alte Deutungsschema zu pressen. Mit seiner Behauptung, dass «nicht Privatanimosität» aus ihm spreche (Fichte 1793: 115), weist er ebenfalls in den modernen Antisemitismus, der nicht Leidenschaft, sondern Weltanschauung sein will. Der «Antisemitismus der Vernunft» (Brumlik 2000: 75ff) unterscheidet sich von seinen Vorläufern durch einen höheren Grad an Abstraktheit und Indifferenz. Erst die spezifische *Kälte* ermöglichte die Eskalation der Gewalt: Der «Fortschritt» zum modernen Antisemitismus «bedeutet nicht weniger Gewalt, sondern andere.» (Claussen 1987b: 12) Diese *andere* Gewalt kündigt sich in Fichtes (1793: 115) berüchtigter Forderung an: «Menschenrechte müssen sie haben, ob sie gleich uns dieselben nicht zugestehen [...]. Aber ihnen Bürgerrechte zu geben, dazu sehe ich wenigstens kein Mittel, als das, in einer Nacht ihnen allen die Köpfe abzuschneiden, und andere aufzusetzen, in denen auch nicht eine jüdische Idee sei.»[111] Solche Reinigungsphantasien sind nicht länger wutgetränkt, sondern verweisen auf den fehlenden Platz der *Nicht-Identischen* im modernen Staat, der zu Homogenisierungszwecken ganze Bevölkerungsteile zur Disposition stellt (Bauman 1995).

Ascher (1794: 12) trat Fichte entgegen und warf ihm vor, «Gift und Dolch [...] gegen die Juden» zu predigen. Zu Recht ließ er mit dem Philosophen «eine neue Epoche des Judenhasses» beginnen (ebd.: 39). Insbesondere in der Instrumentalisie-

---

(als «Dr. Robert Waldhausen») das Jiddische 1892 als «deutsch-polnisches Kauderwelsch», der «auf dem schmutzigen Boden entstand», auf welchem verarmte *Christen* sich mit *Juden* getroffen hätten, bezeichnet (Waldhausen 1892: 5). Zum Vorwurf gereichte dem Jiddischen, dass es «keine gewordene, sondern eine gemachte Sprache» sei, «ein Sprach-Mosaik, aus dem überall das Bild tiefen sittlichen Verfalls und elender Verkommenheit, sowie erbitterter Spott und Hohn hervortreten.» (Ebd.: 5f)

111 Auch wenn Fichtes Rede metaphorisch zu lesen ist, schlägt «in dem gewählten Bild die Aggressivität und Pogromstimmung (‹in einer Nacht›) so stark durch, dass die Nähe zur [...] Vernichtung spürbar wird.» (Erb/Bergmann 1989: 175)

rung des Christentums sah Ascher eine Gefahr: Während Frankreich das «Joch der Hierarchie» abschüttelte und «eine neue Religion» etablierte, «sehen wir das ruheliebende Deutschland bemüht, die christliche Religion des Zeitalters anzupassen.» (Ebd.: 68) Später wies Müller-Claudius (1927: 27) auf die fatale Rolle Fichtes hin: In seinem «Fühlen und in der Schau» sei die «ganze[.] deutsche[.] Nation» zum «Symbol» geworden. Sein in den Himmel gehobenes Deutschland ist kein «Erdenland» mehr: «[W]as es tut, tut es nicht um seiner selbst willen und nicht um der Erde willen, sondern um des Ewigen willen, unter dessen ‹Bilde› es erblickt wird…Darum bleibt der Deutsche nicht ein Staatsbürger, er wird zum Ewigkeitsbürger. Seine Politik ist nicht Staatskunst […], sondern Religion.» (Ebd.: 27f) Fichte verwebte «das religiöse Symbol des Juden» mit «völkische[r] Symbolik», der *Jude* ist «nicht mehr ein christliches, sondern ein deutsches Symbol.» (Ebd.: 85) So wurde Anfang des 19. Jahrhunderts der «religiöse[.] Schuldträger[.] zum […] nationalen Schuldträger[.]» (ebd.).

1810 gründete sich in Opposition zu den frauengeprägten, liberal-jüdischen Salons eine *Christlich-Deutsche Tischgesellschaft*: Hier trafen sich in männerbündischer «Wirtshausseligkeit» (Oesterle 1992: 78) und militanter Gegnerschaft zur Modernisierung unter anderem Fichte, Brentano, Carl von Clausewitz, Müller, Achim von Arnim und Kleist, dessen Werk jedoch von Antisemitismus freiblieb. Müller begründete den Ausschluss von *Juden* mit deren Verantwortung für die «große Verwirrung und Vermischung aller Dinge, Gesetze, Stände und Religionen» (zit. n. ebd.: 67). Man führe einen «Krieg […] gegen die Juden, gegen ein Gezücht, welches […] sich in den Staat, in die Wissenschaft, in die Kunst, in die Gesellschaft […] einzuschleichen […] bemüht ist.» (Zit. n. ebd.: 69) Ein *Arierparagraph* reichte den Paranoikern nicht und so verlangte Arnim zum Schutz vor *jüdischer* Infiltration die Sensibilisierung der Nase, um Jüdinnen und Juden an ihrem «spezifische[n] Geruch» erkennen zu können. Diese sollten in ihre «Bestandteile zerstoßen» werden, um auf ihr innerstes Geheimnis zu kommen – ‚dass sie sich aus «Würmern» oder «Ratten» zusammensetzten. Arnims «Tortourphantasien» (ebd.: 61) gelten dem *Juden* als *Formwandler* oder «Meister aller Masken» (Jünger 1930: 592), der sich solcherart bei den *Deutschen* einschleiche.

Befreiungskrieger

An der Wiege des deutschen Nationalismus standen die Heere Napoleons. Diese zertrümmerten zu Beginn des 19. Jahrhunderts das *Deutsche Reich* und die alte Ordnung, welche die Juden und Jüdinnen hinter (symbolische) Ghettomauern gezwungen hatte. In den *Befreiungskriegen* verteidigten die Untertanen diese Ordnung gegen die *fremden* Ideen von 1789. Der Nationalismus verschaffte sich 1817 am *Wartburgfest* Luft: Es wurde vom späteren «Turnvater» Jahn mitinitiiert und gipfelte in der ersten *deutschen* Bücherverbrennung. Dabei kam die spezifische Verbindung von romantischem Freiheitsdrang, nationalem Einigungswunsch und völkischem Reinheitswahn zum Ausdruck. Denn verbrannt wurden nicht nur Symbole und Schriften der verhassten Feudalstaaten, sondern auch das von Frankreich übernommene kodifizierte bürgerliche Recht und Aschers Kritik der Völkischen, *Germanomanie* (1815). Neben Ascher war Heine einer der wenigen, die «das tragische Ende, das dieser Kult nehmen sollte, vorausahnte[n] und mit einzigartiger Klarheit sah[en], welche Richtung die Geschichte des 20. Jahrhunderts nehmen würde.» (Poliakov 1986: 97) Er glaubte zunächst an die Vereinbarkeit von deutschem Nationalismus und Demokratie, erkannte dann aber die Gefahr, welche von der Fusion von nationaler Revolution und antisemitischem Pogrom als «Nukleus der späteren nationalsozialistischen Exzesse» (Claussen 1987: 127) ausging: «Im Bierkeller zu Göttingen musste ich einst bewundern, mit welcher Gründlichkeit meine altdeutschen Freunde die Proskriptionslisten anfertigten, für den Tag wo sie zur Herrschaft gelangen würden. Wer nur im siebenten Glied von einem Franzosen, Juden oder Slawen abstammte, ward zum Exil verurteilt. Wer nur im Mindesten etwas gegen Jahn oder überhaupt gegen altdeutsche Lächerlichkeiten geschrieben hatte, konnte sich auf den Tod gefasst machen, und zwar auf den Tod durchs Beil, nicht durch die Guillotine, obgleich diese ursprünglich eine deutsche Erfindung und schon im Mittelalter bekannt war, unter dem Namen ‹die welsche Falle›. […] Jene regenerierten Deutschtümler bildeten zwar die Minorität, aber ihr Fanatismus, welcher mehr religiöser Art war, überflügelte leicht einen Fanatismus, den nur die Vernunft ausgebrütet hat […]. Ich will hiermit andeuten, dass jene Repräsentanten der Nationalität im deutschen Boden weit tiefer wurzeln, als die Repräsentanten des Cosmopolitismus, und dass letztere im Kampfe mit jenen wahrscheinlich den Kürzeren ziehen, wenn sie ihnen nicht schleunigst zuvorkommen – durch die welsche Falle. […] Unsere Nachfolger erben vielleicht unsere geheimen Übel, und es ist Pflicht, dass wir sie darauf hinweisen, welches Heilmittel wir für probat hielten.» (Heine 1840: 522ff) Mit Zeilen wie diesen schrieb sich Heine als Stachel in die deutsche Geschichte ein, dementsprechend hasserfüllt war die Ablehnung, die er erfuhr.[112] Sie galt auch dem Lyriker, der sich als *Jude* anmaßte, die deutsche Sprache zur Hochform zu bringen. Arendt (1948: 90) erklärte den Hass auf Heine mit dem Verrat des deutschen Bürgertums: «Je charakterloser die deutsche bürgerliche Gesellschaft wurde, desto mehr fürchtete sie sich von der Explosivkraft seiner Gedichte. Aus dieser Furcht stammt die Verleumdung der ‹Charakterlosigkeit›, durch die man mit Heine fertig zu werden hoffte.»

Der preußische Haus- und Hofhistoriker Rühs, den Rahel Varnhagen zu jenen «Professoren» zählte, die dem «Volk […] hep schreien» gelernt hätten (zit. n. Erb/Bergmann 1989: 266), fasste die feindseligen Zuschreibungen zusammen, um die Emanzipationsforderungen zurückweisen zu können. Dazu diente auch ihm die Jahrhunderte alte Tradition von Hass, Diskriminierung und Verfolgung, die «das bestmögliche Alibi für alle Gräuel» liefert (Arendt 1955: 11). Rühs (1816:13) wandte sich gegen Dohm, der die «Verschlechterung des Charakters und die verhasste Eigentümlichkeit desselben […] nur aus dem Druck, worunter sie gelebt haben», abgeleitet habe. Tatsächlich liege die Verdorbenheit des Judentums in «seiner Natur» (ebd.: 5), wobei Rühs – ganz Kind seiner Zeit – einräumte, dass diese geschichtlich geformt sei. Der «Spekulationsgeist […], der bei der geringsten Anstrengung den […] größten Gewinn sucht» (ebd.: 6), zeichne die *Juden* bereits seit der Antike aus und sei für ihre Entwicklung zu einer *Handelskaste* verantwortlich zu machen. Den Ausschluss aus dem *deutschen* «Volk» versuchte er mit dem partikularen *jüdischen* «Geist» zu rechtfertigen:

---

112 Heines Weitsicht steht allen Normalisierungsversuchen entgegen und muss darum entweder unterschlagen oder vernachlässigt werden. So etwa von Zimmermann (2005: 68), der meint, für Heine sei der Massenmord «im Bereich des Unvorstellbaren» gelegen. Allen Warnungen seit Heine zum Trotz wird auch in kritischen Arbeiten behauptet, dass die «eliminatorische Tendenz des Judenhasses» im 19. Jahrhundert «nicht absehbar» gewesen sei (Voigt 2015: 160).

Nur ein von allen geteilter, einheitlicher «Geist» vermöge das «Volk» zu vereinen «und die einzelnen zu einem unauflösbaren Ganzen aneinander» zu ketten (ebd.: 4). Weil es «grausam sei, wenn man sie ganz und gar vertreiben [...] wollte» (ebd.: 32), begnügte sich Rühs mit der Forderung, das Wachstum der jüdischen Gemeinden zu beschränken und die Übertritte zum Christentum zu erleichtern. Aber ein paar Seiten weiter wünschte er die «Ausrottung» der «Blutsauger des Volkes» (ebd.: 38, 22).

Fries, der «in Hegels System die Dummheit» verkörpert (Hacks 1991: 49), schloss an Rühs' Schrift an und ging über sie hinaus. Er setzte – wie lange vor ihm schon Luther, auf den er sich an anderer Stelle auch explizit berief – die *Juden* mit der *Pest* gleich, wobei er in aufgeklärter Tradition zunächst noch zwischen dem Judentum (als auszurottende «Völkerkrankheit», «Schmarotzerpflanze» und «Blutsauger») und einzelnen «Juden» unterschied (Fries 1816: 10, 16). Fries erklärte seinen «Krieg [...] der Judenschaft» (ebd.: 10), dieses «Gewürm» (ebd.: 20) sei «ein Überbleibsel aus einer ungebildeten Vorzeit, welches man [...] ganz ausrotten soll.» (Ebd.: 10) Um die Verwerfung der Jüdinnen und Juden total werden zu lassen, musste er die Widersprüche zwischen seinem Verdikt und der Realität einebnen. So konnte er die jüdische «Wohltätigkeit im Kleinen» angesichts ihres Umfanges nicht leugnen, darum kontrastierte er sie mit den behaupteten «Gräuel ihrer Volksplünderungen im Großen» (ebd.: 14). Gleiches gilt für die Tatsache, dass «die Juden sich gern vom Mord und Todschlag zurückhalten» – daraus machte Fries kurzerhand «Feigheit» und diese werde von «Christen [...] unter die Laster» gezählt (ebd.: 14f). Gegen Dohm und mit Rühs behauptete er, dass die «Volksschinder» und «Blutsauger» (ebd.: 4f) nicht zu bessern seien – außer sie hörten auf, eine international[113] verschworene «Handelskaste» zu sein (ebd.: 3). Auch Fries diente die Erinnerung an antisemitische Verfolgungen zur Legitimation derselben, insbesondere das Los der Jüdinnen und Juden im Spanien der *Reconquista* wurde von ihm als Drohkulisse aufgerichtet: «Denket nur an ihr Schicksal ins Spanien, wie dort allem Volk zur Freude wurde, sie tausenden auf den Scheiterhaufen verbrennen zu sehen» (ebd.: 11).

113 In völkischen Diskursen stand «international» stets für «undeutsch, vaterlandslos, zur *jüdischen Weltverschwörung* gehörig.» (Schmitz-Berning 1998: 322) Der Begriff dient bis heute oft als Code für *jüdisch*.

Die Rede von der *Ausrottung* hatte nicht länger metaphorischen Charakter, der Mob verband die professorale Phrase vom *Untergang des Judentums* mit seinen disparaten Stimmungen – und schritt zur Tat. Fries, der der Bücherverbrennung auf der Wartburg beiwohnte und ein Jahr davor drohte, dass das *jüdische* «Unwesen [...] nicht ohne schreckliche Gewalttat zu Ende gehe» werde (ebd.: 18), wollte anlässlich der *Hep Hep-Pogrome* nichts von seiner Verantwortung für die Eskalation wissen. Eine zeitgenössische Stimme kommentierte den Rückzug in den Elfenbeinturm: «Freilich, wenn Professoren dem Volke Ausrottung des Judentums predigen, so haben sie nicht darauf gerechnet, wenn Gassenbuben so unlogische Köpfe sind, darunter die Juden selbst zu verstehen.» (Zit. n. Sterling 1969: 147) Wurde Fries 1819 noch zwangsemeritiert, entwickelten sich die Universitäten in der Folge zu Brutstätten des Antisemitismus. Von einer «einhellige[n] Abwehrhaltung auf Seiten der Bildungseliten» (Hoffmann 2004: 45) bis zum *Berliner Antisemitismusstreit* ist nicht auszugehen. Der «Universitätsantisemitismus», den Arthur Rosenberg (1930: 186) erst mit Treitschkes Aufsatz gegen die *Juden* 1879 beginnen lässt, kann in seiner Bedeutung für die Normalisierung und Radikalisierung des Antisemitismus nicht überschätzt werden.

Revolutionsverrat

Die Verfassungen von 1848 brachen mit der unseligen Tradition der Emanzipation in Stufen und als *Erziehung*. In einem Akt wurden die staatsbürgerlichen Rechte vom Glaubensbekenntnis unabhängig gemacht. Aber das Scheitern der Revolution brachte auch die Rücknahme der Emanzipation, 1851 wurde der Grundrechtskatalog aufgehoben und das *Judenregime* weitgehend wiedererrichtet. Dass es 1867 (*Staatsgrundgesetz* in Österreich) und 1869 (*Gesetz des Norddeutschen Bundes*) endgültig abgeschafft wurde, verdankt sich nicht revolutionärem Druck, sondern der Einsicht in die Modernisierungsnotwendigkeiten der immer noch feudalen Staaten. Weil nicht von unten erkämpft, sondern von oben gewährt, blieben die Rechte in diesen Staaten bis in die Mitte des 20. Jahrhunderts prekär.

Nach dem Scheitern der Revolution arrangierte sich das Bürgertum mehrheitlich mit der alten Herrschaft. Dieses Arrangement forderte seine Opfer: Der Verrat der Ideale trug wesentlich zur Radikalisierung des Antisemitismus bei (Peham 2014). Immer mehr vormalige Revolutionäre begannen, in den Chor der Reaktion, welche die Revolution von Anfang an als *jüdisch* denunziert hatte, einzustimmen. Nach Meinung der Konservativen waren die *christlichen* Untertanen «im Grunde für die Freiheit nicht gewesen: sie seien aufgehetzt worden» (Sterling 1969: 140). Diese Legende erleichterte die Unterwerfung unter die alte Herrschaft: «‹Juden und Judengenossen haben die Revolution gemacht›» (Arndt zit. n. Scharffenstein 1851: 7). Die Projektion der Revolution auf die *Juden* erlaubte es, «die aufständische Masse imaginär wieder in ein friedliches und untertäniges Volk» zurückzuverwandeln (König 1992: 98). Das schlechte Gewissen aufgrund des Verrates wurde an den Jüdinnen und Juden ausagiert: Sie konnten «zum Feindbild schon darum werden […], weil sie mit ihrem liberal-demokratischen Engagement an die besseren Tage des eigenen Liberalismus» erinnerten (Lenk 1988: 28). Von Bruno Bauer über Wagner bis Marr – immer ging die Abwendung von der Revolution zu Lasten der vormaligen Kampfgefährten. In Marrs Worten: «Heine und Börne waren unsere Propheten. Es ist die unleugbare Wahrheit, dass diese beiden Juden die Wegbereiter der Freiheit waren. […] Israel stachelte uns auf, um sein eigenes Süppchen zu kochen.» (Zit. n. Rose 1999: 29) Die Renegaten dagegen schüttelten «das bürgerliche Gesellschaftsideal ab» und strebten «ein neues adeliges Lebensideal an» (Rosenberg 1930: 189). Im Gegensatz zum *Bürger* (und *Juden*) «schachert und wuchert» der Adelige «nicht, sondern er tut gehorsam seinen Dienst für Kaiser und Vaterland. Er spottet nicht, sondern glaubt. Er wahrt Zucht und Sitte in Haus und Familie wie in Gemeinde und Staat.» (Ebd.)

Erlösungsantisemitismus

Mit dem, auf den Historiker Saul Friedländer (1998) zurückgehenden Begriff des *Erlösungsantisemitismus* soll jener – nicht zwangsläufige – Endpunkt der Entwicklung bezeichnet werden, an dem die Vertreibung und Vernichtung der Jüdinnen und Juden zur Bedingung von *Erlösung* wird. Die Konturen des Erlösungsantisemitismus zeichnen sich im 19. Jahrhundert ab:

«Wenn das deutsche Volk wirklich frei und eins werden will», so müsse es «das Judentum stürzen» (Tellering 1848: 9). Seinen Ursprungsort hat dieser Antisemitismus unter ehemaligen Linken, welche versuchten, die gescheiterte und ihrer sozialen Inhalte beraubte Revolution weiterzutreiben – gegen die angeblich *wahren* und gleichzeitig illegitimen Herrscher, die *Juden*. Das Usurpator-Motiv sollte den Antisemitismus ab nun kennzeichnen.[114] Marr (1879: 29) prophezeite eine Zukunft, in welcher «kein Staatsamt, selbst das höchste nicht ausgeschlossen, mehr existieren» werde, «das nicht von den Juden usurpiert wäre.» Vor die Wahl gestellt zwischen absolutistischer Diktatur und «entwürdigende[r] Herrschaft des Schachers» (Tellering 1848: 7), entschieden sich viele ehemalige Revolutionäre für Ersteres. Denn die Könige und der Adel hätten «wenigstens die Noblesse der Raubtiere ohne die niedrige Gemeinheit des Judengewürms.» (Ebd.) Während die einen nach 1848 ins Lager der Reaktion wechselten, stilisierten sich andere weiter als *Revolutionäre*. Von der Revolution blieb dabei nur mehr die Gewalt, die den Jüdinnen und Juden, dem «Auswurf der Völker» (ebd.: 16), angedroht wurde: Einmal würden «die Völker zur Erkenntnis kommen und ihr Donner das Gezücht vertilgen» (ebd.: 13).

Herausragender Vertreter des *Erlösungsantisemitismus* ist Wagner, der mit seiner – zunächst anonym veröffentlichten – Schrift *Das Judentum in der Musik* 1850 die Jahre der relativen Ruhe unterbrach. Der vormalige «Revolutionär», der «sich zum Rebellen» wandelte (Adorno 1939: 28), rechtfertigt darin seine Vergangenheit, als er und seinesgleichen «in der Luft» schwebten und «mit Wolken fochten, während der schöne Boden der ganz realen Wirklichkeit einen Besitzer fand, den unsere Luftsprünge zwar sehr unterhielten, der uns aber doch für viel zu albern hält, um hierfür uns durch einiges Ablassen von diesem ursurpierten realen Boden zu entschädigen.» (Wagner 1869: 11) Dieser «Besitzer» ist der «Jude», der «nach dem gegenwärtigen Stand der Dinge […] mehr als emanzipiert ist: er herrscht, und wird solange herrschen, als das Geld die Macht bleibt, vor welcher all unser Tun und Treiben seine Kraft verliert.» (Ebd.)

Wagner vermittelte in seinem 1869 neu aufgelegten Aufsatz zwischen dem Sprachnationalismus Herders und dem Rassis-

114 Das Bild des *jüdischen Usurpators* kennzeichnet auch den auf Israel bezogenen Antisemitismus: Nun sei es *Palästina*, das sich die *Juden* unrechtmäßig zum Besitz genommen hätten.

mus Chamberlains. Zwar attestiert er den «Juden», Deutsch zu sprechen – jedoch «immer als Ausländer» (ebd.: 6). Der «Umstand, dass der Jude die modernen europäischen Sprachen nur wie erlernte, nicht als angeborene Sprachen redet», schließe ihn aus «von aller Fähigkeit, [...] eigentümlich und selbständig kundzugeben. [...] In einer fremden Sprache wahrhaft zu dichten, ist nun bisher selbst den größten Genies noch unmöglich gewesen.» (Ebd.: 7) Wenn *Juden* versuchen, Deutsch zu singen und zu dichten, kommen Wagner die «widerwärtigsten Empfindung» hoch angesichts «jenes, Sinn und Geist verwirrenden Gegurgels, Gejodels und Geplappers» (ebd.: 13). Hatte der Antisemitismus seit jeher «eine rassistische, d. h. eine auf die Physis der Juden zielende Komponente», so wurde sie bis Wagner von niemandem «mit solchem Eifer und solcher Akribie [...] ausbuchstabiert» (Scheit 1999: 271). Der *Jude* fiel ihm «durch seine äußere Erscheinung auf, die, gleichviel welcher europäischen Nationalität wir angehören, etwas dieser Nationalität unangenehm Fremdartiges hat: wir wünschen unwillkürlich mit einem so aussehenden Menschen nichts gemein zu haben.» (Wagner 1869: 13) Auch in seinen Opern verband er das verworfene *Jüdische* mit spezifischer Körperlichkeit.[115]

Zunächst sah Wagner (1869: 41) nur mehr geringe Chancen, den «Verfall unsrer Kultur durch eine gewaltsame Auswerfung des zersetzenden fremden Elementes» aufzuhalten. Er phantasierte noch vor Marr «den vollständigen Sieg des Judentums auf allen Seiten» (ebd.: 38). Gerade dieser Pessimismus bereitete gemeinsam mit der Untergangsangst den Boden für die Fanatisierung. Aber nicht nur der späte (rassistische) Wagner der *Regnerationsschriften* interessiert in seiner Bedeutung für den *deutschen* Antisemitismus. Schon die Identifikation von Judentum und Profitwirtschaft, Wagners romantisch-reaktionärer *Antikapitalismus* und Hass auf die *verjudete* Zivilisation weisen in den Nazismus. Sein Antisemitismus ist bereits totalitär: Nun sind nicht mehr nur alle Jüdinnen und Juden *böse*, sondern auch alles *Böse* ist *jüdisch*. Die *deutsche Revolution* Wagners ist eine politische Erlösungsphantasie, die die Vernichtung der Jüdin-

115 Adorno (1939: 11) verwies darauf, dass Wagners Antisemitismus auch in seinen Opern Gestalt annahm: «Der, Gold raffende, unsichtbar-anonyme, ausbeutende Alberich, der achselzuckende, geschwätzige, von Selbstlob und Tücke überfließende Mime, der impotente intellektuelle Kritiker Hanslick-Beckmesser, all die Zurückgewiesenen in Wagners Werk sind Judenkarikaturen.»

nen und Juden zur Bedingung ihrer Verwirklichung hat. Seine *neue Religion* ist eine politische, ihr Projekt die Resakralisierung der (unversöhnten) Gesellschaft. Das Heilsversprechen hat die (*reinigende*) Gewalt zur Konsequenz: Dem apokalyptischen Visionär[116] wurde die Vernichtungsmetapher zum wichtigsten Bestandteil seiner Erlösungsdramaturgie (Adorno 1952: 24).

Nietzsche fragte, ob Wagner «nicht […] eine Krankheit» sei (zit. n. Sorgner 2016: 104). Wenn dieser von sich behauptet, er müsse sich «gegen die Atmosphäre der Wirklichkeit abschließen» (Wagner 1988: 44), drängt sich der Verdacht tatsächlich auf. Solche (Selbst-)Zeugnisse verweisen auf die Realitätsvermeidung und die zu erhaltende *Allmacht*, die den Antisemitismus grundsätzlich kennzeichnen. Vor der Konfrontation mit der Realität schützt ein hermetisch abgeschlossenes (Wahn-)System, aus welchem jede Differenz und Ambivalenz ausgeschlossen ist.[117] Wagner schuf sich dementsprechend «seine eigenen Maßstäbe und Gesetze und bald auch seine eigene Wirklichkeit.» (Wagner 2013: 16) Hinter seinem Antisemitismus steht «ein Empörungs- und Aggressivitätsfundus, der nicht einmal äußerer Veranlassungen bedurfte, um ständig Triebabfuhr zu erzwingen» (Gülke 2012: 9). An ihm lässt sich daneben zeigen, dass eine Ursache für die realitätsverzerrende Denkstörung des Antisemitismus in intensiven Neidgefühlen zu suchen ist. Seine (verdrängte) Überzeugung eigener (körperlicher) Minderwertigkeit[118] wandelte sich zum Neid auf alle Menschen, deren Denkfähigkeit und Erfolg ihm außer Reichweite schienen. In Wagners Welt wurde aus Kleinheit durch größenwahnsinnige Verleugnung ein starkes Selbstgefühl. Dieses braucht, um auf Dauer Bestand zu haben, den *Juden* als *Untermenschen* – der ihn verfolge und ihm Übles wolle.[119]

116 «Zerstört sei alles, was euch bedrückt und leiden macht, und aus den Trümmern dieser alten Welt erstehe eine neue voll nie geahnten Glückes.» (Wagner 1849: 39)

117 Nietzsche nannte Wagner Antisemitismus zu Recht «Schopenhauerisch» (zit. n. Rose 1999: 143): Bei beiden artikulierte sich das Ressentiment als Naturversessenheit. Die Verschmelzungsphantasie oder Wagners «Einswerden mit der Natur» (zit. n. Viereck 1939: 26) wurde vom *Juden* bedroht.

118 Adorno (1939: 22f) wies auf Wagners Schamkonflikte hin, die er durch Beschämung der Jüdinnen und Juden schief zu heilen versuchte.

119 Wagner (1869:1) sah sich einer «auf Herabsetzung ausgehenden Feindseligkeit» ausgesetzt und lamentierte über die ihm «von Seiten der Juden […] widerfahrende Verfolgung» (ebd.: 40). Seine Misserfolge in

Ossietzky (1933: 248) nannte Wagner den «genialsten Verführer, den Deutschland gekannt hat.» Für Viereck (1939: 16) war er «Urquell der Nazi-Ideologie». Und Thomas Mann (1940) hielt fest, dass Wagners Werk «mit seinem Wagalaweia und seiner Stabreimerei, seiner Mischung aus Urtümlichkeit und Zukünftigkeit, seinem Appell an eine klassenlose Volklichkeit, seinem mythisch-reaktionären Revolutionarismus die genaue geistige Vorform der ‹metapolitischen› Bewegung ist, die heute den Schrecken der Welt bildet». Dementsprechend wollte Hitler nur Wagner als Vorläufer gelten lassen (Rauschning 1940: 215), meinte Goebbels 1937: «Was der Jude ist, hat uns Richard Wagner gelehrt.» (Zit. n. Brinkmann 2000: 130) Hans Frank (1953: 213), Generalgouverneur und «Schlächter von Polen», schließlich zitiert in seiner Autobiographie Hitler über dessen Begegnung mit dem Ring: «Ich habe ihn zuerst in Wien gehört. [...] Und ich weiß noch, [...] wie ich mich beim Nachhauseweg wahnsinnig erregte über einige mauschelnde[120] Kaftanjuden, an denen ich vorbeigehen musste. Einen unvereinbareren Gegensatz kann man sich überhaupt nicht vorstellen. Dieses herrliche Mysterium des sterbenden Heros und dieser Judendreck!» Wagner lieferte die «mythische Dimension» zur «Erlösungsvision» der NS-Kader, in Bayreuth begann «eine besondere Ausprägung des Antisemitismus, der Erlösungsantisemitismus» (Friedländer 2000: 176): «In dem Handlungsrahmen, der durch Wagners apokalyptische Vorstellungen geschaffen worden war, ging Hitler seinen [...] mörderischen Zielen nach.» (Ebd.)

Modernisierung und Krise

In den deutschsprachigen Ländern blieb die Gleichberechtigung rund einhundert Jahre umstritten und dementsprechend Stückwerk. Das Emanzipationsmodell basierte auf einem

England erklärte er sich mit dem «eigentümlichen Charakters der englischen Religion, welche Kennern mehr auf dem Alten, als auf dem Neuen Testamente zu fußen scheint.» (Ebd.: 43)

120 *Mauschel* war ein von Moische (Moses) abgeleitete Spott- und Schimpfname, mit welchem Juden und Jüdinnen seit dem späten 17. Jahrhundert bedacht wurden. Im 18. Jahrhundert wurde als *Mauscheln* die Verwendung des verhassten Jiddischen bezeichnet. Dazu kam bald eine zweite Bedeutung: betrügen (*wuchern*, *schachern*). Als *Gemauschel* wurden nun Versuche, sich gegen Nicht-Juden zu verabreden, bezeichnet (Althaus 2000).

«kulturelle[n] Modell […], das aus dem feindseligen Christentum stammte» (Goldhagen 1996: 105). Es inkludierte die Hoffnung, dass das Judentum verschwinden werde. Da es jedoch weiterbestand, «schufen die falschen Versprechungen der Emanzipation gleichsam eine strukturelle Garantie dafür, dass der Antisemitismus zu einem neuen Grad der Bösartigkeit finden würde» (ebd.). Eine bürgerliche Gesellschaft, in welcher das Religionsbekenntnis unbedeutend geworden ist, war noch nicht etabliert, wodurch in den Diskurs über die Emanzipation von Anfang an ihre Unmöglichkeit eingeschrieben war. Je mehr sich Jüdinnen und Juden bemühten, nur «dem Glauben nach […] Israeliten» und ansonsten «Deutsche» zu sein – wie dies Rabbiner Ludwig Philippson 1849 ausrief (Schoeps 1996: 108) – desto mehr wurden sie zu *Juden* gemacht. Es ist dem Charakter der, von *oben* gewährten Emanzipation als «Stufen-Verdienstkonzept» (Erb/Bergmann 1989: 42) zuzuschreiben, dass sie wie «eine Verfestigung der überlieferten Vorstellungen über einen qualitativen Unterschied zwischen Juden und Christen» wirkte (Rürup 1975: 103). Zudem wurde mit der formalen Gleichberechtigung das antisemitische Sperrfeuer neu munitioniert, in den 1870er Jahren war es «noch schwieriger geworden, in Deutschland Jude zu sein.» (Poliakov 1986: 99). Andere behaupten einen kontinuierlichen Integrations- und Assimilationsprozess (Berding 1999: 86), manche sprechen gar von einer beginnenden *deutsch-jüdischen Symbiose*, was Gershom Scholem (1964) als «Mythos» bezeichnet hat.

Der Antisemitismus bildete nun eine Klammer oder einen *kulturellen Code* für verschiedene Anti-Haltungen, die sich rund um das *jüdische* Feindsymbol gruppieren. Das antisemitische Bekenntnis wurde «zu einem Signum der kulturellen Identität, der Zugehörigkeit zu einem spezifischen kulturellen Lager» (Volkov 1978: 23). Es stand für eine Norm, die immer weniger hinterfragt wurde. Auf dieser Basis entwickelte sich der Antisemitismus in der Gründungskrise «zu einem Hauptventil der Äußerung sozialer und politischer Unzufriedenheit» (Hoffmann 1997: 220). Wie «jede andere rückschrittliche Bewegung» braucht er «schlechte Verhältnisse, um gedeihen zu können.» (Gerlach 1904: 167) Dementsprechend nahm die erste antisemitische Welle im Kaiserreich ihren Ausgang Ende 1874 mit einer Artikelserie zum «Börsen- und Gründerschwindel» von Otto Glagau in der liberalen *Gartenlaube*, der damals größten Zeitschrift Deutschlands. Glagau machte für den Börsenkrach, der auch ihm finanzielle Verluste eingebracht hatte, *Juden* verantwortlich. Bei ihm finden sich alte religiöse Bilder (z. B. *Der Tanz um das Goldene Kalb*[121]) und neue rassistische Konstruktionen. Vor allem halluzinierte er die *jüdische Weltverschwörung* als erfolgreich: Die *Juden* seien an ihrem Ziel, der Herrschaft über die *Deutschen* oder gar die *christliche* Welt, angelangt. So behauptete Glagau (1876: 199): «Die ganze Weltgeschichte kennt kein zweites Beispiel, dass ein heimatloses Volk, eine physisch wie psychisch […] degenerierte Rasse bloß durch List und Schlauheit, durch Wucher und Schacher über den Erdkreis gebietet. […] Vom getauften Minister bis zum polnischen Schnorrer bilden sie eine einzige Kette; machen sie, fest geschlossen, bei jeder Gelegenheit Front gegen die Christen.» Die Projektion verrät den Wunsch: Das *Volk* soll zur Front gegen die *Juden* zusammengeschweißt werden. Entsprechend der Einheit stiftenden Funktion des Antisemitismus, nutzte ihn auch Glagau, um die konfessionellen Konflikte schief zu heilen: «Der ‹Kulturkampf› soll den Börsen- und Gründerschwindel vergessen lassen, […]. Wenn die Katholiken so klug wären, mit der Staatsregierung ihren Frieden zu machen, […] würde man bald den gemeinsamen Feind erkennen; die wahren Reichsfeinde» (ebd.: 200).[122]

Zum publizistischen Kampforgan des Antisemitismus wurde die *Neue Preußische Zeitung* (*Kreuzzeitung*) unter dem Bismarck-Vertrauten Hermann Wagener, das «Sprachrohr des preußischen ländlichen Junkertums, der orthodoxen protestan-

121 Die Geschichte des Antisemitismus ist voller feindseliger Entlehnungen aus dem Judentum: Neben dem *goldenen Kalb* etwa der vergötzte (kinderfressende) *Moloch*, der *Mammon* und das falsch verstandene *Aug um Aug*. Diese «Chiffre der Rachsucht und Vergeltung» stellt in Wahrheit den damals fortschrittlichen Rechtsgrundsatz der Verhältnismäßigkeit dar (Benz 2004: 204f).

122 Nach Marr (1879: 23) habe sich die «ultramontane Partei» (*Zentrumspartei*) «von der Verjudung […] rein erhalten» können und sei darum zum Objekt des *Kulturkampfes* geworden. In katholischen Blättern wurde der *Kulturkampf* als «Krieg des Judentums gegen das Christentum» bezeichnet (Jochmann 1985: 103). Der Katholizismus war angehalten, sich gegen die Obrigkeit zu wehren und diese gleichzeitig anzuerkennen. Dieser Widerspruch ließ sich mit Antisemitismus lösen: Die antikatholische Politik unter Bismarck wurde nicht ihm selbst angelastet, sondern *jüdischen Kreisen*. Diese hätten den Feldzug gegen den Katholizismus ausgelöst, um die «Schmerzensschreie der Ausgeplünderten […] in dem allgemeinen Kulturkampf-Getöse» untergehen zu lassen (zit. n. Blaschke 1997: 140).

tischen Pfarrer und aller hochkonservativen Feinde der Moderne» (Dreyer 2013: 418). Früh artikulierte man hier die soziale Frage als *Judenfrage*, betrieb man Antisemitismus als *Antikapitalismus*. Nicht minder zukunftsweisend war das Vernichtungselement, so drohte die *Kreuzzeitung* schon 1850, dass «Gottes Gericht [...] den Verrat und die Undankbarkeit des abgefallenen Teiles des jüdischen Volkes durch eine Verfolgung tilgen, desgleichen die Welt noch nimmer erlebt und die dann [...] auch die Unschuldigen mit ergreifen wird.» (Zit. n. Sterling 1969: 141) Um Bismarcks Bündnis mit den Liberalen zu sprengen, begann das Blatt 1875 mit ihrer berüchtigten *Ära-Artikelserie* über die *Judenwirtschaft*, in der versucht wurde zu beweisen, dass der Kanzler von *Juden* manipuliert werde. Solche Instrumentalisierung des Antisemitismus «zur Untergrabung der Autorität der Regierung» (Breßlau 1880: 58) kennzeichnet ihn schon lange, aber erst im Prozess der Demokratisierung sollte ihr herausragende Bedeutung zukommen. Der konservativen Interessenlage entsprach der autoritär-rebellische Grundzug des Antisemitismus als «fetischistische Form oppositionellen Bewusstseins» (Postone 2003: 201). Seine Eigenschaft, zulasten der Jüdinnen und Juden Einheit zu stiften, wo Streit und Differenz ist, machten sich *Kreuzzeitung* und *Germania*, das inoffizielle Organ der *Zentrumspartei*, gleichermaßen zu Nutze. Sie bildeten eine «katholisch-protestantische[.] Einheitsfront» gegen *Juden* und Liberalismus (Greive 1983: 57).

Bismarcks Wende

Einen Wegmarker in der Geschichte des Antisemitismus stellt Bismarcks Aufkündigung des Bündnisses mit den *Nationalliberalen* Ende der 1870er Jahre dar. Diese Wende war neben der Förderung des «Antisemitismus als massenwirksames Agitationsinstrument» (Jochmann 1976: 44) gekennzeichnet durch einen Wechsel zu protektionistischer Wirtschaftspolitik, den Frieden mit der katholischen Kirche und die Kriegserklärung an die Sozialdemokratie. Sie war Ausdruck jener antiliberalen Stimmung, die sie weiter anfachte und die der (protestantische) *Hofprediger* Stoecker 1878 zur Gründung seiner *Christlich-sozialen (Arbeiter-)Partei* nutzte. Die *Konservativen* vermochten es aber, die neue Partei zu absorbieren, was 1892 die Verankerung des Antisemitismus im konservativen Parteiprogramm zur Folge hatte. Er war damit «hart an die Hoffähigkeit herangerückt» (Gerlach 1904: 177) und in einer etablierten Partei verankert, zumal in «einer, der Tradition so verpflichteten, für die nationale Politik so wichtigen, dem Kaiserhof so nahestehenden Partei» (Zumbini 2003: 311).

Stoecker rühmte sich, er habe «die Judenfrage aus dem literarischen Gebiet in die [...] politische Praxis eingeführt.» (Zit. n. Kampmann 1963: 242) Tatsächlich kann sein Wirken «in den Folgen für die politische und geistig-kulturelle Entwicklung Deutschlands kaum überbewertet werden.» (Jochmann 1985: 112) Mit dem Wiener Bürgermeister Lueger teilt er sich das zweifelhafte Verdienst, Antisemitismus erstmals in parteipolitischen Auseinandersetzungen eingesetzt zu haben. Stoeckers Antisemitismus war aber bei aller Instrumentalisierung religiös fundiert, er stand darum nicht zur Disposition. Sein Ziel, «Deutschland [...] wieder christlich» zu machen (zit. n. Kampmann 1963: 259), beinhaltete notwendig, es von allem *Jüdischen* zu befreien. Stoeckers *christlicher Sozialismus* richtete sich gegen den *fremden (jüdischen) Mammongeist* und knüpfte an «das orthodoxe Luthertum» an (ebd.: 221). Dementsprechend begründete er sein Verdikt mit dem Gottesmordvorwurf: «Als die Juden Christum kreuzigten, kreuzigten sie sich selbst, ihre Offenbarung wie ihre Geschichte.» (Zit. n. ebd.: 260) Die *Juden* hätten *Gott* durch die Götze *Profit* ersetzt, ihren Kampf gegen die *Christen* und deren Glauben führten sie aber weiter: «Eine irreligiöse Macht ist das moderne Judentum [...]; eine Macht, welche überall das Christentum bitter bekämpft, in den Völkern den christlichen Glauben ebenso wie das nationale Gefühl entwurzelt» (zit. n. Zumbini 2003: 158). Wie AntisemitInnen zu allen Zeiten fühlte sich auch Stoecker von den *Juden* verfolgt. Die Täter-Opfer-Umkehr ist stets mehr als Strategie, nämlich Projektion eigener Vernichtungswünsche auf die *Juden*. Die Drohung mit dem Massenmord versteckte Stoecker (1879: 7) hinter der distanzierenden Anklage *unchristlicher* Hassausbrüche, an denen die Opfer selbst schuld seien: «Schon beginnt [...] ein Hass gegen die Juden aufzulodern, der dem Evangelium widerstrebt. Fährt das moderne Judentum wie bisher fort, die Kapitalskraft wie die Macht der Presse zum Ruin der Nation zu verwenden, so ist eine Katastrophe zuletzt unausweichlich.» Auch wenn Stoecker am Ende seiner Tiraden betonte, dass er die *Judenfrage* friedlich gelöst wissen wolle, wies ihm Rudolf Virchow nach, dass er «die Vernichtung der Juden» fordere. Insbesondere Stoeckers Stilisierung der *Juden* zur «Weltgefahr», ließ Virchow befürchten, dass «andere Leute aus seinen Vorsätzen kräftigere Schlüsse ziehen als er selber.» (Zit. n. Kampmann 1963: 252f)[123]

Während Stoeckers Antisemitismus noch in klerikaler Tradition stand, brach der ehemalige Anarchist Marr mit ihr. Vor allem popularisierte er Ende der 1870er Jahre das Schlagwort Antisemitismus, hinter dem sich nun Hass und Pogromlust verstecken. Neben solcher Rationalisierung gehorchte die Verwendung des neuen Begriffs dem Wechsel des Begründungsrahmens für die Verdammung. Marrs Machwerk *Der Sieg des Judenthums über das Germanenthum* (1879) trägt dementsprechend den Untertitel «vom nichtkonfessionellen Standpunkt aus betrachtet». 1880 skizzierte er den *Weg zum Siege des Germanentums über das Judentum* und betonte, dass er seinen Pessimismus, wie er in der Behauptung eines *jüdischen Sieges* durchgeschlagen sei, nicht als Aufruf zum Fatalismus verstanden wissen wollte. Die drastische Gegenwartsdiagnose habe vor allem dazu gedient, die *Deutschen* wachzurütteln (Marr 1880: 3). Tatsächlich hätte sich Marr (1879a: 31) nicht an führender Stelle in der *Antisemitenliga* betätigt[124], wenn er nicht daran geglaubt hätte, «den Juden den Sieg doch noch zu entreißen.» Bis zum «Sieg über das Judentum» diene der Kampf gegen die *Juden* der extremen Rechten dazu, sich «über Wasser» zu halten (Marr 1880: 20). Gemeinsam mit Glagau kann Marr, der Deutschland «von Seiten der goldenen und roten Internationale»[125] bedroht sah

123 Es wäre «leicht zu erraten» gewesen, dass «die Gegenmaßnahmen, die solche Personen im Sinn haben, nicht weniger totalitär sind als ihre Verfolgungsideen, selbst wenn sie es nicht ausführlich zu sagen wagen.» (Adorno 1950: 116)

124 Marrs kurzlebige *Antisemitenliga*, 1879 bereits nach dem *Führerprinzip* organisiert, vereinte «den Glauben mit dem Vaterland» und hatte zum «Zweck, die nichtjüdischen Deutschen aller Konfessionen, aller Parteien [...] zu einem gemeinsamen, innigen Verband zu bringen, der [...] dem einen Ziele zustrebt, unser deutsches Vaterland vor der vollständigen Verjudung zu retten.» Den Mitgliedern war nach außen «strengste Verschwiegenheit» auferlegt (http://digital.slub-dresden.de/fileadmin/data/313973776/313973776_tif/jpegs/313973776.pdf). Das konspirative Moment, das solchen Männerbünden eignet, wurde auf die *Juden* projiziert.

125 *Golden* sei demnach das angeblich von *Juden* beherrschte internationale Finanzkapital, *rot* der gegen den Kapitalismus gerichtete (und angeb-

(Marr 1880a: 29), als einer der ersten *Nationalsozialisten* bezeichnet werden (Zimmermann 2005: 100). Auch in seiner Betonung, dass ihn nicht «der entfernteste ‹Judenhass›» beseele (Marr 1879: 40), wies er in das *kalte* Morden: «Es ist wie im Kriege. Wie kann ich den Soldaten persönlich hassen, dessen Kugel mich trifft?» (Ebd.: 41)

Berliner Bewegung

Wenn Marrs *Liga* auch scheiterte, machte sie doch den Anfang zahlreicher Gründungen antisemitischer Parteien. 1881 rief der vormalige Linksliberale Ernst Henrici die *Soziale Reichspartei* ins Leben, im selben Jahr hoben Max Liebermann von Sonnenberg und Nietzsches verhasster Schwager, Bernhard Förster, den *Deutschen Volksverein* aus der Taufe. Gemeinsam mit Glagau, Stoecker, Theodor Fritsch und Otto Böckel und unter Duldung Bismarcks bildeten sie die *Berliner Bewegung*. Ihre führenden Köpfe initiierten 1880 eine *Antisemitenpetition* mit dem Ziel, die Emanzipation teilweise rückgängig zu machen. Die Petition fand eine Viertelmillion Unterzeichner, darunter viele Studenten. Gefordert wurde die Einschränkung der Einwanderung von *Ostjuden*, der Ausschluss von Juden von allen obrigkeitlichen Stellungen (Richteramt usw.), das Verbot der Anstellung jüdischer Lehrer an Volksschulen und deren Reduktion an allen übrigen Schulen sowie die Einführung amtlicher *Judenzählungen* (Pulzer 2004: 141). Im Gefolge der Werbung für das antisemitische Begehr kam es in Berlin Ende 1880 zu pogromartigen Ausschreitungen. Die letzten Liberalen versuchten vergebens, die Regierung zu einer deutlichen Stellungnahme gegen die Petition zu bewegen. Bei der parlamentarischen Behandlung im preußischen Abgeordnetenhaus im November 1880 verurteilten die meisten Fraktionen – einschließlich der preußischen Regierung – die Petition nicht, sondern verteidigten lediglich die Rechtslage.

Um die Fusion von Nationalismus und Antisemitismus verdient machte sich Heinrich von Treitschke, der jedoch auf Distanz zu Stoeckers *christlichem Sozialismus* und dem *Radauantisemitismus* von Henrici, Böckel und Co. ging. 1879 eröffnete

lich ebenfalls von *Juden* gelenkte) internationale Zusammenschluss des Proletariats.

er mit seinem Aufsatz *Unsere Aussichten* den *Berliner Antisemitismusstreit*. Sein Rundumschlag war für «die studentische Jugend und weite Kreise des gebildeten Bürgertums [...] die folgenreichste Stellungnahme» zur *Judenfrage* im 19. Jahrhundert (Kampmann 1963: 265). Auch wenn keines seiner Argumente neu war – die Bedeutung lag darin, dass es ein angesehener Professor war, der sie vorbrachte. Auch Gerlach (1904: 170) veranschlagt Treitschkes Einfluss hoch: Der damals «beliebteste Hochschullehrer» hatte den Antisemitismus «sanktioniert! Wie ein elektrischer Schlag durchzuckte es die Studenten, die in Treitschke die Verkörperung des höchsten Patriotismus und entschiedensten Deutschtums erblickten.»

Wie Stoecker stilisierte sich Treitschke (1879: 7) als bloßer Beobachter der antisemitischen Aufwallungen: Er berichtete von einer «wunderbare[n], prächtige[n] Erregung», die «in den Tiefen unseres Volkslebens» wirken würde, ja von einem «Erwachen des Volksgewissens». Insbesondere gegen die Auflösung des Überkommenen[126], aber umso fanatischer Verteidigten erhebe sich der «Instinkt der Massen» (ebd.: 8). Treitschke klagte, dass über die «Ostgrenze [...] Jahr für Jahr aus der unerschöpflichen polnischen Wiege eine Schar strebsamer Hosen verkaufender Jünglinge» eindringen würde (ebd.: 9). Weil es sich dabei um *Juden* handelt, stattete er sie mit Macht aus: Ihre «Kinder und Kindeskinder» würden «dereinst Deutschlands Börsen und Zeitungen beherrschen» (ebd.). Treitschke spaltete die Objekte seiner Ressentiments in *gute* (sephardische) und *böse* (aschkenasische) *Juden*. Letzteren und hier vor allem dem «polnischen Judenstamme» hätten sich «die Narben hundertjähriger christlicher Tyrannei sehr tief eingeprägt» (ebd.: 10). Seit jeher bestehe eine «Kluft zwischen abendländischem und semitischem Wesen», schon Tacitius habe den Hass der *Juden* auf die Menschheit beklagt (ebd.: 14). Den bis «in die Kreise der höchsten Bil-

126 Treitschke (1885: 529) verklärt an anderer Stelle die Vergangenheit, als in noch «jedem Bauernhause [...] die Weiber am Rocken und Webstuhl [arbeiteten], um dem Bauern seinen Hausbedarf und vielleicht etwas Leinwand für den Markt zu verschaffen; aber ein irgend rühriger Gewerbefleiß hatte sich [...] noch nirgends entwickelt». Heute herrsche demgegenüber «Verfall und Armut», weil sich «die Aasvögel des deutschen Bauernelends, die Wucherjuden, [...] sich längst in Scharen eingenistet» hätten (ebd.). Schon 1879 gab er den *Juden* «eine schwere Mitschuld an jenem schnöden Materialismus unserer Tage, der jede Arbeit nur noch als Geschäft betrachtet und die alte gemütliche Arbeitsfreudigkeit unseres Volkes zu ersticken droht» (Treitschke 1879: 11).

dung» reichenden Antisemitismus machte der Professor zu einer «natürliche[n] Reaktion des germanischen Volksgefühls gegen ein fremdes Element» (ebd.: 13). Schließlich fällte Treitschke sein berühmtes Urteil, das die Nazis zu ihrer Leitparole machen sollten[127]: «die Juden sind unser Unglück!» (Ebd.)

Parteiförmiger Antisemitismus

Während *Radauantisemiten* wie Henrici[128] rasch wieder in der Versenkung verschwanden, prägten die übrigen Anführer der *Berliner Bewegung* den Diskurs bis über die Jahrhundertwende. Böckel verband die Verklärung des *einfachen Landlebens* mit antikonservativen Haltungen und Verschwörungsmythen. Mit seiner Agitation gegen die *jüdische Güterschlächterei*[129] versuchte er, von der Verantwortung überkommener Strukturen und der wirtschaftlichen Naivität vieler Bauern für die Agrarkrise abzulenken. Böckel (1886: 4), dessen Schlachtruf «Deutschland den Deutschen» bis heute nachhallt, vermochte es, insbesondere in Hessen dem Antisemitismus eine Massenbasis zu verschaffen. Von dieser Verankerung konnten in den 1930er Jahren noch die Nazis profitieren (Gräfe 2013: 316). 1887 zog er als erster Antisemit ohne Parteianbindung an die *Konservativen* in den Reichstag ein, drei Jahre später gründete er die *Antisemitische Volkspartei*. Wie die anderen *Antisemiten*-Parteien, die es 1893 auf 16 Mandate im Reichsrat brachten, versank auch diese wieder in der Bedeutungslosigkeit, nachdem sie sich zuvor durch Richtungskämpfe zwischen einem konservativen und einem sozialdemagogischen Flügel paralysiert hatte. Für letzteren stand vor allem Böckel, der mit seinen Tiraden gegen die «geldgierige[n] Kapitalisten» 1894 sogar vom soziali-

127 Ab 1927 prangte Treitschkes Schlachtruf am *Stürmer*, der seine Auflage von 20.000 (1933) auf 400.000 (1944) steigern konnte.

128 Henrici zog als Wanderprediger durch Norddeutschland, einen aufgehetzten Mob zurücklassend. Schon die Ausschreitungen in Berlin am Silvesterabend 1880 wurden auf seine Hetze zurückgeführt. Im Februar 1881 ging kurz nach seinem Auftritt in Neustettin die dortige Synagoge in Flammen auf. Auch die folgenden Pogrome in Hinterpommern wurden mit ihm in Verbindung gebracht (Pulzer 2004: 141).

129 *Güterschlächterei* meinte den Erwerb von Großgrundbesitz, dessen Zerstückelung und Wiederveräußerung in kleineren Einheiten. Wie viele unverstandene Seiten der kapitalistischen Modernisierung wurde auch diese als *jüdisch* denunziert (Erb 1985).

stischen *Vorwärts* zustimmend zitiert wurde (Pulzer 2004: 151). Wie auf kaum einen anderen trifft die Charakterisierung des *Antisemiten* als «Dichter der eigenen Scholle» (Sartre 1946: 117) auf ihn zu: Dieser kennt «nur eine Art primitiver, bäuerlicher Aneignung, die sich auf einen wahrhaften, magischen Zusammenhang mit dem Besitz gründet, wo Besitzer und Besitz durch ein mystisches Band gegenseitiger Einwirkung miteinander verbunden sind.» (Ebd.)[130] Dementsprechend ist der «Bauernstand» für Böckel (1886: 6) ein «Grundpfeiler eines gesunden Staatswesens» und von «Ausschlachtung» bedroht – am Ende würden alle *Deutschen* zu «Geldsklaven der jüdischen Güterschlächter» werden (ebd.: 4).

Wie Legionen von *Antisemiten* vor und nach ihm dienten auch Hermann Ahlwardt *Juden* als Projektionsfläche für eigene Schuld: Unmittelbar nachdem er wegen Veruntreuung als Volksschuldirekter entlassen worden war, begann er die bösesten Gerüchte über sie zu streuen. Die Beleidigungen brachten ihm 1891 eine viermonatige Gefängnisstrafe ein, 1892 wurde er aufgrund seiner Verleumdungen über die «Judenflinten»[131] neuerlich verurteilt, jedoch schützte ihn das kurz davor erreichte Reichstagsmandat vor dem Gefängnis. Ahlwardt, dessen Demagogie parallel zu seinem Verfolgungswahn sich steigerte, nannte 1895 im Reichsrat Jüdinnen und Juden «Cholerabazillen». Gleichzeitig distanzierte er sich von seinen österreichischen Gesinnungsbrüdern, wobei die Drohung unüberhörbar war: «Wir denken gar nicht daran, so weit zu gehen, wie z. B. die österreichischen Antisemiten im Reichsrat, dass wir ein Schussgeld für die Juden beantragen wollten» (zit. n. Hilberg 1994: 25).

---

130 Der Theologe und Orientalist Paul de Lagarde begründete die Unmöglichkeit deutsch-jüdischer Koexistenz mit der «Abneigung» der *Juden* gegen «Ackerbau und Viehzucht» (zit. n. Pulzer 2004: 119). Sombart (1911: 415) verknüpfte *Jude* und *Großstädter* und behauptete, dass die Stadt «die unmittelbare Fortsetzung der Wüste» sei und beide «ihren Bewohnern ein nomadisierendes Leben» aufzwinge. Das bäuerliche Leben wurde mit «Attributen paradiesischer Reinheit» ausgestattet, während die Stadt das «Prinzip des Bösen schlechthin» repräsentierte: «Und wiederum finden wir die Juden […] in jenem Lebensbezirk, dem der negative Wertakzent anhaftet.» (Reichmann 1951: 51) Im Stereotyp «des jüdischen Stadtbewohners verdichten sich Furcht und Elend einer Gesellschaft, die sich nicht mehr wiedererkennt.» (Schlör 1995: 229)

131 Ahlwardt behauptete, eine in jüdischem Besitz befindliche Fabrik hätte im Auftrag der *Alliance Israélite* mangelhafte Gewehre an das Heer geliefert, um Deutschland in künftigen militärischen Konfrontationen zu schwächen.

Wie schwer sich Linke mit Ahlwardt taten, belegt die Zustimmung Bebels: «Uns kann es nur recht sein, wenn sich die herrschenden Klassen untereinander bekriegen und alles Vertrauen wankt und der Ekel vor dieser Ordnung der Gesellschaft wächst. Wir sehen ruhig zu und warten.» (Zit. n. Bahr 1894: 26) Die letzten Liberalen sahen in ihm den Höhe- und Endpunkt des Wahns. So Mommsen, der hoffte, dass «sich die Pest ja doch einmal erschöpfen» müsse und «über Ahlwardt hinaus [...] doch nicht mehr steigen» könne (zit. n. ebd.: 27). Realistischer war die Einschätzung des italienischen Arztes Cesare Lombroso, selbst Rassist und Eugeniker: Er sah «es kommen, dass jene, welche sich der Waffe des Antisemitismus zu bedienen verstehen, mögen es auch geistig beschränkte, unzurechnungsfähige und verkommene, charakterlose Menschen vom Schlage eines Ahlwardt sein, ja selbst noch brutalere als dieser, von der Menge stets mit offenen Armen freudig aufgenommen werden.» (Zit. n. ebd.: 115)

Tatsächlich wurde Ahlwardt übertroffen – von Psychopathen wie Walter «Dreschgraf» Pückler. Dieser begann Ende des 19. Jahrhunderts zu Gewalt gegen Jüdinnen und Juden aufzustacheln. So drohte er damit, dass der «Deutsche», dessen «Zorn einmal erwacht ist», die «Rechte zum Schlage [erhebt] und drischt und drischt und drischt so lange, bis es nichts mehr zum Zerhauen gibt.» (Zit. n. Jahr 2011: 190) Seine Reden wurden trotz ihres wahnhaften Charakters bis 1904 in der *Staatsbürger-Zeitung* von Wilhelm Bruhn abgedruckt.[132] Prücklers Hetze kann als Beispiel genommen werden für «den tödlichen Ernst, mit dem die völkische Ideologie gemeinhin von ihren Anhängern aufgefasst wurde» (Massing 1959: 111). Der von religiösem Wahn gepeinigte Pückler wurde nach mehreren Geld- und Haftstrafen 1908 entmündigt und in eine Anstalt eingewiesen. Noch Goebbels (1939: 326) imponierte die «schneidige Art», mit welcher Pückler «mit den Vernichtern des deutschen Volkes Schlitten» fuhr. Zustimmend zitiert er dessen «Schema» zur «Lösung der Judenfrage»: «Jeder Jude darf bei der kommenden Abrechnung durchgehauen werden.» (Ebd.: 327f) Wieder

132 Der spätere DNVP-Reichstagsabgeordnete Bruhn erklärte 1900 in seiner *Staatsbürger-Zeitung* den Mord an Ernst Winter (Konitz) zum Ritualmord und bezichtigte den Metzger Adolph Lewy der Tat. Die Artikel zogen schwere antisemitische Ausschreitungen nach sich (Groß 2002: 89ff).

folgt auf die Drohung die Distanzierung: Der Pogrom sei eine «eine unannehmbare Methode, eine barbarisch-mittelalterliche Methode, wogegen wir uns seit Jahren auf das Heftigste zur Wehr setzen, und zwar deshalb, weil sie erfolglos ist, weil sie den Antisemitismus diskreditiert.» (Ebd.: 328)

Vorbereitung der Tat

Wie kaum ein anderer personifiziert Theodor Fritsch die Kontinuität zwischen Kaiser- und *Drittem Reich*. Seine rege Tätigkeit als Verfasser und Herausgeber antisemitischer Hetzschriften brachte ihm die Bezeichnung «Geschäfts-Antisemit» ein (Bönisch 1996: 347). Er machte sich aber auch um die Reorganisation der in die Krise gekommenen antisemitischen Bewegung verdient. Weil Fritsch im Vernichtungsprogramm eine gesamtgesellschaftliche Aufgabe sah, war er gegen eine eigenständige Partei. Anstatt eine solche zu etablieren, sollte in allen Parteien antisemitische Wühlarbeit betrieben werden. Vor allem radikalisierte er den Antisemitismus weiter, 1884 forderte er die Ausmerzung «des Ungeziefers» (Zumbini 2003: 343). Sein «ganzes Glaubensbekenntnis» bestand darin: «Es ist die Mission der Juden, den Menschen zu peinigen, und es ist die Mission der Menschen, den Juden zu zertreten.» (Zit. n. ebd.: 329) Da das «Judentum […] unheilbar» ist, «gezüchtet aus dem entmenschten Auswurf alter, entarteter Kulturvölker und erwachsen aus einer Perversion» (Fritsch 1926: 39), verdiene es die Vernichtung. Diese bedeute die «Erlösung der Menschheit» vom «Dämon der Finsternis» und werde das Werk der «Söhne des Lichtes» sein (ebd.). Die *Deutschen* seien nach Fritsch (1897: 19) «sesshafter Natur», würden «Ackerbau, Gewerbe, Kunst und Wissenschaft» pflegen, seien «staatengründend, mutig und tapfer» und durch «Geradheit, Ehrlichkeit, Treue und Hingebung» gekennzeichnet. Demgegenüber seien die *Juden* «von Natur Nomaden; sie haben […] kein rechtes Vaterland. Sie ziehen dahin, wo die beste Beute winkt.» Zu «Verschlagenheit, Heuchelei und Lüge» als «Haupt-Grundzüge des Semiten-Charakters» geselle sich «schrankenlose Selbstsucht […] und maßlose Geschlechts-Gier» (ebd.: 13). Ihre «Weltherrschaft» vermochten sie «aber keineswegs durch Tapferkeit und wirkliche überlegene Kraft» zu erreichen, sondern, «durch List und Trug und – Geld.» (Ebd.) Fritsch (1924: 68f) wies dem *Juden* als prototypischem *Aufrührer* «eine von der allgemeinen menschlichen [*christlichen*, Anm.] Moral abweichende Sittenauffassung» zu. Sein «Gesetz» binde ihn «so fest, dass er in Wahrheit niemals ein aufrichtiges Mitglied eines nichtjüdischen Staates sein kann. [...] So muss der Jude in jedem nichtjüdischen Staate zum Umstürzler werden.» (Ebd.)

1887 gab Fritsch erstmals den berüchtigten *Antisemiten-Katechismus* heraus. Der aus christlicher Tradition entlehnte Name war Programm und verweist auf den alltagsreligiösen Charakter des Unterfangens. Ab der 26. Auflage (1907) nannte er seine Fibel *Handbuch der Judenfrage*, was der Hetze seriösen Anstrich verleihen sollte. Das bis 1944 weitergeführte *Handbuch* versorgte «Generationen von Antisemiten mit vermeintlich gesichertem Wissen über Juden und Judentum» (Jahr 2011: 103). Schon 1907 hoffte Fritsch dort auf «Staatsmänner», welche die «Lösung der Judenfrage» in Realität umsetzten (zit. n. Pross 1983: 261). Zur «Heilung der Judenkrankheit» (ebd.: 262) bedürfte es angesichts der *jüdischen* Macht übermenschliche Kräfte. Das Auftreten solch eines *Übermenschens* wollte vorbereitet sein und so verschrieb sich Fritsch «frohgemut und zuversichtlich» dem «Werk der Wiedergeburt» (ebd.), das er ab 1924 auch in der NS-Fraktion im Reichsrat betrieb. Hitler wünschte sich 1933, dass das *Handbuch* «in jeder deutschen Familie zu finden ist» (zit. n. Bönisch 1996: 361). In seinem Vorwort zur 30. Auflage zeigte er sich überzeugt, dass es «in besonderer Weise mitgewirkt hat, den Boden vorzubereiten für die nationalsozialistische antisemitische Bewegung.» (Zit. n. Zimmermann 2005: 124)

«Untergangster»

Die Völkischen sahen die zweite Reichsgründung (1871) als Niederlage, weil nicht alle *Deutschen* vereint waren und die Liberalisierung nur moderiert und nicht umgekehrt wurde. Vor allem aber geriet ihnen die kodifizierte Gleichberechtigung der Juden zur Bedrohung – die zur Untergangsstimmung gesteigert wurde. Ihre kulturpessimistische Weltanschauung war «Anklage, Programm und Mystik zugleich» (Stern 1961: 3), der Erfolg solch «mehrheitsfähige[r] Außenseiter» zeigt «den Krisenzustand einer Gesellschaft an.» (Sieg 2007: 18) Die völkischen *Kulturkritiker* nahmen «jene Art von Unzufriedenheit vorweg [...], deren Träger nach 1920 in dem ‹Idealismus› der Hitlerbewegung ihrer Rettung suchten.» (Stern 1961: 5)

Einer dieser «Untergangster» (Karl Kraus) war Paul de Lagarde, seit 1869 Orientalistik-Professor in Göttingen. Er artikulierte offen den antisemitischen Vernichtungswunsch: «Es gehört ein Herz von der Härte der Krokodilhaut dazu, um mit den armen, ausgesogenen Deutschen nicht Mitleid zu empfinden, und – was dasselbe ist – um die Juden nicht zu hassen, um diejenigen nicht zu hassen und zu verachten, die – aus Humanität! – diesen Juden das Wort reden, oder zu feige sind, dies wuchernde Ungeziefer zu zertreten. Mit Trichinen und Bazillen wird nicht verhandelt, Trichinen und Bazillen werden auch nicht erzogen, sie werden so rasch und so gründlich wie möglich vernichtet.» (Zit. n. Zumbini 2003: 358) Die Menschheit könne von den Jüdinnen und Juden, die Lagarde mit «Verwesung» und «angesammelten Eiter» umschrieb, nur durch einen «chirurgischen Eingriff» befreit werden (zit. n. Braun 1990: 178). Seine Hetze war «durch einen Reinheitsfuror charakterisiert, der auf jede Gefährdung nationaler Homogenität mit Vernichtungsvorstellungen reagiert.» (Sieg 2009: 115) Aber auch Lagarde sah das Hauptproblem nicht in der *Rasse*, mehr als sein Rassismus weist sein *arisiertes Christentum* in den Nazismus. Kaum wer hat Ende des 19. Jahrhunderts «nationales durch christliches Denken und das Christentum durch Nationalismus so gesteigert und beides, zur Einheit verschmolzen, so überhöht wie Lagarde.» (Becker 1990: 79) Er bestätigte den inneren Zusammenhang zwischen *deutschem* Nationalismus und Antisemitismus: «Je schärfer wir unseren Charakter als Nation [...] ausbilden, desto weniger Platz bleibt in Deutschland für die Juden» (zit. n. Rürup 1975: 136). Der selbsternannte Prophet des wild gewordenen *Deutschtums* proklamierte als erster «die Entfernung der Juden aus den besetzten Ostgebieten» (Becker 1990: 98). Lagarde, von Bataille als «einer der nationalsozialistischen Kirchenväter» bezeichnet (zit. n. Sieg 2007: 357), hat das «Vernichtungswerk [...] vorhergesagt – und [...] im Voraus gebilligt.» (Stern 1961: 91) Dementsprechend verteilte die *Wehrmacht* 1944 eine Broschüre mit seinen Drohungen.

Im Bildungsbürgertum galt er dennoch «als Idealist, dessen Schriften vornehmlich wegen ihrer Prinzipientreue und radikalen Zeitkritik lesenswert seien.» (Sieg 2007: 309) Vergrößert wurde sein Einfluss durch die Förderung von Wilhelm II., dessen Reden «bis in die Diktion hinein von den Anschauungen Lagardes und Chamberlains durchtränkt» waren (Kampmann 1963: 320). Vor allem die Wagner-Gemeinde hob Lagarde ins Pantheon der *Deutschen Ideologie*. Ludwig Schemann meinte etwa 1892: «Diesem Fremdvolke, welches unsere Heiligtümer schänden, unser Volkstum vergiften, unsere Besitztümer an sich reißen will, um uns Deutsche unter seine Füße zu treten, ihm hat, seit Schopenhauer und Wagner nicht mehr sind, kein Deutscher Denker annähernd so gewaltig gegenübergestanden wie Lagarde.» (Zit. n. Stern 1961: 119) Auch der 1881 im Gefolge der *Antisemitenpetition* gegründete *Verein deutscher Studenten* verschrieb sich ganz der Lagardeschen Weltanschauung und verankerte sie unter angehenden Akademikern. Schließlich wäre der von Alfred Hugenberg (*Deutschnationale Volkspartei*/DNVP) initiierte *Alldeutsche Verband*, dessen Bedeutung für die Radikalisierung *deutscher* Politik nicht überschätzt werden kann, ohne die Schriften Lagardes – und Langbehns – nicht denkbar. Alfred Rosenberg erhob Lagarde, diesen «Apostel der Deutschen», zum «nationalsozialistischen Klassiker» (Paul 1996: 49). Der «Seher» und «große deutsche Träumer» (Rosenberg 1930: 458) habe «als einziger» – neben Wagner – «gegen die ganze bürgerlich-kapitalisierte Welt der Alberiche» gerungen (ebd.: 443).

Wie zahllose *Antisemiten* vor und nach ihm fühlte sich auch der «psychisch versehrte[.]» (Sieg 2007: 21) Lagarde von Feinden umgeben, die ihn am beruflichen Fortkommen hinderten. Das Gefühl des zu kurz Gekommenen steigerte sich zur Paranoia, die ihre Objekte in den *Juden* fand. Seine Persönlichkeit, die zwischen narzisstischer Störung und paranoiden Zuständen pendelte, kann als geradezu exemplarisch für die subjektive Seite des Antisemitismus gesehen werden. Vor der Realität floh er früh in eine Phantasiewelt, alles und jeden als Störung daraus verbannend. Sein «Hass auf die Außenwelt» nahm immer mehr «pathologische Dimensionen» an (ebd.: 356), am Ende brach er ganz mit ihr.

Ähnliches gilt für Julius Langbehn, dem wohl einflussreichsten «Apostel» Lagardes (Stern 1961: 49). Er versprach, dessen «Evangelium zu verbreiten» und verwies mit seinem Bestseller *Rembrandt als Erzieher* (1890), dieser «Rhapsodie des Irrationalismus», auf die «Intensität des *Erwachens* in Deutschland» (ebd.: 127). Als Protokoll eines Wahns ist das *Rembrandtbuch* mühsam zu lesen, dennoch hat es Hunderttausende begeisterte LeserInnen gefunden, «weil es jene merkwürdige Mischung von Verzweiflung und Hoffnung ausdrückte, jene Stimmung, von der so viele Deutsche plötzlich ergriffen waren.» (Ebd.: 149) Über den Zustand der *deutschen* Kultur Ende des 19. Jahrhunderts gibt die Tatsache Auskunft, dass nur wenige es wagten, das *Rembrandtbuch* öffentlich zu kritisieren und «mit scharfen Worten gegen die anmaßende Dummheit des Buches oder die Unwissenheit des Verfassers» zu protestieren (ebd.: 195).

Zunächst war Langbehns Antisemitismus im Vergleich zu anderen Kulturpessimisten gemäßigt, erst mit seiner Hinwendung zum Katholizismus um 1900 und unter dem Einfluss von Bischof Keppler[133] steigerte er seinen Hass (Becker 1990: 140). In der Einsamkeit des selbsternannten Genies entwickelte Langbehn «einen empfindsamen cult de moi, eine Selbstverherrlichung und eine vorgespiegelte Selbstgenügsamkeit. Zur selben Zeit bildete er einen habituellen Narzissmus [...] in ein bewusstes Lebensprinzip um.» (Stern 1961: 135) Dazu kam auch in diesem Fall die Paranoia und so wurde er «immer wieder von der krankhaften Angst befallen, seine Feinde würden ihn vergiften» (ebd.). Seine ökonomische Abhängigkeit vertrug sich nicht mit seinem Selbstbild, was Langbehns Wut auf die Welt noch vergrößerte. Und so ließ er sich mehr und mehr «in eine, von der Realität weit entfernte Scheinwelt» sinken (ebd.: 136).

133 Keppler schrieb 1905, der *Jude* sitze «den Christenvölkern wie ein Pfahl im Fleische», sauge «ihnen das Blut» aus, knechte sie «mit den goldenen Ketten der Millionen und mit den Rohrzeptern giftgetränkter Federn» und vergifte «die öffentlichen Brunnen der Bildung und Moral durch Einwerfen ekeliger und eiteriger Stoffe» (zit. n. Schemann 1928: 385).

Eugen Dühring, einer der wichtigsten «Vorläufer und Anreger des Nationalsozialismus» (Kaltenbrunner 1969: 37)[134], begann seinen Kampf 1877 – nach einer narzisstischen Kränkung aufgrund seiner abgebrochenen akademischen Karriere. Er richtete seinen Hass zunächst gegen die akademische *Kaste*, die er aber bald mit *Juden* kurzschloss. Rasch entwickelte er «sich zu einem sektiererischen Fanatiker mit Anzeichen von Verfolgungswahn.» (Zumbini 2003: 175) Der Beginn seiner Hetze datiert mit 1880, einen ersten Höhepunkt fand sie ein Jahr später in *Die Judenfrage als Rassen-, Sitten- und Kulturfrage*. Dührings Machwerk, ein «von gelehrtem Glorienschein umgebener Schimpfkodex» (Popper-Lynkeus 1925: 48)[135], lieferte «der antisemitischen Bewegung [...] eine philosophische, biologische und historische Bibel» (Braun 1990: 177). Bei allem Hass auf das seiner Ansicht nach *verjudete* Christentum, wäre es aber falsch, Dührings Werk gänzlich säkularen Diskursen zuzuschlagen. In der Literatur wird Dühring jedoch als Ahnherr des *Rassenantisemitismus* bezeichnet, was seiner Selbstsicht entspricht (Dühring 1901: III). Er wollte aber auch die «Religion» als selbständigen Faktor gewürdigt wissen (ebd.). Dabei ging Dühring über die Ausschlachtung gefälschter Talmud-Zitate hinaus und griff jene «hebräischen Urkunden» an, «die als Beigabe des Christentums importiert» wurden (ebd.: 24). Wie viele vor ihm erkannte er, wie gut das *Alten Testament* sich zu einer «Aufklärung über die Juden» verwenden lässt (ebd.: 25): «Die Grausamkeit in den Urgeschichten ist altbekannt» (ebd.: 41). Dühring hält seine Ablehnung des Christentums an keiner

134 1909 hoffte Dühring, dass sich ein politischer *Messias* an die Spitze der *Deutschen* stellte: «Er wüsste die Völker bei dem zu fassen, was sie wirklich wollen», nämlich «die Juden unschädlich gemacht wissen.» (Zit. n. Kaltenbrunner 1969: 54)

135 Popper-Lynkeus (1925: 62) machte vor allem die «Eifersucht auf Marx» für Dührings Antisemitismus verantwortlich. Und Nietzsche, der in Person seines Schwagers Bernhard Förster mit der Niederträchtigkeit der *Antisemiten* konfrontiert war, fand die richtigen Worte zu Dühring, dem «Berliner Rache-Apostel [...], das erste Moral-Großmaul, das es jetzt gibt, selbst noch unter seines Gleichen, den *Antisemiten*. Das sind alles Menschen des Ressentiments, [...] ein ganzes zittriges Erdreich unterirdischer Rache» (zit. n. Zumbini 2003: 449).

Stelle durch, immer wieder wird sie unterbrochen von Affirmation. Er kann auf die alten Mythen nicht verzichten, wenn die neuen Wirkung entfalten sollen. Darum strapaziert er die Legende vom *Christusmord*: «Der eigene große Märtyrer, der die Juden von sich selbst und ihren schlimmen Eigenschaften erlösen wollte, wird im Geist noch fortdauernd ans Kreuz geschlagen» (Dühring 1881: 38). Ohne den Rückgriff auf die Religion hätte er den Jüdinnen und Juden nur schwer das Existenzrecht absprechen können: Von der bloßen Betonung des «Rassenunterschiedes» lasse sich nur die «Niedrigkeit einer Nationalität» ableiten, nicht jedoch ihr Todesurteil (Dühring 1901: IV). Darum schloss bei Dühring (1881: 143) die «Rasse [...] die Religion mit ein»: Deren Verankerung in «Fleisch und Blut» ermöglichte ihm, einen «mit aller übrigen Völkerexistenz unverträglichen Judenstamm» zu behaupten.

Im Zeitverlauf radikalisierte sich sein Antisemitismus, 1900 forderte er bereits die «Vernichtung des Judenvolkes» (zit. n. Bergmann 2009: 191).[136]

Zwischen Wagner und Hitler

Ende des 19. Jahrhunderts verdichtete Houston S. Chamberlain in seinem Machwerk *Die Grundlagen des 19. Jahrhunderts* Antisemitismus und Rassismus zu einer Weltanschauung. Die Fusion von Gobineaus Rassismus und Wagners Erlösungswahn erlaubte es ihm, die Passivität angesichts von *Dekadenz* und *Verfall* in die Aktivität des *Rassenkampfes* umzuwandeln. Nach Chamberlain kann der Untergang aufgehalten und umgedreht werden – durch einen *heiligen Rassenkrieg*, geführt von den *Germanen*, die *auserwählt* seien, dem «Völkerchaos» ein Ende zu machen. Wird der Krieg verloren, würde die Menschheit in «eine Herde pseudohebräischer Mestizen» verwandelt (Chamberlain 1899: 383). Darum befänden sich «Juden und [...] Germanen» in einem «Kampf auf Leben und Tod.» (Ebd.: 632) Die «gähnende Kluft» zwischen beiden werde aber durch die Weigerung ersterer, Christus als *Messias* anzuerkennen, ge-

136 Schon 1886 redete Dühring einer «ganzen Lösung der Judenfrage» das Wort, wobei es «harte und zähe Arbeit kosten [wird], dem Judenstamm mit seiner aalartigen Schlüpfrigkeit alle Winkel und alle Schleichwege zu verlegen» (zit. n. Pross 1983: 263).

schaffen (ebd.: 389). Ganz vertraut also auch Chamberlain der «Macht» des «Blutes» nicht, darum verknüpft er sie mit «der unvergleichlichen Macht der jüdischen Idee» (ebd.: 386). Diese «gipfelt in der unerschütterlichen Hoffnung auf die von Jahve verheißene Weltherrschaft der Juden.» (Ebd.)

Mit Reichmann (1951: 189) bezweifle ich, dass Chamberlain «zu seiner Theorie gelangt wäre, wenn er in England gelebt hätte. Es war […] die deutsche Atmosphäre der nationalen Unsicherheit […], die auch ihm eine Überkompensation mit Hilfe seine Rassentheorie nahelegte.» Weil diese Unsicherheit an den Rändern des Deutschtums noch ausgeprägter ist, wäre zu ergänzen: Chamberlain fand in Wien, wo er ab 1889 lebte, den idealen Nährboden für die Ausbreitung seines Wahns.[137] Hier existierte genug von jenem Humus, auf dem die Grundlagen als «Urform der NS-Ideologie» (Benz 2013: 248) sprießen konnten.

Chamberlains Buch gehörte «zum Standardinventar eines gutbürgerlichen Haushalts» (Weyand 2016: 313) und stellt ein «wichtiges Kapitel der deutschen Bildungsgeschichte» dar (Kampmann 1963: 308). Weite Teile des Bildungsbürgertums haben es begeistert «aufgenommen und die Jugend der 20er Jahre in seinem Geiste erzogen.» (Becker 1990: 218) Die Begeisterung über Chamberlain, diesem «Scharlatan» (Grunwald 1924: 3), reichte bis zum Kaiser, der ihn «im Lebenskampf der Deutschen» als «Gottes Geschenk an das Volk» bezeichnete (Sieg 2007: 324). Dementsprechend ließ Wilhelm II. die *Grundlagen* im Curriculum der Lehrerausbildung verankern und zum Erscheinen der neuen *deutschen Bibel* schrieb er an Chamberlain: «Da kommen Sie, mit einem Zauberschlage bringen sie Ordnung in den Wirrwarr, Licht in die Dunkelheit; Ziele, wonach gestrebt und gearbeitet werden muss; Erklärung für dunkel Geahntes; Wege die verfolgt werden sollen zum Heil der Deutschen und damit zum Heil der Menschheit!» (Zit. n. Becker 1990: 176) Zu Recht nannten die Nazis Chamberlain ei-

137 Auch Chamberlains Antisemitismus ist «mit soziologischen Kategorien nicht zu fassen» (Kampmann 1963: 313), sondern nur mit psychoanalytischen. So räumte er ein, das Gefühl, umsorgt zu werden «nie gekannt» zu haben (zit. n. Kaltenbrunner 1969a: 108). Dementsprechend hat er «sehr jung begonnen», sich «eine eigene Welt zu schaffen», sich mit «Künstlern, Denkern, Dichtern, Forschern, Träumern, Erfindern, Helden, Heiligen zu umgeben» (zit. n. ebd.: 110) – was im nicht-malignen Verlauf der Entwicklung ein adoleszentes Übergangsstadium darstellt, wurde zum Dauerzustand.

nen «der bedeutendsten geistigen Wegbereiter des kommenden dritten deutschen Reiches», mit seinen *Grundlagen* habe er «dem deutschen Volk die geistigen Waffen geschmiedet und geschärft, die es in seinem bitteren Lebenskampf [...] braucht.» (Zit. n. ebd.: 176)

Vom *Kaiser* zum *Führer*

Wie ganze Jahrgänge von Korporationsstudenten, auf deren Buden die «Ausgrenzung der Juden [...] als soziale Norm verinnerlicht» wurde und die «Denk– und Verhaltensmuster der zukünftigen Bildungselite» prägten (Hoffmann 2004: 49), wurde auch Heinrich Claß von Treitschke radikalisiert: «Sein Wort ‹Die Juden sind unser Unglück› ging mir mit meinen 20 Jahren in Fleisch und Blut.» (Zit. n. Kampmann 1963: 272) Aber im Gegensatz zum biederen Professor, der vor den Konsequenzen seiner Hetze noch zurückschreckte, wies Claß bereits in die Vernichtung: «Wir Jungen waren fortgeschritten; wir waren national schlechthin; wir wollten von Toleranz nichts wissen, wenn sie Volks- und Staatsfeinde schonte» (ebd.).

Alarmiert durch die hohen Stimmengewinne der Sozialdemokratie bei den Reichstagswahlen 1912 – von Antisemiten als *Judenwahlen* bezeichnet –, veröffentlichte Claß als «Daniel Frymann» das Bekenntnisbuch *Wenn ich der Kaiser wär'*, in dem er den völkischen Wahn in institutionelle Formen zu gießen versuchte. Wie fast jede antisemitische Schrift beginnt auch diese mit einer Diagnose des *Verfalls* und einer bedrohten Zukunft. Nur ein «starker Führer» könne vor dem Untergang retten – eine Qualität, die Claß dem Kaiser nicht mehr zugestand (Frymann 1913: VIII). Am desolaten Zustand Deutschlands seien die *Juden* schuld, als Waffe zur *Unterjochung* der *Deutschen* diene ihnen die «Presse», mittels sozialer Modernisierung sollten die Fundamente des *Deutschtums* untergraben werden. Sein antimodernes Ressentiment kleidete sich in Anklagen gegen die «Leute der Hochfinanz» (ebd.: 27) und den «Reichtum», dessen Zustandekommen er sich nicht erklären konnte oder wollte. Weil Claß das Geld als Wertmaßstab nicht begriff, erklärte er es zum «Maß aller Dinge», nach welchem «die Leistung, der Dienst, die Tat als solche nicht mehr gewertet werden» (ebd.: 29). Diese *materialistische* «Lebensanschauung» sei dem «deutschen

Wesen» fremd (ebd.: 30) – und darum *jüdisch*. Den *Deutschen* attestiert er «Ehre» und ein «Handeln[.], das oft unzweckmäßig sein mag», die *Juden* würden demgegenüber ihr «Leben unter die Zweckmäßigkeit und Nützlichkeit» stellen (ebd.: 30). Sie seien «das geborene Volk des Geld– und Zwischenhandels, dessen Instinkt und Geistesrichtung auf den Erwerb geht» und das keine selbstständigen «Werte» schaffe (ebd.: 31). Das *deutsche* «Wirtschaftsleben» sei zum *jüdischen Kapitalismus* entartet: Die «Juden» hätten «mit ihrer Skrupellosigkeit, ihrer Habgier [...] die Elemente der Hast, Rücksichtslosigkeit und moralischen Gefühlslosigkeit» in das vormalige Idyll gebracht (ebd.: 32). Ihr Angriff richte sich gegen die «deutsche[.] Freiheit, die sich in der Beschränkung aus eigenem Willen ihre Grenzen setzt» und die «notwendige[.] Unterordnung eines Jeden» bedeute (ebd.: 34). Den «Heimat- und Staatslosen» ist «Vaterland und Staat» sowie «kriegerische Zucht» unbekannt, sie hätten «eine dauernde Staatengründung nicht zu Wege gebracht» (ebd.: 34). Claß, der sich in eine antisemitische Ahnengalerie «von Luther bis Treitschke» (ebd.: 35) stellte und den von ihm seit 1908 angeführten *Alldeutschen Verband* (ADV) zur Speerspitze des organisierten Antisemitismus machte, wusste, dass die Zeit für die Verwirklichung seines Programms noch nicht reif war – es blieb ihm nur, «auszuharren, bis die Losung der Judenabwehr allen Nationalgesinnten [...] selbstverständlich geworden sein wird.» (ebd.: 215) Er tat das seinige dazu: Von Auflage zu Auflage radikalisierte er seine Forderungen zur *Lösung der Judenfrage*. Im Kampf gegen die «Juden» werde er «vor keinem Mittel zurückschrecken» und sich «nach dem Ausspruch [...] halten: Schlagt sie tot, das Weltgericht fragt Euch nach den Gründen nicht.» (Zit. n. Lohalm 1970: 53) Die Nazis dankten ihm 1933 mit einem Sitz im Reichstag, gemeinsam mit Fritsch und Chamberlain verkörpert Claß die Kontinuität zwischen *Zweitem* und *Drittem* Reich.

Die Zäsur von 1916

Der in den 1890er Jahren einsetzende Niedergang der antisemitischen Parteien in Deutschland ist nach Massing (1959: 225) mit der Verschiebung des Hasses auf das Ausland in Verbindung zu bringen. Nach der Kriegsniederlage von 1918 wandte er sich, aufgepeitscht durch den Verlust der alten Ordnung und

Revanchegelüste, wieder nach innen – «stärker und bösartiger denn je» (ebd.). Die Krise der *Antisemiten*-Parteien sollte zudem nicht für eine des Antisemitismus gehalten werden, denn dieser hat sich nur auf die Vereine, allen voran den *Bund der Landwirte* (BdL), den *Deutschen Handlungsgehilfenverband* (DHV) und den ADV umorientiert[138] – er «diffundierte [...] in die Zivilgesellschaft hinein» (Gräfe 2016: 15). Schon 1901 wurde auf einer zionistischen Versammlung in Berlin davor gewarnt, das Ende des Antisemitismus in Parteienformation zu bejubeln, da es «nur ein Beweis» sei, dass er «nicht mehr notwendig ist, dass seine Ziele Gemeingut aller Parteien geworden» sind (Zit. n. Jahr 2011: 160) Tatsächlich vermochte er, «in großen Teilen der Öffentlichkeit Diskurshoheit zu gewinnen» (ebd.: 108), war er «tief in den Nationalismus und Imperialismus eingedrungen und unlösbar mit ihm verschmolzen.» (Jochmann 1976: 85) Wer ihn «verwarf, setzte sich dem Vorwurf der nationalen Unzuverlässigkeit aus.» (Ebd.: 93f)

In der nationalistischen Aufwallung zu Kriegsbeginn 1914 hofften viele Jüdinnen und Juden, «durch bedingungslosen Patriotismus ihre volle Zugehörigkeit zur deutschen Nation unter Beweis stellen und damit endlich ihre Anerkennung als gleichberechtigte Bürger durchsetzen zu können.» (Ullrich 1996: 211) Tatsächlich ging der Antisemitismus mit dem *Burgfrieden* zurück, einige Hetzschriften stellten vorübergehend ihr Erscheinen ein. Mit der Verdüsterung der Siegesaussichten nahm die Hetze wieder zu, Rathenau hatte schon im Sommer 1916 jede Hoffnung auf «eine Milderung dieses Hasses» verloren: «Je mehr Juden in diesem Krieg fallen, desto nachhaltiger werden ihre Gegner beweisen, dass sie alle hinter der Front gesessen haben, um Kriegswucher zu treiben.» (Zit. n. Jochmann 1971: 111). Der Verschwörungsmythos vom *System Ballin-Rathenau*[139] verknüpfte die Mythen von der *jüdischen Feigheit* und vom *jüdischen Wucher*: Während sich die *Juden* dank ihrer guten Beziehungen

138 Der 1893 gegründete DHV, der Juden und Frauen die Aufnahme verweigerte, wurde, wie 1913 der *Verein zur Abwehr des Antisemitismus* betonte, zur «Rekrutenschule für den politischen Antisemitismus» (zit. n. Jochmann 1976: 69). In den Augen der Nazis bildete der DHV «eine erlesene völkische Kampftruppe, die überall für völkische Belange einzusetzen war.» (Buch 1937: 26)

139 So nannte Alfred Roth in seiner gleichnamigen Hetzschrift (1921) das halbstaatliche kriegswirtschaftliche Regime, welches – weil angeblich in *jüdischer Hand* – für die Niederlage verantwortlich gemacht wurde.

vor dem Frontdienst drückten, würden *deutsche* Soldaten ihr Leben opfern. Um das schon gefällte Urteil zu bestätigen, setzten antisemitische Kräfte 1916 die *Judenzählung* im Heer durch, was eine «entscheidende Radikalisierungsstufe» des Antisemitismus darstellte (Gräfe 2016: 10). Die *Judenzählung* war für die Betroffenen der Beweis, dass die Hoffnung auf Gleichberechtigung auf einer «traumhaften Selbsttäuschung» beruhte, dass «wir fremd waren, dass wir danebenstanden, besonders rubriziert und gezählt, aufgeschrieben und behandelt werden müssten.» (Ernst Simon, zit. n. ebd.) Auch in der Republik setzten die Verantwortlichen solche Begünstigung fort, indem sie etwa den antisemitischen Hetzer Alfred Roth Einblick in das statistische Material nehmen ließen – was dieser dann in zwei Broschüren verarbeitete. Weil die Ergebnisse – aus gutem Grund – nicht veröffentlicht worden waren, konnten die von Leuten wie Roth angestachelten Phantasien weiterwuchern. Mit der Legende vom *jüdischen Dolchstoß* in den Rücken der *Deutschen* versuchten «sich die gesellschaftlichen Führungsschichten, die das Kaiserreich ins Verderben gestürzt hatten, aus der Verantwortung zu stehlen und sie anderen aufzubürden.» (Ullrich 1995: 216)

Der Sieg über Frankreich (1871) galt im deutschen Nationalismus als Beweis für die Überlegenheit des *deutschen Geistes*. Die Niederlage von 1918 verursachte massive Zweifel an diesem *Geist* – die mittels der Dolchstoßlegende abgewehrt wurden. Die «Republik ohne Republikaner» (Lucács 1954: 61) war nicht bereit, ernsthaft mit dem Vorgängerregime zu brechen und Militärs wie Junker in die Schranken zu weisen. Weil die deutsche Kriegsschuld tabuisiert war, konnte die Legende ihre fatale Wirkung entfalten: «Mit dieser Schwäche erst schafft[e] sie [die Republik, Anm.] den Nährboden für die völkische Psychose.» (Zweig 1933: 84)

Neben der Schmach der Niederlage war die Revolutionsfurcht dazu angetan, den Antisemitismus weiter anzufachen. Im *Evangelischen Allianzblatt* war 1920 von der «Teilnahme des Judentums an dem Ausbau des vollendeten Antichristentums» zu lesen (zit. n. Greive 1983: 119). Schon 1918 hieß es im Organ des *Centralvereins deutscher Staatsbürger jüdischen Glaubens*: «Es weht Pogromluft auch in Deutschland» (zit. n. ebd.: 120). Diese wurde weiter angefacht vom 1919 gegründeten *Deutschvölkischen Schutz- und Trutzbund* (DSTB), der es bis 1922 auf über 200.000 Mitglieder brachte (Jochmann 1971:

134). Von ihnen forderte er bereits einen *Ariernachweis*, auch das Hakenkreuz fand schon Verwendung. Auf den Veranstaltungen des DSTB wurde eine «regelrechte Pogromstimmung erzeugt», dementsprechend oft kam es nach deren Ende zu gewalttätigen Übergriffen (ebd.: 135). DSTB-Führer Roth stellte etwa 1922 in Berlin vor einer sechstausendköpfigen Hetzmeute die rhetorische Frage: «Wann kommt endlich der Tag, wo die Juden mit Peitschen aus Deutschland ausgetrieben werden»? (Zit. n. Berding 1988: 186) Kurz davor drohte er, dass im Falle einer Machtübernahme der «Deutschvölkischen» die «Judengenossen» samt «den Juden […] an den Galgen gebracht» würden (zit. n. ebd.). Der von zahlreichen Industriellen unterstützte DSTB beteiligte sich maßgeblich an der Mordhetze gegen Erzberger, Scheidemann und Rathenau. Deren Mörder unterhielten enge Kontakte zum DSTB, der darum (außerhalb Bayerns und Württembergs) verboten wurde. Aber es war zu spät: «In dem Maße, in dem es gelang, den neuen Staat als ‹Judenrepublik› verächtlich zu machen, konnte das deutsche Bürgertum zum Aufgeben seiner […] Staatstreue und Loyalität bewogen werden.» (Jochmann 1971: 137)

Die Gewalt erreichte im Herbst 1923 einen Höhepunkt, als sich ausgehend von Oberschlesien eine Welle pogromartiger Ausschreitungen ausbreitete. Im Oktober begannen die Übergriffe in München, sie gipfelten am 8./9. November in der Geiselnahme von Juden durch die Nazis bei deren Putschversuch (Walter 1999: 119ff). Bereits am 5. November kam es zu Übergriffen und Plünderungen im Berliner Scheunenviertel, die sich vor allem gegen *Ostjuden* richteten (Maurer 1986: 327ff). Die Ausschreitungen wurden in Fritschs Zeitschrift *Hammer* angekündigt: «Es wird sich […] nicht vollständig verhindern lassen, dass dieses Gesindel eines Tages totgeschlagen wird, da die ‹Regierung› *für* die Fremdlinge *gegen* das Volk Partei nimmt.» (Zit. n. Heid 1990a: 146) In der *Jüdischen Rundschau* wurde nach dem Gewaltausbruch[140] eine «ungetrübte Einigkeit der Judenfeindschaft» und «die Zustimmung weitester Kreise der Bevölkerung zu den erbärmlichsten Schandtaten gegen Juden» konstatiert (zit. n. Vogt 2015: 189).

140 Zwischen 1923 und 1932 sind in Deutschland 200 Schändungen jüdischer Friedhöfe und 48 Verwüstungen von Synagogen gezählt worden (Pross 1983: 266f). In Berlin kam es im September 1931 während des jüdischen Neujahrfestes neuerlich zu pogromartigen Szenen.

Ostjudengefahr

Das Feindbild des *Ostjuden* lässt sich schon im 19. Jahrhundert nachweisen, personifiziert als *Schmeie Tinkeles*, einem Charakter in *Soll und Haben* (1855), verankerte es Gustav Freytag im deutschen Bildungsbürgertum. So wurde Stoeckers Schwiegersohn Reinhard Mumm (DNVP) von allen verstanden, als er 1919 in der Nationalversammlung gegen die «Schmeie-Tinkeles-Rasse» hetzte (Heid 1995: 242). Im *Ostjuden*-Sterotyp wurden zwei Feindbilder kurzgeschlossen: «Der Osten und der Jude – beides Worte, die Abgrenzung, Verdrängung und Ausschluss signalisieren.» (Ebd.: 241) Der *Ostjude* stand «noch vollständig unter den schlimmen Einflüssen des Talmuds» (Waldhausen 1892: 7) und für das Ghetto. Dieses wiederum stand für *Schmutz*, *Rückständigkeit* usw. – es reichte, das Pejorativ *Ostjude* auszusprechen, um eine Fülle negativer Bedeutungen zu evozieren. Zuerst die *Ostjuden* und dann alle Jüdinnen und Juden[141] wurden zum «Opfer der Vereinigung zweier aggressiver Stereotypen, dem der ‹Minderwertigkeit› und dem der ‹Gefahr›.» (Zumbini 2003: 556) Die «Verschweißung von Antislawismus und Antisemitismus» setzte einen «‹doppelte[n] Schaltkreis›[142] [...] in Gang», der «dem Gesetz der synergetischen Steigerung folgt: der Jude slawischer Herkunft wird zum Juden ‹in zweiter Potenz›, doppelt ‹unterlegen› und doppelt ‹gefährlich›» (ebd.). Tatsächlich war der *Schaltkreis* ein dreifacher, *Jude* und *Slawe* wurden mit dem Bild des *Revolutionärs* kurzgeschlossen: «Das polnische Judentum ist [...] überall ein Element der Zersetzung und Zerstörung. Wo nur irgendwo Elemente der Unzufriedenheit sich finden, [...] drängen sich Juden vor und spielen die Hetzer-Rolle. Überall stehen an der Spitze der Sozialisten jüdische Agitatoren.» (Waldhausen 1892: 8). Zuvor hatte bereits Glagau (1879: 214) den «arme[n] Jude[n]» zum «Revolutionär und Sozialdemokrat» von «Natur» aus gemacht. Nach

141 An die Adresse assimilierter Jüdinnen und Juden richtete Goldstein (1912: 288) die Warnung: «Am schlimmsten aber, wenn du dich damit tröstest, dass die Abneigung jenen anderen gelte, die [...] das Östlich-Allzuöstliche nicht ablegen können. Du irrst, mein Freund, du selber bist gemeint. Dir eben, trotz deines europäischen Gebarens und Aussehens, verzeiht man den Juden nicht.»

142 Unter *doppeltem Schaltkreis* versteht Zumbini verschiedene Diskurse, die sich gegenseitig verstärken. Im Falle des Antisemitismus wären etwa Nationalismus, politisches Christentum und Rassismus zu nennen.

der Oktoberrevolution wurde die Paranoia der an *Zucht und Ordnung* Gebundenen durch die Identifikation von *Juden* und *Bolschewismus* noch verstärkt. Als 36 Jahre nach Marrs (1879: 33) Prophezeiung, wonach die «jüdische, elastische Leichtigkeit [...] Russland in eine Revolution stürzen [wird], wie die Welt vielleicht noch keine ähnliche gesehen hat», der Bolschewismus siegte, schien dies vielen eine Bestätigung für die *jüdischen Weltherrschaftspläne* zu sein.

Auch der institutionalisierte Antisemitismus radikalisierte sich nach der Republikgründung. Die Willkür der Verwaltungsorgane betraf vor allem *Ostjuden*, die sich in Preußen bereits Anfang der 1920er Jahre von Deportationen in Lager bedroht sahen. Im April 1920 schrieben die zum *Zweckverband Ost* zusammengeschlossenen Industriellen an den preußischen Innenminister, die Duldung des «Ostjudentums» würde «zu einer Zersetzung unseres infolge der Kriegs- und Revolutionsnöte [...] in seinen moralischen Hemmungen furchtbar geschwächten Volkskörpers führen». Weil «Wirtschaft» nach *deutschem* Verständnis «Plan und Ordnung» voraussetze und ihr «schärfster Widersacher [...] die von den unterirdischen Kräften des Schiebertums hoch gezüchtete und erhaltene revolutionäre Unordnung» sei, müsse der Staat gegen das sich «ausschließlich aus kulturlosen Ostjuden niederer Zivilisation» zusammengesetzte «Parasitentum» vorgehen (zit. n. Heid 1990a: 143). Der Berliner Polizeipräsident teilte in seiner Antwort die Sicht auf den «am Volksmark saugenden ausländischen Parasiten» (zit. n. ebd.: 144f). Mittels Grenzsperren, Verweigerung der Einbürgerung, Massenabschiebungen und Internierungen setzten sich antisemitische Forderungen vor allem in Berlin, Bayern und Niederösterreich in staatliche Politik um. Während die SPD wegen der «mittelalterlichen Judenaustreibungen» die bayrische Koalition verließ, exekutierte in Niederösterreich ein sozialdemokratischer Landeshauptmann das Urteil der verhetzten Massen. Sein Erlass vom September 1919, welcher über 20.000 jüdische Geflüchtete mit Abschiebung bedrohte, wurde aber aus Angst vor einer negativen (finanziellen) Reaktion der Siegermächte nicht umgesetzt (Pauley 1993: 127ff).

Sonderfall Österreich

«Der österreichische Antisemitismus ist [...] eine Art nationale Tradition.» (Ebd.: 400) Angesichts seiner Besonderheiten scheint es berechtigt, von einem *österreichischen* Antisemitismus zu sprechen (Peham 2018). Begünstigt wurde dieser durch die Vorherrschaft der katholischen Kirche, die verspätete ökonomische, soziale und politische Entwicklung, die anhaltend bäuerliche und kleinstädtische Bevölkerungsstruktur sowie durch die Schwäche des Liberalismus (Mitten 2002: 44). Dass «Antisemiten [...] in Österreich vor 1914 mehr in ihrem Element [waren] als [...] in Deutschland» (Nonn 2008: 40), ist in der Forschung unbestritten.[143] Auch wirkten *Ostmärker*[144] auf den Antisemitismus in Deutschland – als Avantgarde in dessen Radikalisierungsprozessen (Peham 2014). Während die Gewaltneigung in Deutschland durch den Autoritarismus noch halbwegs im Zaum gehalten wurde und erst nach 1918 gänzlich «verwilderte», setzte die Radikalisierung in Österreich schon in den 1880er Jahren ein. Die Stärke des *österreichischen* Antisemitismus ergab sich daneben aus seiner Einigkeit, während das antisemitische Lager in Deutschland rasch wieder zerfiel. Auch brach der parteiförmige Antisemitismus um die Wende ins 20. Jahrhundert in der Wählergunst nicht ein. Ganz im Gegenteil: Nachdem er schon die Hauptstadt erobert hatte, schickte er sich an, auch den Reichsrat zu dominieren. 1909 zog Adolf Hitler nach Wien, dem «hitzigsten Zentrum judenfeindlicher Hetze im deutschen Sprachbereich» (Poliakov 1988: 23). Hier, in «der gründlichste[n] Schule» seines Lebens (Hitler 1925/27: 137), tauchte er ein in eine Parallelwelt aus antisemitischen Paranoikern (Georg Ritter von Schönerer), zynischen Agitatoren (Karl Lueger) und *arischen* Heilspriestern (Jörg Lanz von Liebenfels,

143 Das mehr an Antisemitismus, wie es sich aus dem «nationalen Grenzlandkampf» ergeben habe, lässt sich auf einen «typische[n] Grenz– und Auslandsdeutschenkomplex» zurückführen (Wandruszka 1954: 405). Dieser ist für die überproportionale NS-Täterschaft der *Ostmärker* verantwortlich zu machen: Mann (2007: 330) konnte die These, dass «Deutsche, die im Ausland inmitten vermeintlich bedrohlicher Nichtdeutscher lebten, Deutsche in den verlorenen Gebieten sowie Deutsche in den Regionen, die in unmittelbarer Nachbarschaft gefährdeter Grenzen lagen», überdurchschnittlich häufig Täterkarrieren aufwiesen, verifizieren.

144 So nannten sich jene rechtsextremen Österreicher, die sich als *Deutsche* bzw. Bewohner der *Deutschen Ostmark* sahen.

Guido von List), fand er Bestätigung für seinen Wahn, den er zur Weltanschauung rationalisierte (Hamann 1996).

Deutscher Sonderweg

Im 19. Jahrhundert wurde aus dem *göttlichen Heilsplan* das Wollen und Tun der vergöttlichten *Deutschen*, die das *satanische Gegenvolk* der *Juden* zum Feind hätten. Mit der Sakralisierung von Staat und *Volk* wurde der Grundstein für die Katastrophe gelegt (Jochmann 1985: 115). Innerhalb einer nach wie vor durch das Christentum geprägten herrschenden Kultur gab es eine «Empfänglichkeit» für eine «Lehre», welche die Welt nach christlichem Vorbild zu einem «Kampfplatz zwischen Licht und Dunkel» machte (Cramer 1979: 39f).[145] Der Erlösungsantisemitismus war «eine abgewandelte Gestalt des Gegensatzes von Gott und Teufel, Licht und Finsternis, wie sie dem christlichen Denken vertraut war.» (Ebd.: 39) Und noch dem NS-Antisemitismus ist seine *christliche* Herkunft anzusehen: vom grundlegenden apokalyptischen Schema *Erlösung durch Vernichtung* über die zahlreichen positiven Bezugnahmen auf das Christentum in *Mein Kampf* bis hin zu den antisemitischen Maßnahmen. Hitler (1945: 68f) wollte den Jüdinnen und Juden «nur aus Bequemlichkeit» eine «Rasse» zugeschrieben haben, denn «im eigentlich Sinn des Wortes [...] gibt es keine jüdische Rasse.» Diese sei «vor allem eine Gemeinschaft des Geistes», aber «[g]eistige Rasse ist härter und dauerhafter als natürliche Rasse.»

Ein Großteil der Antisemitismustheorien vernachlässigt die Kontinuität und den Einfluss christlicher Mythen. Auch Sterling (1969: 12) ging zunächst davon aus, «dass der religiöse Fanatismus, der in den mittelalterlichen Judenverfolgungen zum Ausdruck gekommen war, [...] längst überwunden sei, und dass nunmehr der Antisemitismus rein soziale und wirtschaftliche Motive habe.» Jedoch wurde ihr im Laufe ihrer Studien klar, dass die nun «in weltliche Gewänder» vermummten «Hexen– und Teufelsgestalten des mittelalterlichen Judenhasses» auch in

145 Die Nazis radikalisierten die Gleichsetzung des *deutschen Volkskörpers* mit dem Corpus Christi, so hieß es im April 1933 im *Stürmer* (Nr. 15): «Die Juden haben Christus ans Kreuz geschlagen und ihn tot geglaubt. Er ist auferstanden. Sie haben Deutschland ans Kreuz geschlagen und es totgesagt und es ist auferstanden, herrlicher denn je.»

der Moderne «ihr Unwesen» trieben (ebd.). Dies gilt auch für die Endzeiterzählungen, die sich weiterhin zur ideologischen Verarbeitung sozialer Ängste anboten. Die chiliastischen Heilserwartungen und «die Bilder eines apokalyptischen Endkampfes, der gegen die Juden ausgetragen werden müsse», wurden «ungebrochen tradiert» (Greussing 1988: 305).

Die Differenz zwischen religiösem und modernem Antisemitismus ist von den Parteigängern des letzteren schon Ende des 19. Jahrhunderts betont worden. Aber gerade die Selbstdarstellung von *Antisemiten* als gänzlich frei von (religiöser) Leidenschaft nährt den Verdacht der Kontinuität: «Schwerlich aber ist die religiöse Feindschaft, die für zweitausend Jahre zur Judenverfolgung antrieb, ganz erloschen. Eher bezeugt der Eifer, mit dem der Antisemitismus seine religiöse Tradition verleugnet, dass sie ihm insgeheim nicht weniger tief innewohnt als dem Glaubenseifer früher einmal die profane Idiosynkrasie.» (Horkheimer/Adorno 1944/47: 185) Auch KritikerInnen der These wie Steven Katz (2001: 43) müssen ein «entscheidendes Element der Kontinuität» einräumen: Die «theologische Karikierung der Juden und des Judentums seitens der Christen» schuf das «‹Anderssein der Juden›» und dieses Grundmuster bildete die Voraussetzung für ihre Dämonisierung zu einem «kosmischen Widerpart».

Der NS-Antisemitismus ist nicht als «Phänomen sui generis» zu verstehen (Volkov 1985: 59). Es gibt «keinen einsehbaren Grund dafür», ihn «von der antisemitischen Tradition der bürgerlichen Rechten und Mitte im Deutschland des Deutschen Bundes und des Wilhelminischen Reiches abzuschneiden, wie das gelegentlich versucht wird.» (Graml 1995: 19) Etwa von Arendt (1945: 25), die nicht nur die Kontinuität zwischen *christlichem* und modernem Antisemitismus bestritt, sondern auch dem Nazismus jede ideologische Vorgeschichte absprach: Er verdanke sich zu «keinem Teil der abendländischen Tradition». Aber die NS-Ideologie war nicht von «totale[r] Leere» (ebd.: 26) geprägt, vielmehr stellte sie eine magische Geschichtstheorie samt apokalyptischer Zukunftserwartung dar – die eben ohne christliche Tradition nicht möglich gewesen wäre. Mit der Annahme einer Hohlheit des Nazismus, die auch die Kritische Theorie über weite Strecken teilte (Cramer 1979), ist dessen Attraktivität für die Massen nur mittels so fragwürdiger Konstrukte wie «Nebelwand» (Arendt 1945: 26) erklärbar.

«Deutscher Hass»

Jakob Wassermann (1921: 39) nannte den Antisemitismus «ein besonderes deutsches Phänomen. Es ist ein deutscher Hass.» Diese Erfahrung wurde durch *Antisemiten* bestätigt, etwa, wenn sie behaupteten, dass der *Jude* «seiner Eigentümlichkeit nach wohl keiner Nation so zuwider [ist] als der deutschen» (Naudh 1861: 77). Gleiches gilt für Blüher (1922: 48), der im Antisemitismus einen integralen Bestandteil der «deutschen Bewegung» erkannte: Er «ist, ohne dass man es zugeben möchte, ein Grundvorgang des deutschen Menschen geworden», der «deutsche Volkskörper» könne «heute nicht mehr anders, als antisemitisch reagieren.» Tatsächlich ist der Antisemitismus «tief in der deutschen Geschichte verwurzelt.» (Neumann 1942/44: 143f) Und der Nazismus war nicht zuletzt deswegen erfolgreich, weil ihm seine «typischen Züge» der «deutschen Ideologie seit langem eigen gewesen sind» (Lowenfeld 1935: 570). Es war also kein «Zufall, dass die große Explosion des Antisemitismus zuerst in Deutschland ausbrach.» (Horkheimer 1946: 27) Der Grund dafür ist in «den sozio-politischen Gegebenheiten» zu suchen (ebd.: 29). Tatsächlich waren es «gesellschaftliche Faktoren, die in den kollektiven Wahn trieben.» (Horn 1970: 174)

Als verspätete Nation war Deutschland von einer spezifischen *Ungleichzeitigkeit* geprägt[146], technologische, soziale, politische und ideologische Entwicklungen fielen auseinander: «Einer technischen Höhe und organisatorischen Vollkommenheit, […] stand weithin eine Bewusstseinslage gegenüber, die noch immer in frühkapitalistischen Ressentiments befangen war.» (Reichmann 1951: 168) Der *Deutsche* «wirtschaftete zwar kapitalistisch, tat es aber mit schlechtem Gewissen.» (Ebd.: 169) Auch dieses wurde zu Lasten der Jüdinnen und Juden *schief geheilt*, die «nationale Reaktion auf die Durchsetzung der bürgerlichen Gesellschaft» war in Deutschland (und Österreich) «eine antisemitische» (Claussen 1987: 134). Während in den westlichen Industriestaaten «Reaktion Vertretung bestimmter Interessen und Ideen innerhalb des Rahmens der westlichen Kultur» bedeutete, meinte sie in Deutschland «die Ablehnung dieser Kultur überhaupt.» (Reichmann 1951: 159)

146 Lukács (1954: 31) sah «die Tragödie des deutschen Volkes darin, dass es in der modern bürgerlichen Entwicklung zu spät gekommen ist.»

Die Shoah

Der Nationalsozialismus verfolgte das Ziel, das viele NSDAP-Größen, (u.a. Hitler in seinem Buch «Mein Kampf») in zahlreichen Artikeln beschrieben hatten – das Ziel der Vernichtung des Teiles der Menschheit, der als «Juden» bezeichnet wurde. Zunächst auf Deutschland beschränkt, kam nach der Entrechtung der Juden ab Machtantritt der NSDAP der Raub jüdischen Eigentums («Arisierung»), die Vertreibung, erzwungene Flucht.

Aufgrund der defensiven, euphemistisch als Beschwichtigungspolitik («appeasement») bezeichneten Politik der Westmächte gingen sie bis zum Überfall auf Polen nicht gegen die brutal-aggressive Militärexpansion Deutschlands vor. Auch der ausgerechnet gegen einen wirklichen Feind plötzlich ungeahnt leutselige Stalin traf keine Schutzmaßnahmen gegen Deutschland. Diese Unterlassungen ließen mit dem Überfall auf die Sowjetunion (22.06.1941) märchenhafte Kriegserfolge mit weitreichenden Flächengewinnen für die Deutschen zu. Nun ergab sich die Gelegenheit, weitab von Deutschland und in der deutschen Bevölkerung eventuell doch noch in Resten vorhandenen Menschlichkeit das Vernichtungsprogramm durchzusetzen.

Nach dem erfolgreichen Überfall auf das von der Sowjetunion besetzte Ostpolen und die Sowjetunion wurde Heydrich von Göring am 31. Juli 1941 mit der Organisation der «Endlösung der Judenfrage» beauftragt, die später als Wannsee-Konferenz bezeichnete Zusammenkunft hoher NS-Funktionäre am 20.01.1942 diente der detaillierten Festlegung des Mordprogramms.

Sofort nach dem Überfall begannen die Deutschen (sog. «Einsatzgruppen», Wehrmacht) mit Massenerschießungen der jüdischen Bevölkerung, Massenerschießungen deportierter Juden und schließlich der fabrikmäßigen Ermordung mittels Giftgas (Zyklon B) in den zahlreich aufgebauten Vernichtungslagern unter aktiver Mithilfe deutscher Großunternehmen (IG Farben, Deutsche Bank etc.). Dieser Vernichtungsantisemitismus («eliminatorischer Antisemitismus» – Goldhagen) sollte nach den wahnhaften Vorstellungen «das Böse» aus der Welt schaffen.

Die Geschichtsforschung geht davon aus, dass ca. 6 Millionen Juden, die aus dem gesamten (eroberten) Herrschaftsgebiet der Deutschen stammten, ermordet wurden.

Noch bevor das Individuum in sein Recht gesetzt war, wurde die *Gemeinschaft* rehabilitiert. In «der deutschen politischen Kultur kommt dem Ganzen, der Gemeinschaft stets Vorrang vor dem Einzelnen, dem Individuellen zu» (Bergem 1993: 81). Solcherart entstand kein vernünftiger Zweckverband auf vertraglicher Basis, vielmehr wurde der Staat mit (*christlicher*) *Sitte* aufgeladen und als Eigenwert überhöht. Für diese «Trübung der Aufklärung» sind vor allem «die Dichter der Romantik, die Apologeten des Gefühls der Innerlichkeit und der Wirklichkeitsferne» verantwortlich zu machen (ebd.: 76). Neben dem Hang zum Mythos und Irrationalen stellt der politische Eskapismus ein hervorstechendes Merkmal des *deutschen* Bürgertums dar. Dieser entfaltete seine volle Wirksamkeit mit der «Enttäuschung über das Scheitern der Revolution von 1848» (ebd.: 78). Die Politikflucht steigerte sich zur Wirklichkeitsflucht, zum Hass auf die Niederungen des Alltags und Zumutungen des Realitätsprinzips. Zudem wurde der «Bürger [...] nicht in bürgerlicher, sondern in militärischer Ordnung gewertet. Die Anpassung an diese Werteskala erforderte andere Eigenschaften als die Verteidigung politischer Interessen.» (Pross 1983: 25) Diese *Entpolitisierung* des Bürgertums war der Preis, den es für seine Teilhabe an der Macht zahlen musste. Hand in Hand damit ging die «Vergötzung des Reiches»: «Je geringer der wirkliche Einfluss der Bevölkerung war, um so inniger klammerte sie sich an das große Ganze.» (Ebd.) Das *Politische* (Vernünftige) wurde dabei durch das «schlechthin Irrationale, das so genannte Erlebnis» ersetzt (ebd.). Wo aber inneres Erleben, gleichförmig gemacht durch gemeinsame *Abstammung*, «an die Stelle von Erfahrung tritt und die Politik als etwas Unkontrollierbares verstanden wird, fallen die Schranken, die Zivilisation ermöglichen.» (Ebd.: 26)

Antisemitismus nach 1945

Der autoritäre Grundzug des Antisemitismus lässt diesen von jeweiliger Herrschaft abhängig sein. Das erklärt die Leichtigkeit, mit der die vormalige *Volksgemeinschaft* sich 1945 den neuen Verhältnissen anpasste und den Antisemitismus ins Private abdrängte. Er ist jedoch nicht «aus dem individuellen und kollektiven Bewusstsein» verschwunden (Stern 1991: 15). Dementsprechend weisen Studien aus den späten 1940er und frühen 1950er Jahren Antisemitismuswerte zwischen 25 und 50 Prozent aus (Bergmann 1990: 112ff). Der öffentliche Diskurs war jenseits der Tabus und der herrschenden «Sprachlosigkeit, die den Antisemitismus genauso verhüllte, wie alles, was irgendwie mit Juden zusammenhing» (Stern 1991: 15), gekennzeichnet durch Philosemitismus, eine Kompensation des Hasses «durch eine etwas übertriebene und daher im Grunde unverlässliche Bewunderung» (Horkheimer et al. 1941: 399). Das «philosemitische Symbolbild» ersetzte das antisemitische und sollte die Leerstelle füllen, welche die Verweigerung einer «‹eigentliche[n] Konfrontation› mit jüdischer Geschichte und Gegenwart» hinterließ (Stern 1991: 350). Dabei konnten «philosemitische und antisemitische Meinungen [...] nebeneinander, ja übereinander [...] existieren. Sie konnten sich je nach Ort, Gesprächspartner, bewusster und unbewusster Nützlichkeit ablösen oder verbinden.» (Ebd.: 345) Weil die Auseinandersetzung mit Schuld an der Oberfläche blieb, gibt es «bis heute so gut wie keine deutschen Reaktionen, in denen im Hinblick auf das deutsch-jüdische Verhältnis nicht auf die eine oder andere Weise anti- oder philosemitische Aspekte zum Tragen kommen.» (Ebd.: 342)

Im Gegensatz zu Österreich, das sich bis Ende der 1980er Jahre als *erstes Opfer* des Nazismus vor Verantwortung drücken konnte, musste (West-)Deutschland sich – wie oberflächlich auch immer – mit dem Nazismus und der Shoah auseinandersetzen. Zumindest die BRD sah sich zu *Wiedergutmachung* gezwungen. Der Widerstand dagegen bediente sich im Arsenal des Antisemitismus, wobei man angesichts der veränderten Bedingungen auf Andeutungen sich beschränken musste (Erb 1990). Zu den alten Codes (*Lügner*, *Wucherer* usw.) kamen neue wie *Exilant*, *Schleichhändler* usw., was den Anstieg des Antisemitismus bis 1952 erklären hilft (Bergmann 1990: 113). Die Weigerung, die Entschädigung der NS-Opfer in das *Grundgesetz* aufzunehmen, und der Abbruch der Entnazifizierung machten schon 1948/49 deutlich, wie die postnazistischen (konservativen und nationalliberalen) Eliten mit dem NS-Erbe umzugehen gedachten. Insbesondere CSU und FDP öffneten ihre Tore weit für (ehemalige) Nazis, gleiches galt für die Stellen in der Bürokratie. Die Anzahl der NS-Kader in Regierungsämtern[147] nahm derartige Ausmaße an, dass sich der *Jüdische Weltkongress* 1949 gezwungen sah, beim US-Außenministerium gegen die Gründung der BRD zu protestieren. In den folgenden Jahren sahen sich AntifaschistInnnen und (jüdische) Opfer des Nazismus an den Rand gedrängt und oft mit Hass belegt. In Übertreibung dieses Klimas schritten Ende 1959 Neonazis zur Tat.[148] Über die Folgen der mangelnden NS-Aufarbeitung gaben Anfang der 1970er Jahre auch Meinungsumfragen Auskunft: Noch immer vertrat eine Mehrheit der Westdeutschen die Auffassung, dass der Nazismus im Grunde «eine gute Idee [sei], die nur schlecht ausgeführt worden sei.» (Ponthoff 1995: 126f)

Die politischen Kräfteverschiebungen Ende der 1960er Jahre bewirkten eine Modifikation des Umgangs mit Schuld. Diese wurde von den politisch Herrschenden – 1969 wurde das

---

147 Allen voran wären Hans Globke, Theodor Oberländer, Kurt G. Kiesinger und Hans Filbinger zu nennen.

148 In der Nacht vom 24. auf den 25. Dezember 1959 schändeten zwei Neonazis die Kölner Synagoge mit dem Spruch «Deutsche fordern Juden raus» und Hakenkreuzen. Schon zu Beginn des Jahres war es in Freiburg und Düsseldorf zu ähnlichen Taten gekommen. Auf Köln folgte eine massive Häufung antisemitischer Schmierereien, Pöbeleien und Angriffe. Bis Ende Jänner 1960 wurden 685 Nachfolgetaten gezählt, allein am Höhepunkt der Welle, dem 7. Jänner 1960, wurden 58 gemeldet. Die Regierung bemühte sich um Schadensbegrenzung und stufte den Großteil der Schmierereien als «Kinderkritzeleien» ein. Bei den Tätern handele es sich um «Lümmel», die «eine Tracht Prügel» verdient hätten (Schmidt 1995: 88). Weil aber insbesondere ausländische Medien sich weiter kritisch über die BRD und ihren Umgang mit Nazismus und Antisemitismus äußerten, wurde die Legende in die Welt gesetzt, hinter den Taten stehe die DDR mit dem Ziel, der BRD zu schaden. Jedoch hatte die antisemitische Welle, die den «Kulminationspunkt einer Kontinuität judenfeindlicher Dispositionen in der westdeutschen Nachkriegsgesellschaft» (Munzert 2007: 86) darstellt, auch positive Folgen, insbesondere für den pädagogischen Bereich. So wurden Schulbücher und Lehrpläne umgeschrieben, Austauschprogramme mit Israel initiiert, politische Erziehung für LehrerInnen etabliert und politische Bildung in den Schulen forciert.

erste Kabinett Willy Brandt (SPD) angelobt – nun nicht länger verdrängt, sondern demonstrativ eingestanden. Jedoch nahmen die *Jungsozialisten* ab den frühen 1970er Jahren Israel ins Visier, was die gegenläufigen Signale der Mutterpartei mehr und mehr konterkarierte. Mit ihrem Aufstieg in der Parteihierarchie wuchs in der SPD die Bereitschaft zur *Israelkritik*, ohne dass sich jedoch die grundsätzlich positive Grundhaltung zum jüdischen Staat änderte. Sie nahm aber mehr und mehr Züge von Bigotterie an – bis Sigmar Gabriel 2009 die Partei übernahm und sich die antiisraelischen Ausfälle seitens prominenter SPD-Kader häuften. So sah Gabriel 2012 in der Westbank ein «Apartheid-Regime» wüten – was er sechs Jahre später bedauerte.[149] In einem Gastbeitrag erinnerte er 2017 die «Israelis», an die «gemeinsame[n] Werte» wie «Demokratie, Solidarität, Gemeinsinn und Vielfalt». Die «Juden» hätten wie «kein zweites Volk [...] unter Nationalismus und Chauvinismus zu leiden» gehabt. Dass nicht der Antisemitismus, der im ganzen Text keine Erwähnung findet, das Leid verursacht haben soll, macht Sinn: So kann Gabriel die «Juden» ermahnen, «Nationalismus und Chauvinismus» eine Absage zu erteilen. Der Kommentar gipfelt in der Gleichsetzung von politischer Verfolgung und Vernichtung: «Sozialdemokraten waren wie Juden die ersten Opfer der Nationalsozialisten.»[150]

Die DDR verstand sich ohne Kontinuität zum *Dritten Reich*, wobei – verglichen mit der BRD – der Bruch tatsächlich vollzogen wurde. Dennoch betrieb man auch im Osten eine Exkulpierung: Nicht nur die «Arbeiterklasse» wurde retrospektiv «in die antifaschistische Front eingereiht», sondern auch «das ‹schaffende deutsche Volk› in eine Opferperspektive gerückt.» (Blänsdorf 1995: 28) In dieser Flucht vor der Verantwortung waren sich die DDR und Österreich ähnlich: Den BürgerInnen blieb es erspart, sich mit ihren NS-Verstrickungen auseinandersetzen zu müssen. Anstatt das jüdische Leid und die daraus resultierenden Ansprüche anzuerkennen, wurde die Eigengruppe zum Opfer stilisiert, hier die *Arbeiterklasse*, dort die *Österreicher*.[151] Es blieb aber

149 https://www.welt.de/politik/deutschland/article175574400/Israel-Politik-Sigmar-Gabriel-bedauert-Apartheid-Vorwurf.html

150 https://www.fr.de/meinung/gemeinsam-gegen-nationalismus-11047760.html

151 In der SBZ/DDR wurde die Verweigerungshaltung gegenüber der Restitution geraubten jüdischen Eigentums klassenkämpferisch begründet: Weil alle *Juden* Kapitalisten wären, würde die Rückgabe jüdischer

der DDR vorbehalten, 1952 im Gefolge der angeblichen *Slansky-Verschwörung* die antisemitische Propaganda als Kampf gegen *Kosmopolitismus*[152] und *Zionismus* wieder aufzudrehen. Der Antizionismus zog sich durch die Geschichte der DDR, die aus der Gruppe der *Warschauer Pakt*-Staaten als «Hardliner gegenüber Israel» herausragte (Haury 2006: 286). Dies ist nicht zuletzt mit der NS-Vergangenheit und dem Umgang mit ihr zu erklären, zumal das «auffälligste Merkmal der antiisraelischen Propaganda der DDR» die obsessive «Gleichsetzung» Israels mit dem Nazismus darstellte (ebd.: 297). Neben Schuldabwehr beförderte der Antiimperialismus den DDR-Antisemitismus, der jedoch einer ohne bekennende AntisemitInnen war. Schließlich wirkten Kontinuitäten begünstigend: Gleich der KPD und den österreichischen SozialistInnen vor 1933 bzw. 1938 (Peham 2020) erging sich nun die SED in zumindest strukturell antisemitischer Agitation gegen *Spekulanten*, *Parasiten*, *Schuldknechtschaft*, *Wallstreet* und die *wahren Herren*, die im *Hintergrund* die *Fäden* zogen und die mit dem *schaffenden Volk* oder den *gesunden Volkskräften* in Kontrast gebracht wurden (Haury 2002: 351ff). Zu einer regelrechten Verfolgungswelle kam es 1952/53 im Gefolge der Säuberungen und Kampagnen in der CSSR und SU (Slansky-Prozess, *Ärzteverschwörung*); vor ihr floh fast die Hälfte der jüdischen Gemeindemitglieder (ebd.: 399ff). Begleitet wurde sie von einer Hetze gegen die «Todfeinde des friedliebenden deutschen Volkes», die ihre *zersetzende* Tätigkeit «über den Staat Israel» betreiben würden (zit. n. ebd.: 394).

Erst in einer Erklärung der DDR-*Volkskammer* erfolgte 1990 das Bekenntnis «zur Mitverantwortung» an der Shoah.[153] In der BRD waren die Weichen schon in eine andere Richtung gestellt: Mit der *geistig-moralischen Wende* nach rechts wurde die Schuldabwehr und damit der Antisemitismus auch in der Politik wieder virulent, so 1985 in der Bitburg-Affäre.[154] Und 18

Vermögenswerte sich mit dem Aufbau des Sozialismus nicht vertragen (Haury 2002: 328f).

152 Ein SED-Kader behauptete 1952, der Kosmopolitismus würde das «Nationalbewusstsein der Völker und den wahren Patriotismus der Volksmassen zersetzen» (zit. n. Staritz 1995: 229).

153 https://www.ddr89.de/vk/vk_Erklaerung.html Darin wird auch «um Verzeihung für Heuchelei und Feindseligkeit der offiziellen DDR-Politik gegenüber dem Staat Israel» gebeten.

154 Am 5. Mai 1985 reichten sich an der Kriegsgräberstätte Bitburg Kanzler Kohl (CDU) und US-Präsident Reagan die Hände, was als symbolischer Umdeutungsversuch des *deutschen* Angriffs- und Vernichtungskrieges

Jahre später zeigte sich, wie sehr Antikommunismus und Antisemitismus immer noch zusammengehören: Der CDU-Abgeordnete Martin Hohmann sorgte für einen Skandal, als er beim Versuch, Schuld zu relativieren, die «provozierende Frage» stellte: «Gibt es auch beim jüdischen Volk, das wir ausschließlich in der Opferrolle wahrnehmen, eine dunkle Seite in der neueren Geschichte oder waren Juden ausschließlich [...] die Leidtragenden?» Zum Auffüllen eines *jüdischen* Schuldkontos griff Hohmann, der nach seinem Rauswurf aus der CDU bei der AfD Aufnahme fand, auf einschlägige Literatur zurück: In Fords *The International Jew* und Biebersteins *Jüdischer Bolschewismus* sei nachzulesen, dass und in welchem Ausmaß *Juden* als *Täter* in den *bolschewistischen Terror* involviert gewesen waren. Aus der Lektüre nahm Hohmann die «Berechtigung», im «Hinblick auf die Millionen Toten [...] nach der ‹Täterschaft› der Juden» zu fragen. Die Antwort fiel wie erwartet aus, jedoch nahm er am Ende seiner Rede den Vorwurf wieder zurück: Würden die «Juden mit einiger Berechtigung als ‹Tätervolk›» bezeichnet, folgte das «der gleichen Logik [...], mit der man Deutsche als Tätervolk bezeichnet.» (Zit. n. Schobert 2003) Die «neue Qualität» des Hohmannschen Antisemitismus besteht in dessen weltanschaulicher Konsistenz und in der Tatsache, dass ein Bundestagsabgeordneter öffentlich «einen zentralen ideologischen Komplex des Nazi-Antisemitismus reproduziert.» (Ebd.) Auch die Unterstützung unter den national-konservativen Eliten und die Schwierigkeiten der CDU, auf den Skandal adäquat zu reagieren, markieren diese neue Qualität.

Neuer Antisemitismus

Unter den Bedingungen der – in den letzten Jahren erodierenden (Bergmann/Heitmeyer 2005: 224f) – *Kommunikationslatenz*[155] sind die Artikulationsmöglichkeiten des Antisemitismus eingeschränkt. Darum wird er auf Umwegen, allen voran über *Israel-Kritik* artikuliert. Wird die Möglichkeit solcher Umwegkommunikation nicht berücksichtigt, verleitet dies zum Irrtum,

in eine gewöhnlich militärische Auseinandersetzung kritisiert wurde, zumal sich in Bitburg auch Gräber von Waffen-SS-Männern befinden.

155 Mit Kommunikationslatenz wird jener Zustand bezeichnet, in dem Ressentiments zwar vorhanden sind, aber nicht geäußert werden (können).

der Antisemitismus sei schwächer geworden. Tatsächlich gingen gesunkene Zustimmungswerte zu traditionellen antisemitischen Items mit einem Anwachsen des auf Israel bezogenen Antisemitismus einher. Nach einer Studie von 2004 signalisieren nur zehn Prozent derjenigen Befragten, die Israel-Kritik ohne antisemitische Anleihen äußerten, keine Zustimmung zu mindestens einer Facette des Antisemitismus: «Eine des Antisemitismus unverdächtige Kritik Israels ist möglich, aber selten.» (Küpper/Zick 2007) Es besteht ein Zusammenhang zwischen antiisraelischen und antisemitischen Einstellungen: «Bei Befragten mit ausgeprägt antiisraelischen Einstellungen ist die Wahrscheinlichkeit um ein Sechsfaches höher, antisemitisch zu sein, als bei Befragten, die keine antiisraelischen Aussagen unterstützen.» (Rensmann/Schoeps 2008: 21)

Seit einiger Zeit ist die Rede vom einem *neuen* oder *israelisierten* Antisemitismus (Schwarz-Friesel 2015a). Dieser unterscheide sich vom alten einerseits in der Wahl seiner Objekte – vom *Juden* zum *Zionisten* oder zu Israel als ideellem *Gesamtjuden* – und andererseits durch seine Subjekte: nicht mehr nur Rechtsextreme, sondern auch Linke, Liberale und vor allem Muslime bildeten die aktuelle Trägerschicht dieses Antisemitismus.[156] Die Unterscheidungskriterien taugen aber nur wenig: Einerseits waren schon die Nazis entschiedene Gegner des Zionismus und eines jüdischen Staates[157], andererseits waren Linke, Liberale und Demokraten seit jeher auch unter AntisemitInnen zu finden. Schließlich datiert der islamisierte Antisemitismus nicht erst mit der Eskalation des Nahostkonfliktes (Küntzel 2002).[158] Weil

156 Goldhagen (2004: 93, 95) bestimmt als das *Neue* an diesem *globalisierten* Antisemitismus, dass er seinen Fokus «von der nationalen auf die internationale Ebene» bzw. «auf Juden jenseits der eigenen Grenzen, auf Juden in anderen Ländern – in Israel, in den USA» verlagert hat. Auch wurde in «der antisemitischen Imagination […] Shylock durch die Figur des Rambo-Juden verdrängt.» (Ebd.: 96)

157 Diese Gegnerschaft steht nicht im Widerspruch zum Abkommen, das das *Reichsministerium für Wirtschaft* im August 1933 mit der *Jewish Agency* und der *Zionistischen Vereinigung für Deutschland* abgeschlossen hat und das den Vermögenstransfer der nach Palästina emigrierenden deutschen Jüdinnen und Juden regelte (Schölch 1982).

158 Der islamisierte Antisemitismus ist keine unmittelbare Folge des Nahostkonflikts, sondern eine der Ursachen seiner Verschärfung und der zunehmenden Unmöglichkeit seiner friedlichen Lösung. Den Konflikt als Ursache des Antisemitismus unter Muslimen zu sehen, stellt eine «unzulässige monokausale Klassifikation ohne empirisches Fundament» dar (Schwarz-Friesel 2018: 29).

auch die Zuschreibungen sich nicht grundlegend unterscheiden, ist davon auszugehen, dass «wir es nicht mit einem neuartigen Antisemitismus zu tun haben, denn das würde bedeuten, dass sich grundlegende Muster der Semantik ändern, sodass ein neuer Typus des Antisemitismus entstünde. Stattdessen wurden die hergebrachten semantischen Strukturen des Antisemitismus an die veränderte weltgeschichtliche Lage und die gesellschaftlichen Veränderungen seit 1989 angepasst und aktualisiert.» (Holz 2005: 11f) Das *Neue* an diesem Antisemitismus besteht vor allem in seiner öffentlichen Sagbarkeit, auch hat er sich von seiner «delegitimierten Verschwisterung mit dem Rassismus gelöst.» (Bielefeld 2005: 49) Dementsprechend haben sich auch die Kämpfe gegen Antisemitismus und Rassismus voneinander isoliert. Unterm Deckmantel eines *Antirassismus*, der sich in der Identifikation mit seinen (muslimischen) Objekten erschöpft, gedeihen Ressentiments. Die UN-*Konferenz gegen Rassismus* in Durban (2001), bei welcher die alte UN-Formel «Zionismus ist Rassismus» erneuert wurde, stellt diesbezüglich ein Fanal dar.

Nach der Definition der *International Holocaust Remembrance Alliance* (IHRA) ist von einem auf Israel bezogenen Antisemitismus zu sprechen, wenn folgende Bedingungen erfüllt sind: «Anschuldigungen gegen die Juden als Volk oder Israel als Staat, sie erfänden den Holocaust oder übertrieben ihn betreffend. Anschuldigungen gegen jüdische Bürger, sie seien Israel oder den angeblichen Prioritäten der Juden weltweit gegenüber loyaler als ihren eigenen Ländern. Das Absprechen des Rechts auf Selbstbestimmung des jüdischen Volkes, beispielsweise durch die Aussage, die Existenz des Staates Israel sei ein rassistisches Projekt. Das Anwenden von doppelten Standards durch das Einfordern eines Verhaltens, wie es von keiner anderen demokratischen Nation erwartet oder gefordert wird. Die Verwendung von Symbolen und Bildern des klassischen Antisemitismus (z.B. die Juden hätten Jesus getötet oder das Motiv des Ritualmords), um Israel oder Israelis zu charakterisieren. Vergleiche der heutigen israelischen Politik mit der der Nazis. Kollektive Verantwortlichmachung der Juden für die Handlungen des Staates Israel.»[159] Auch die Neigung, den Terror islamistischer Gruppen als «Widerstand» zu legitimieren, verweist auf eine antisemitische Schlagseite. Gleiches gilt für

159 http://embassies.gov.il/berlin/NewsAndEvents/Pages/IHRA-einigt-sich-auf-Arbeitsdefinition-f%C3%BCr-Antisemitismus.aspx

«Negativbewertung[en] durch unikalen Fokus (z. B. mittels Superlativ-Konstruktionen wie ‹die größte Gefahr für den Weltfrieden› oder ‹das schlimmste Unrechtsregime›).» (Schwarz-Friesel 2018: 33) Darum sind Gruppen wie die 2005 gegründete *Boycott, Divestment and Sanctions* (BDS) als antisemitisch zu qualifizieren, was mehrere Städte in Deutschland und Österreich bereits zum Anlass genommen haben, um sie von der Nutzung kommunaler Infrastruktur auszuschließen. Auch der Bundestag hat im Mai 2019 mit den Stimmen von CDU/CSU, SPD, FDP und einer Mehrheit der *Grünen*-Abgeordneten eine Erklärung gegen BDS angenommen.[160] Das bekannt *israelkritische* Magazin *Der Spiegel* (Behrens 2003) reagierte darauf auf seine Art – mit einer Verschwörungsstory über die «höchst fragwürdige[n]» Methoden eines «deutsch-jüdische[n]» und eines «pro-israelische[n] Verein[s]», die gegen BDS lobbyierten. Nicht fehlen durften der «Mossad», der «groß[e] Einfluss» der beiden Vereine und natürlich das viele Geld, dessen Herkunft und Verwendung «nicht ganz klar» ist.

Wenn auch Kritik an israelischer Politik nicht per se antisemitisch ist, der postnazistische Antizionismus ist es. Isaac Deutscher (1954: 53f) selbstkritisch: «Meinen Antizionismus, der auf meinem Vertrauen in die europäische Arbeiterbewegung basierte oder, allgemeiner, auf meinem Vertrauen in die europäische Gesellschaft und Zivilisation, habe ich natürlich längst aufgegeben, denn diese Gesellschaft und diese Zivilisation haben ihn Lügen gestraft. Wenn ich in den zwanziger und dreißiger Jahren, statt gegen den Zionismus anzugehen, die europäischen Juden aufgefordert hätte, nach Palästina zu gehen, hätte ich womöglich geholfen, einige Menschenleben zu retten, die später in Hitlers Gaskammern ausgelöscht wurden.»

Linke und Israel

Spätestens seit den 1960er Jahren wird Antisemitismus oft als Antizionismus betrieben, unter Linksradikalen hat dieser «eine Art Symbolcharakter angenommen. Er ist zum Erkennungszei-

160 Gegen die Resolution stimmte die Mehrheit der Linken-Abgeordneten und einige Grüne, während sich die AfD und einzelne Linke- und Grünen-Abgeordneten der Stimme enthielten (https://www.bundestag.de/dokumente/textarchiv/2019/kw20-de-bds-642892). Zum Antisemitismus in der Partei Die Linke siehe Salzborn/Voigt (2011).

chen der Zugehörigkeit zu einem bestimmten, subkulturellen Milieu geworden.» (Volkov 1988: 84) Mit der «Zauberformel» des Antizionismus wird gleichzeitig gegen Israel agitiert und Distanz zum Antisemitismus demonstriert (Claussen 1992: 12). Hinter der Identifikation mit den *Opfern der Opfer* (den PalästinenserInnen) ist eine Form der Schuldabwehr zu vermuten, ansonsten «bedürfte man der weltanschaulichen Überhöhung nicht.» (Ebd.) In den Köpfen der «Antizionisten [...] nimmt die Politik des Staates Israel den zentralen Platz ein, den die Erinnerung an die Vernichtung der Juden einnehmen müsste.» (Ebd.: 20) War schon der Antisemitismus nach Auschwitz einer ohne AntisemitInnen, ist der *neue* Antisemitismus gar einer mit Anti-AntisemitInnen, was die Kritik an ihm so schwer macht: «Der alte Antisemitismus ist unberechtigt gewesen, gibt man gerne zu; aber der neue ist keiner, weil er berechtigt ist.» (Claussen 2005: XIVf.)

Bis 1945 hieß es, *Juden* seien keine Nation und könnten keinen Staat bilden. Radikale Linke erneuerten dieses Verdikt nach 1968 und warfen Israel vor, kein *wirklicher* Staat, sondern ein *künstliches Gebilde* zu sein. Dieses Urteil erlaubte ein (unbewusstes) Festhalten an der alten Bestimmung der *Juden* als *Dritte* jenseits nationaler Gegensätze (Schäuble 2012: 65). In Zeiten vermeintlich post-nationaler Vergesellschaftung heißt es, der Zionismus würde in seinem Insistieren auf Nationalstaatlichkeit das (kosmopolitische) *jüdische Erbe* verraten (Finkielkraut 1984: 125). Ausgerechnet jene Linken, die ihre antinationalistischen Ansprüche bei jeder Gelegenheit aufgegeben haben, werfen Juden und Jüdinnen vor, dass sie – *verstockt* wie eh und je – an ihrer Nationalität festhalten würden.

Antizionistische Linke sehen im Nahostkonflikt weniger eine Auseinandersetzung um Land und Ressourcen, sondern einen Kampf von weltgeschichtlichen Dimensionen. Nicht mehr nur *Israelis* und *Palästinenser* ringen hier um Territorien, vielmehr stünden sich *Imperialismus* und *unterdrückte Völker* gegenüber. Ersterer habe mit dem «zionistischen Staatsgebilde» einen «Brückenkopf» im arabischen Raum etabliert, wie dies 1967 der *Sozialistische Deutsche Studentenbund* dekretierte (Kloke 1994: 125).

Der bewaffnete Kampf deutscher Linksradikaler begann 1969 ausgerechnet am Jahrestag des Novemberpogroms: Die *Schwarzen Ratten/Tupamaros Westberlin* beschmierten Mahnmale für die Opfer der Shoah mit pro-arabischen Parolen und deponierten eine Brandbombe im jüdischen Gemeindezentrum. Im Bekennerschreiben wird ein «wahrer Antifaschismus», der in der «klare[n] und einfache[n] Solidarisierung mit den kämpfenden Fedayin» – also mit den sich für eine höhere Sache Opfernden – bestehe, von einem «hilflosen Antifaschismus» unterschieden. Letzterer sei ein «Produkt deutschen Schuldbewusstseins», das die Legitimität des «israelischen Staates» zur Folge habe. Mit dem Gedenken an das Novemberpogrom werde unterschlagen, «dass die Kristallnacht von 1933 heute täglich von den Zionisten in den besetzten Gebieten, in den Flüchtlingslagern und den israelischen Gefängnissen wiederholt wird. Aus den vom Faschismus vertriebenen Juden sind selbst Faschisten geworden, die in Kollaboration mit dem amerikanischen Kapital das palästinensische Volk ausradieren wollen.» (Zit. n. Kloke 2006: 307)

Claudia Globisch (2013: 308f) fand in den von ihr analysierten Texten aus der Linken antisemitische Semantiken allen voran die «Konstruktion manichäischer Kollektive unter dem Rubrum der Sozialmodelle Gemeinschaft/Gesellschaft», wobei *Imperialismus* (die Metropolen) und *unterdrückte Völker* jeweils homogenisiert und einander gegenübergestellt werden. In «unterschiedlichen linken Spektren» werden «die Muster des modernen Antisemitismus» reproduziert, wobei diese «mit kontextspezifischen Wir-/Sie-Gruppenkonstruktionen und damit verbunden Camouflierungen und Argumentationseinbettungen» verknüpft sind. So wird die Fremd- und Feindgruppe weniger ethnisch als sozial und politisch gefasst: *Imperialisten*, *Kapitalisten*, *Zionisten* usw. Teile der Linken öffneten dem Antisemitismus ein Tor, als sie die Klasse durch (unterdrückte) *Völker* ersetzten. Legte schon die Unterscheidung zwischen einem *bösen* Nationalismus der *Unterdrücker* und einem *guten* der *Unterdrückten* eine Moralisierung der Kämpfe und eine Mystifizierung der kämpfenden Kollektivsubjekte (*Völker*) nahe, so bedeutete deren Übertragung auf den Nahostkonflikt die endgültige Abdankung als Kraft der Negation. Aber schon die «klare[.] Einteilung der Welt in homogene und duale Kollektive (mit gleichgerichteten Interessen [ist] strukturell mit antisemitischen Semantiken verknüpfbar.» (ebd.: 320) Auch Rensmann (2003a: 182) attestiert dem «anti-imperialistische[n] Weltbild, [...] das die Welt in ‹gut› und ‹böse› einordnet und dabei in vieler Hinsicht Züge eines Wahnsystems annimmt», dass es «strukturelle Affinitäten zum Antisemitismus» aufweist und diesen begünstigt. Das strukturell Antisemitische am Antiimperialismus ist neben dem Manichäismus «in seiner vereinfachenden Sicht von Herrschaft als Fremdherrschaft und Ausbeutung als fremde Machenschaft, [...] in seinem Willen, den Kampf um nationale Unabhängigkeit als Revolution zu missverstehen und der daraus resultierenden unkritischen Identifizierung mit dem Volk» und «in seiner Tendenz, Politik und Ökonomie zu personalisieren» zu finden (Haury 1992: 141).

Neben der Struktur des antiimperialistischen Weltbildes und der (unbewussten) Identifikation mit der (Groß-)Elterngeneration (Strobl 1995) stellt die Massen-Orientierung ein Einfallstor für den Antisemitismus dar. Auf dieses Motiv verweist ein Zitat von Meinhof (1972), das zudem noch Spuren der *linken* Verkennung des Antisemitismus aufweist: «Auschwitz heißt, dass sechs Millionen Juden ermordet [...] wurden als das, als was man sie ausgab – als Geldjuden. Der Antisemitismus war seinem Wesen nach antikapitalistisch. Mit der Vernichtung von sechs Millionen Juden wurde die Sehnsucht der Deutschen nach Freiheit von Geld und Ausbeutung mit ermordet. [...] Ohne dass wir das deutsche Volk vom Faschismus freisprechen [...] können wir es nicht für unseren revolutionären Kampf mobilisieren.» (Zit. n. Pätzoldt 2010)

Der Tradition des Antisemitismus in der Linken zum Trotz wollen die Stimmen nicht verstummen, die ihn verleugnen.[161] Demgegenüber lassen sich als Voraussetzungen für die Überwindung des *linken* Antisemitismus neben einem Verständnis der Shoah, das den Opfern gerecht wird, weitere Essentials nennen: Die Verteidigung des Existenzrechts Israels, der Bruch mit dem (Befreiungs-)Nationalismus und dem Antiamerikanismus sowie eine Kritik der politischen Ökonomie, die sich vom fetischistischen *Antikapitalismus* abhebt und ihre «Ignoranz gegenüber der Marxschen Kritik» aufgibt (Grigat 2007: 23).

161 Ein Leugner des Antisemitismus unter Linken ist Haug (2004: 54), für den die Kritik an *Attac* ein «vergiftete[r] Zankapfel» ist, welcher der NGO «in Gestalt des Antisemitismusvorwurfs» zugeworfen werde und der «spaltendes Potential» berge.

Sekundärer Antisemitismus

In der Kritischen Theorie wurde noch in den späten 1950er Jahren jener Antisemitismus, der sich nicht trotz, sondern *wegen* Auschwitz ausbildete, auf den Begriff *sekundär* gebracht (Rensmann 1998: 231ff). Schönbach (1961: 80) umschrieb ihn als eine «Trotzreaktion, die die traditionellen antisemitischen Vorstellungen, seien es die eigenen oder die der Eltern, um ihrer Rechtfertigung willen am Leben erhält.» Das Adjektiv *sekundär* zielt also nicht nur auf den Bruch, den Auschwitz bedeutet, sondern auch auf seinen Charakter eines «Antisemitismus aus zweiter Hand» (Stögner 2016), eines von der (Groß-)Elterngeneration übernommenen Ressentiments zur Legitimation deren Verhaltens im Nazismus. Neben «fortwirkenden traditionellen Vorurteilen» bestimmt die Art und Weise, «wie sich die Deutschen der NS-Vergangenheit und der daraus erwachsenen Verantwortung [...] stellen», deren Verhältnis zu Jüdinnen und Juden: «Aus der Diskrepanz zwischen dem Wunsch zu vergessen bzw. nicht erinnert zu werden und der beständigen Konfrontation mit den deutschen Verbrechen ergibt sich ein neues Vorurteilsmotiv, das sich zum Teil in der Form revitalisierter traditioneller Vorwürfe an die Juden äußert (Rachsucht, Geldgier, Machtstreben).» (Bergmann/Erb 1991: 232f)

Seine Ursache hat der sekundäre Antisemitismus im spezifischen Umgang mit der Shoah. Dieser lässt sich zunächst als Abwehr[162] von Schuldeinsicht und Erinnerung sowie als Verarbeitungsversuch narzisstischer Kränkung beschreiben. Je größer diese Kränkung (v. a. durch die Konfrontation mit den Gräueltaten), je «stärker das untergründige Schuldgefühl [...], desto größer das Potential der Abwehrmechanismen» (Schönbach 1961: 26). Abgewehrt wird die Einsicht in den Schuldzusammenhang vor allem, weil sie die fortgesetzte Identifikation mit dem nationalen Kollektiv erschwert. Adorno (1955a: 150) beschreibt den sekundären Antisemitismus als «den Versuch, die eigene überwertige Identifikation mit dem Kollektiv, zu dem man gehört, in Übereinstimmung zu bringen mit dem Wissen vom Frevel: man leugnet oder verkleinert ihn, um nicht der

162 Die Begriffe Abwehr und Verdrängung sind weniger in ihrer psychoanalytischen Bedeutung zu verstehen: «Die Tilgung der Erinnerung ist eher eine Leistung des allzu wachen Bewusstseins als dessen Schwäche gegenüber der Übermacht unbewusster Prozesse.» (Adorno 1959: 14)

Möglichkeit jener Identifikation verlustig zu gehen». Nationalismus verträgt sich nicht mit der Erinnerung an die NS-Verbrechen, darum wird die Forderung nach einem *Schlussstrich* unter die Vergangenheit immer dort laut, wo die (*deutsche*) Nation wieder *selbstbewusst* gemacht werden soll.

Wie jeder Antisemitismus stellt auch der sekundäre eine Rationalisierung von Aggressionen, hier derjenigen der Schuld- und Erinnerungsabwehr, dar. Verbreitet ist die Meinung, Jüdinnen und Juden würden die Erinnerung an die Shoah für eigene, zumeist finanzielle oder machtpolitische Zwecke missbrauchen. 2008 meinten rund 49 Prozent der befragten Deutschen, die «Juden» würden «versuchen, heute Vorteile daraus zu ziehen, dass sie während der NS-Zeit die Opfer gewesen sind» (Zick et al. 2011: 65). Eine Variante stellt die Behauptung einer angeblichen «Holocaust-Industrie» (Schwietring 2014) dar: Diese betreibe – im vorgespielten Interesse der Opfer – systematisch einen Missbrauch des Leidens. Das Motiv der *jüdischen Geldgier* verweist auf Kontinuität: «Die Abwehr der Erinnerung an das Unsägliche, was geschah, bedient sich eben der Motive, welche es bereiten halfen.» (Horkheimer/Adorno 1959: V) Dies gilt auch für die *jüdische Rachsucht*, mit welcher seit jeher das schlechte Gewissen angesichts antisemitischer Verfolgung beruhigt wird.

Die individuellen Folgen der Schuldabwehr haben Magarete und Alexander Mitscherlich (1984: 24) beschrieben: «Wo psychische Abwehrmechanismen wie etwa Verleugnung und Verdrängung […] eine übergroße Rolle spielen, ist regelmäßig zu beobachten, wie sich die Realitätswahrnehmung einschränkt und stereotype Vorurteile sich ausbilden; in zirkulärer Verstärkung schützen dann die Vorurteile wiederum den ungestörten Ablauf des Verdrängungs- oder Verleugnungsvorganges.» Im Groben lassen sich «drei Reaktionsformen, mit denen die Einsicht in die überwältigende Schuldlast ferngehalten wird», unterscheiden (ebd.: 40): Gefühlsstarre, (oberflächliche) Identifikation mit den Siegermächten und manisches Ungeschehenmachen.

Die Abspaltung der Affekte, basales Element kapitalistischer Vergesellschaftung, ging nicht nur der Tat voraus, sondern bildet auch die Grundlage ihrer Verdrängung. Die «Affektverleugnung und Affektisolation» führt dazu, dass «das, was in Auschwitz geschah, zwar durchweg anerkannt wird, aber im Erleben nichts bedeutet.» (Juelich 1995: 98) Die Affektverleugnung wird im Umkehrschluss als Beleg für die eigene Unschuld genommen: Weil die TäterInnen und ihre Nachkommen nicht unter dem Getanen litten/leiden, unfähig und unwillig waren/sind, «das Grauenhafte als grauenhaft wahrzunehmen» (Anders 1979: 186), konnte keine Schuldeinsicht wachsen. Wo diese fehlt, kann jedes Insistieren auf Verantwortung, jedes Erinnern nur als *Moralkeule* wahrgenommen werden. Bloß das kulturindustriell bearbeitete Grauen findet den Zugang zu den Emotionen – und ruft sentimentale Reaktionen hervor. Die Abwehr wird nicht nur nicht gestört, sondern vielmehr wird das «kalte und leere Vergessen» (Adorno 1959: 22) befördert, der Erinnerung der Stachel gezogen: «Die massenmediale Kultur hat Auschwitz assimiliert. Das zu begreifende Unbegreifliche ist in eine triviale Banalität verwandelt worden» (Claussen 1995: 13). Der Erfolg der kulturindustriellen Aufbereitung des *Holocaust* hat eine Ursache im Bedürfnis, sich selbst keine Vorstellung machen zu müssen.

Das von den Eliten vorexerzierte Überlaufen in die Lager der militärischen Sieger, begünstigt durch Konformismus, die rasche Kolonnenbildung im Kalten Krieg und die Kontinuität im Ticketdenken, war nicht mit einer Schuldannahme verbunden. Vor allem erlaubte die Identifikation mit den Alliierten die narzisstische Kränkung, welche die Niederlage bedeutete, zu heilen. Sie ging einher mit einer Externalisierung des *Bösen*, zu dessen Opfer man sich erklärte. Diese Wahrnehmung stellt ein durchgängiges Reaktionsmuster dar: Viele sahen sich als *Opfer* Hitlers, der geradezu exterritorialisierten Nazis, des von seiner Ursache befreiten Krieges, der alliierten *Besatzung* usw.

Auch der manische Charakter des *Wiederaufbaus* rührte aus dem Verdrängungswunsch (Arendt 1950: 51). Es blieb 1945 keine Zeit, Antisemitismus öffentlich zu thematisieren, musste sich doch die nunmehr «sekundäre Volksgemeinschaft» (Scheit 2001: 93ff) dem *Wiederaufbau* widmen. Auch diese nationale Großtat erlaubte keine störenden Fragen. So heißt es in der österreichischen Regierungserklärung vom 27. April 1945: «Österreicher! Schließt Euch zusammen zur Wiederaufrichtung Eures freien Gemeinwesens und zum Wiederaufbau Eurer Wirtschaft! Vertagt allen Streit der Weltanschauungen, bis das große Werk gelungen ist!»[163] Diese Vertagung der politischen Auseinan-

163 https://www.jku.at/fileadmin/gruppen/142/Staatsgesetzblatt_Rep_Oesterreich.pdf

dersetzung brauchte aber gar nicht verordnet werden, sie ist die Folge der ängstlich-vermeidenden Haltung gegenüber der NS-Vergangenheit. Die Vermeidung blieb nicht auf den Nazismus und seine Verbrechen beschränkt, sondern dehnte sich auf andere Bereiche aus. Gleiches gilt für die Haltung, «mit Tatsachen so umzugehen, als handle es sich um bloße Meinungen.» (Arendt 1950: 47) Dieser «erschreckendste Aspekt der deutschen Realitätsflucht» affizierte sämtliche Bereiche, «auf allen Gebieten gibt es unter dem Vorwand, dass jeder das Recht auf eine eigene Meinung habe, eine Art Gentlemen's Agreement, dem zufolge jeder das Recht auf Unwissenheit besitzt.» (Ebd.) Der «Durchschnittsdeutsche» glaube, «dieser allgemeine Wettstreit, dieser nihilistische Relativismus gegenüber Tatsachen, sei das Wesen der Demokratie» – wo er doch «eine Hinterlassenschaft des Naziregimes» darstelle (ebd.).

Im sekundären Antisemitismus wird die Spannung zwischen antisemitischer Einstellung und der weitgehenden Ächtung ihrer Artikulation den Juden und Jüdinnen angelastet. Der durch diese Spannung entstehende Druck wird auf die *rachsüchtigen Juden* projiziert und dann wie seit jeher als «Verfolgung der Antisemiten durch die Juden» halluziniert (Löwenthal 1949: 82). In Sätzen wie: «Man darf ja heute gar nichts mehr sagen über die Juden!» spiegelt sich das Stereotyp von der *jüdischen Allmacht* – und die Paranoia. Die tatsächliche Präsenz von Auschwitz in den Medien wird, unter Aktualisierung des alten Stereotyps von der *jüdischen Pressemacht*, dem Einfluss der Jüdinnen und Juden oder – unverfänglicher – des *Zionismus* zugeschrieben. Wird die «schreckliche[.] Unschuld» der *Deutschen* «mit dem Urteil einer moralisch intakten Welt konfrontiert», verwandelt sie sich in «Verfolgungswahn» (Arendt 1950: 58). Der innere Spannungszustand zwischen dem narzisstisch besetzten Selbst und Resten von Schuldgefühlen, die durch die Abwehrmauern sickerten und vom Ich als von außen aufoktroyiert empfunden werden, wird zur Quelle der Paranoia, die bereits den modernen Antisemitismus massenwirksam werden ließ. Die Projektion ist der zentrale Mechanismus auch im sekundären Antisemitismus: Nun werden das Schuldgefühl und die Erinnerung auf Juden und Jüdinnen übertragen. Gehasst und verfolgt werden diese, weil sie allein durch ihre Existenz dauernd an Auschwitz erinnern. Wer das Grauen nicht an sich herankommen lässt, neigt dazu, «den, der auch nur davon spricht», von sich wegzuschieben, «als wäre er, sofern er es ungemildert tut, der Schuldige, nicht der Täter.» (Adorno 1966: 93)

Im philosemitischen Diskurs werden Jüdinnen und Juden zur moralischen Instanz erhoben, die mahnend über der TäterInnengesellschaft thront. Auch hier wird ihnen Macht zugeschrieben, aber nun wird erwartet, von der Autorität geliebt zu werden (Rommelspacher 1995: 45ff). Kindern gleich bitten sie Juden und Jüdinnen um «Vergebung» für ihre «bösen Taten», so Österreichs Bundeskanzler Franz Vranitzky (SPÖ) 1993 in Israel. Lassen sich die derart Bedrängten nicht in die Rolle der gütigen Eltern pressen und zeigen sie wenig Bereitschaft, das Geschehene vergessen zu wollen, kommt es oft zum Umschlag in den Hass. Mindestens die Drohung eines wieder erstarkenden Antisemitismus schwebt dann über denjenigen, die der *Aussöhnung* im Wege stehen.

Im öffentlichen Diskurs ist ein Formwandel der Verdrängung festzustellen: Anstatt über die Shoah zu schweigen, kommt fast keine Sonntagsrede mehr ohne den Verweis auf sie aus. So hat etwa die Koalition aus SPD und *Grünen* versucht, den Angriffskrieg auf Jugoslawien mit einem zu verhindernden zweiten Auschwitz zu legitimieren. Schon im Stadium des Schweigens erkannte Adorno (1955a: 237): «Man hat es nicht so eilig mit dem Schlussstrich unter die Vergangenheit, wenn sie der Abwehr dient.» Solche Instrumentalisierung der Shoah ist möglich, weil die Erinnerung an sie mehr und mehr von der an die Opfer abgetrennt wurde.[164] Dementsprechend trat in der globalisierten Gedenkkultur der Antisemitismus als verursachendes Moment in den Hintergrund – zu Gunsten allgemeiner Kategorien wie *Moderne* oder *Genozid* (Seymour 2013).

Mit den Modifikationen der Vergangenheitspolitik in den 1990er Jahren hat sich die Gelegenheitsstruktur für den sekundären Antisemitismus verändert. Zusammenfassend lässt sich der Wandel als einer von Schuldabwehr zu Schuldentlastung beschreiben. Der sekundäre Antisemitismus beruht heute nicht mehr vorrangig auf «Abwehr der Schuld [...], sondern vielmehr auf deren Anerkennung, die nach Entlastung sucht.» (Quindeau 2006: 163) Gefunden wird diese Entlastung vor allem in der *Israelkritik*. Daneben geht die Schuldanerkennung

164 In seiner Extremform, der *Holocaust Inversion*, wird diese Instrumentalisierung heute in den Dienst der Feindschaft gegen Israel gestellt (Klaff 2011).

einher mit dem (Selbst-)Bild der geläuterten Nation, deren *Aufarbeitung der Vergangenheit* vorbildlich sei. Die Restitution des beschädigten Narzissmus, wie er aus der Schuldanerkennung resultiert, erfolgt mittels Stolz auf die *Gemeinschaft*, die sich ihrer Vergangenheit stelle.

Juden-Bilder

Der 1942 in Treblinka ermordete Pädagoge Chaim A. Kaplan wies darauf hin, dass sich der *Antisemit* sein Objekt «als körperlich unrein vorstellt, als einen Aussätzigen» (zit. n. Wistrich 2003: 121). Tatsächlich sind negative körperliche Zuschreibungen an *Juden* älter als die Rassentheorien. Als Busch 1882 reimte «Krumm die Nase und der Stock» und «Das ist Schulchen Schievelbeiner/(Schöner ist doch unsereiner!)», griff er auf jahrhundertealte Mythen über eine *jüdische* Hässlichkeit zurück (Diers 2008). Mit diesen wird seit jeher versucht, der «Abscheulichkeit jüdischer Motive» Nachdruck zu verleihen (Löwenthal 1944/45: 225). Es ist der negative Geist, der sich im hässlichen Körper spiegelt. Dieser ist nach dem Verdrängten ausgestaltet: Die Fixierung auf die Nase[165] und die «häufig fleischig[en], oft wulstig[en]» Lippen (Verschuer 1944: 138) verweisen auf projizierte sexuelle Wünsche.

Der Beginn der Visualisierung des *jüdischen* Körpers datiert Ende des 15. Jahrhunderts (Dittmar 1995: 44). Mit dem Buchdruck begannen die *Judenbilder* schneller zu zirkulieren, schon die *Schedsche Weltchronik* (1493) ist voller antisemitischer Illustrationen. Ende des 17. Jahrhunderts tauchten die ersten *Judenkarikaturen* auf, worin Hilberg (1994: 28) den Beginn des «antijüdischen Rassismus» sieht. Durch Postkarten und satirische Bilderbögen wurden im 19. Jahrhundert negative «Judendarstellungen zu vielfach rezipierbaren Konsumgütern» (Haibl 1997: 44). Im Internetzeitalter festigte das Bild (Karikatur) seinen Stellenwert als wichtiges Medium des Antisemitismus. Mehr noch als der Text ist es in der Lage, spontane (negative) Reaktionen auszulösen. Daneben ist es die Mehrdeutigkeit des Bildes, die es vor allem für verschämte AntisemitInnen so attraktiv macht.[166]

1882 hieß es in Glagaus *Kulturkämpfer*: «Den Juden ist eine besonders abweichende, unter sich ähnliche charakteristische

---

165 Im Unbewussten wird die Nase mit dem Penis gleichgesetzt, was auf die den *Juden* zugeschriebene sexuelle Gier verweist.

166 So flutet ein (brasilianischer) Zeichner und Antiimperialist seit Jahren die *globale Intifada* mit Antisemitismus: Carlos Latuffs Machwerke brachten es 2012 auf Rang drei in der vom *Simon Wiesenthal Center* Los Angeles erstellten Liste der zehn bedeutendsten antisemitischen Beleidigungen.

Gestalt und Physiognomie gemeinschaftlich […]. Alle tragen den Stempel orientalischer Abkunft» (zit. n. Weiland 2004: 138). Neben der *jüdischen* (großen und gekrümmten) Nase, die ihren Ursprung in Darstellungen des *Teufels* hat (Nonn 2008: 13) und ab dem 16. Jahrhundert auf Altarbildern zu finden ist (Scheit 1999: 56), dienen vor allem schwarze und gekräuselte Haare dem *fremd* Machen der Juden.[167] Dem *Sturm und Drang*-Dichter Jakob Lenz schien es «offenkundig, dass die Juden überall auf der Welt das Zeichen ihres Vaterlandes, des Orients, auf sich tragen. Ich meine ihr kurzes, schwarzes, lockiges Haar, ihre braune Haut.» (Zit. n. Gilman 1995: 168) In der Ethnologie des 19. Jahrhunderts wurden *Juden* «im wörtlichen Sinne als Schwarze betrachtet.» (Ebd.: 169) So fühlte sich Naudh (1861: 39) bei ihrem Anblick an «Neger erinnert».

In den 1920er Jahren rückte der *jüdische* Körper in das Zentrum der *Rassenhygiene*: Die Nazis beobachteten bei den *Juden* einen «flachen Brustkorb, runden Rücken, schlechte Körperhaltung und besonders häufig Plattfüße.» (Verschuer 1944: 138) Hitler (1925/27: 61) stieß sich an ihrer «wenig heldische[n] Erscheinung». Dass «krummbeinige, widerwärtige Judenbankerte[168]» in die Lage gekommen seien, «Hunderttausenden von [*deutschen*, Anm.] Mädchen» zu verführen, sei dem «affige[n] Modewesen» zu verdanken, das «die körperliche Schönheit […] vollkommen in den Hintergrund gedrängt» hätte (ebd.: 458). Wie religiöser Gemeinschaft vor dem *Niederen* ekelt, so graute den gläubigen Nazis vor *Juden*, «selbst die Körper der einzelnen Juden galten als verunreinigend und ansteckend. […] Das Grauen vor den Juden wurde mit solcher Intensität empfunden, dass nicht wenige NS-Funktionäre jeden körperlichen Kontakt scheuten, gehemmt nicht nur durch die Furcht vor Ansteckung, sondern auch durch einen unbestimmten Schauder, wie ihn die Gläubigen mancher Religionen in der Gegenwart des rituell ‹Unreinen› verspüren.» (Goldhagen 1976: 386)

Im 19. Jahrhundert wurde der jüdische Körper zum Medium der Täuschung. So attestierte Bruno Bauer dem Juden, dass es ihm dank «seiner geistigen Elastizität» leicht falle, «sich in

167 Schon im 18. Jahrhundert begann daneben der *jüdische Name* als Fremdmarker zu dienen (Löwenthal 1949: 89). Dieser war nicht nur Erkennungszeichen, sondern auch und vor allem Gegenstand des Spottes, bis heute gehören Namenspolemiken zum Kernrepertoire des Antisemitismus (Bering 1987).

168 *Bankert*: alte (verächtliche) Bezeichnung für ein uneheliches Kind.

das Kleid jeder beliebigen Nationalität zu hüllen» (zit. n. Heid 1990: 89). Der Erfolgsautor Wilhelm Raabe (1864: 295) ließ seinen deutschen Helden «Hans Unwirsch» im *Hungerpastor* «die schlüpfrige, ewig wechselnde Kreatur, die sich einst Moses Freudenstein nannte, [...] mit ganzer Seele» hassen. Der Mutant gilt aufgrund seiner Unbestimmbarkeit als der «gefährliche[.] Jude[.]» und «das nicht greifbare Wesen» (Drumont zit. n. Poliakov et al. 1976: 189). Im 20. Jahrhundert stellte Sombart (1911: 327) die körperliche «Anpassungsfähigkeit» des Juden heraus: Er staunte, «wie beweglich der Jude sein kann, wenn er einen bestimmten Zweck vor Augen hat. Es gelingt ihm, selbst seiner [...] Körperlichkeit in weitem Umfange das Aussehen zu geben, das er ihr geben möchte.» Blüher (1922: 19) warf den Juden vor, sie seien «das einzige Volk, das Mimikry treibt. Mimikry des Blutes, des Namens und der Gestalt. [...] Die jüdische Mimikry ist im Schicksal der Rasse verankert.» Dass diese «unendliche Veränderungsfähigkeit» (Weininger 1903: 429) in der Natur der Juden liege, behauptete auch Rosenberg (1930: 686), der «die beständige Lüge als die ‹organische› Wahrheit der jüdischen Gegenrasse» bezeichnete. Darin traf er sich mit dem Lebensphilosophen Ludwig Klages (1944: 330): «Alles Menschliche ist dem Juden nur bloße Gebärde, ja, sein menschliches Gesicht selbst ist nur eine Maske. Er ist nicht etwa verlogen, sondern die Lüge selbst. Wir stehen also auf dem Punkte zu entdecken: der Jude ist überhaupt kein Mensch.»

Der *Jude* als *Lügner*

Als Hitler (1925/27: 350) den *Juden* als den «große[n] Meister im Lügen» denunzierte und einer seiner Chefpropagandisten die «Lüge» als «alte jüdische Waffe» identifizierte (Leers 1933: 31)[169], konnten sie auch darin an eine lange Tradition anknüpfen. Weil Jüdinnen und Juden am *Gesetz* und an der Möglichkeit von Gerechtigkeit festhielten, wurden sie früh zu *Pharisäern* erklärt. Hatte deren *neutestamentliche* Verdammung noch innerjüdische Konflikte zum Hintergrund, begann sich das Verdikt des *Heuchlers* rasch zu verselbständigen. Es diente nicht zuletzt

169 Der antisemitische Trommler von Leers, der sich 1955 nach Ägypten absetzte und zum Islam konvertierte, strickte eifrig am Mythos der «jüdischen Lügenpresse» (Leers 1933: 35) – der heute ohne verräterisches Beiwort fröhliche Urstände feiert.

der Vereinbarkeit des Mythos von der *jüdischen Feindseligkeit* mit der Realität: Wenn Jüdinnen und Juden in ihrem Verhalten nicht dem Vorurteil entsprachen, wurde das als Versuch gewertet, die *Christen* zu täuschen. In der Emanzipationsepoche wurde auch dieses Stereotyp, das zuerst von der spanischen Inquisition zur Rechtfertigung der Verfolgung der *Conversos* verwendet worden war, säkularisiert. Nun hieß es, Jüdinnen und Juden hätten sich nur zum Zweck der Täuschung in die Nation integriert – um ihre Pläne zur Erlangung der Herrschaft ungestört verfolgen zu können.

Der *jüdische Heuchler* ist auch das Ergebnis einer Projektion: Während dem Judentum die Verteufelung des Materiellen, des Körperlichen und des Geldes unbekannt ist, wurde sie zum Signum des Christentums. Nun kommt «die *Heuchelei* [...] als Systematik von Weltanschauung und Lebensführung» in die Welt: «Denn die Händler müssen nun so tun, als würden sie nicht Handel treiben, die Reichen, als wären sie nicht reich.» (Scheit 1999: 21)

Seit Eisenmenger das Judentum «entlarvt» hat, heißt es, dem *täuschenden Juden* sei der «Meineid» gegenüber «Christen» erlaubt, ja in den Schriften – allen voran im Talmud – sogar vorgeschrieben (Grattenauer 1803: 20). Wagner (1869: 7) sollte die *jüdische Unaufrichtigkeit* dann in die *Rasse* einschreiben: Die «Sprache der Juden» sei niemals wirklich jene «der Nation», vielmehr könne «der Jude nur nachsprechen, nachkünsteln». Die *Verlogenheit* blieb aber nicht auf die Kunst beschränkt: Die *Juden* hätten nicht nur das «Dichten [...] zur Lüge» (ebd.: 21) gemacht, sondern auch die Ökonomie, die unter ihren Händen zum *Schacher* geworden sei (Peters 1997: 66). Und Fritsch (1926: 35) glaubte den «Schlüssel des ganzen Unheils» darin gefunden zu haben: «Die Juden treiben ein falsches Spiel mit uns.» Sie täuschten die *Deutschen* mit ihrer «heuchlerische[n] Maske» und mit ihren «Satanskünsten» würden sie «die arglosen naiven Massen» verführen (ebd.: 41).

Der Jude als *Teufel*

Schon im Johannes-Evangelium schwingt sich *Teufel* als gegengöttliche Personifikation des Bösen zum «Herrscher dieser Welt» (Joh 16,11) auf, um in den Johannes-Briefen weiter ausgemalt zu werden. In der *Offenbarung* (2,9), welche «die Menschen des Abendlandes so kontinuierlich in Angst und Schrecken versetzt» und über Jahrhunderte «im Schatten dieser Panikversion» gehalten hat (Schnädelbach 2000), wird der *Teufel* schließlich zur zentralen Figur – die von den *Juden* angebetet werde. Im 9. Jahrhundert entwickelten Theologen die *Antichrist*-Legende, die besagt, dass dem (wiederkommenden) *Messias* ein Abgesandter *Satans* vorausgehe, der von den *Juden* sehnlichst erwartet werde (Rohrbacher/Schmidt 1991: 178ff). Gegen Ende des 13. Jahrhunderts begann die Kirche, Bilder zu schaffen, auf denen *Juden* zusammen mit dem *Teufel* in einer *Mikweh* (Ritualbad) zu sehen sind. Und der Hetzmönch Martinus, der damals seinen «Dolch des Glaubens» gegen *Juden* und *Türken* zog, versuchte in dieser Schrift zu beweisen, dass «nur der Teufel selbst noch Interesse an der Existenz des Judentums hatte.» (Schubert 1995: 40) Für die *schlecht getauften Christen* wurde die jüdische Hoffnung auf den *Messias* zum «Angriff auf den christlichen Glauben und den Erlöser, der doch für sie längst erschienen war. Der von den Juden erwartete Messias ist ihnen der Antichrist.» (Sterling 1969: 109) Erst die «Zuordnung» der Jüdinnen und Juden «zur Figur des Antichristen» hilft zu verstehen, warum diese «in den Wahrnehmungen von Gegnerschaft» kontinuierlich präsent waren (Heil 2006: 533). Über Jahrhunderte wurde alles Bedrohliche und Negative «in die Symbolgestalt des Teufels gestaut» (Müller-Claudius 1927: 12). In der Panikstimmung, die im 13. und 14. Jahrhundert so viele Menschen in Mitteleuropa angesichts von Hunger, Pest und Kriegen befiel, kam es zur *diabolischen Explosion*, der die Kirche viele Konzessionen machte. Dies gilt vor allem für die Wahnvorstellung, wonach Menschen durch einen Pakt mit dem *Teufel* zu Macht kämen und diese dann für böse Zwecke einsetzten. In seinen misogynen Ausprägungen wurde dieser Wahn im späten 15. Jahrhundert im *Hexenhammer* kodifiziert, wobei Frauen nach dem Vorbild der *Juden* die Fähigkeit zum *wahren* Glauben grundsätzlich abgesprochen wurde.[170]

Antisemitismus und Teufelsglauben sind also eng verzahnt (Trachtenberg 1943): Mit dem Bild des *Juden* tritt der *Teufel* in

170 Die *Hexe* wurde mit dem *Juden* kurzgeschlossen, vermittelt über den *Teufel* und die Magie wurde zwischen beiden ein «Wesensbeziehung» hergestellt (Kreis 1999: 114). Diese drückt sich etwa in der Wortverbindung *Hexensabbat* aus.

die Welt, «die negative Stigmatisierung der Juden [lässt] den Teufel als kontinuierliche Erscheinung und substantiellen Glaubensinhalt überhaupt erst notwendig werden.» (Scheit 1999: 28) Die Identifizierung der *Juden* mit dem *Teufel* ist darum in den definitorischen Kern des Antisemitismus aufzunehmen (Fenichel 1946: 49f). Sie verweist bereits auf seine rassistischen Artikulationsformen: Ohne Diabolisierung würde die «Abgrenzung von den Juden [...] die Physis der Ausgegrenzten unangetastet lassen. Mit der besonderen Rolle aber, die dem Satan zufällt, lauert bereits im Evangelium die Möglichkeit des Rassenantisemitismus» (Scheit 1999: 29) – lange bevor die Menschheit in *Rassen* eingeteilt wurde. Auch die «strukturellen Ähnlichkeiten» mit dem Teufelsglauben legen es nahe, den rassistischen Antisemitismus als dessen säkularisierte Form anzusehen (Wippermann 2005: 10).

Die Bedürfnisse, zu deren Befriedigung die furchteinflößende Figur geschaffen wurde, sind nicht «mit dem Verblassen des Teufels verschwunden» (Lowenfeld 1967: 513). So wurde der Revolutionsversuch 1848 von der Reaktion als Zeichen dafür gesehen, «am Vorabend jener letzten Zeit zu stehen, wo sie [die *Juden*, Anm.] ihrem Messias, dem Antichrist, den furchtbaren Kampf gegen die Kirche Gottes wagen, zu ihrer Herrschaft gelangen und dann in ewiger Zerstörung enden werden.» (Zit. n. Erb/Bergmann 1989: 260f) Bis ins 20. Jahrhundert ließ sich die Angst vor dem *Antichristen* zur Steigerung der Revolutionsangst ausschlachten. In Deutschland und Österreich wurde «die Symbolgestalt des Teufels [...] besonders lebhaft modelliert» (Müller-Claudius 1927: 16f). Und so konnte Hitler (1925/27: 355) die Erfolgsmeldung ausgeben, dass unter den *Deutschen* «die Personifikation des Teufels als Sinnbild alles Bösen die leibhaftige Gestalt des Juden» angenommen habe. Tatsächlich kam der NS-«Mysterienkult» nicht ohne teuflisches «Gegensymbol» aus: «Ein Träger des vielen verbleibenden Übels, ein unfehlbar Verantwortlicher muss vorhanden sein.» (Reichmann 1951: 237) Die Rolle der *Juden* als «zentrale Teufelsgestalten der NS-Eschatologie» (Goldhagen 1996: 180) ist für die massenmörderische Eskalation maßgeblich verantwortlich zu machen: Was verdiente der «Teufel in Menschengestalt» (Leers 1933: 5) anderes als den Tod?

Zur Rolle des Blutes

In vielen antisemitischen Texten finden sich Bilder des *eigenen* und *fremden* Blutes – von der *jüdischen Blutschuld* am Tod Jesu über die *Ritualmorde* bis zur *Blutschande*. Die Blutphantasien verdichteten sich im Laufe der Zeit zu Mythen. Diese radikalisierten sich im Nazismus zum handlungsleitenden Wahn, wonach die eigene *Erlösung* nur über die *Reinigung* des (*deutschen*) Blutes und die Vernichtung der Jüdinnen und Juden zu erreichen sei.[171] Nach Auschwitz verloren die Mythen viel von ihrer mobilisierenden Kraft – jedoch kommt auch der aktuelle Antisemitismus nicht ohne sie aus, wovon etwa das verbreitete Bild des *Kapitalisten* oder *Zionisten* als *Blutsauger* Zeugnis ablegt. Auch die Leidenschaft, mit der bis heute gegen das Schächten gekämpft wird, verweist weniger auf Tierliebe als auf die anhaltende Wirkungsmacht von Fantasien, die sich rund um das Blut gruppieren. Dieses eignet sich besonders gut zu politischer Metaphorik: Nicht nur die Infizierung des Blutes macht den Menschen Angst, auch sein Verlust bedeutet tödliche Gefahr, darum reagieren viele Menschen so panisch auf Blut- und Blutsaugeranrufungen.

Die Rede von den «beschnittenen Vampire[n]» (Hundt-Radowsky 1821: 43) ist relativ jungen Datums, die Schreckgestalt betrat erst Anfang des 18. Jahrhunderts die deutschsprachige Bühne. Die Erklärung der *Juden* zu «Vampiren des deutschen Volkes» (Marr 1880: 44) lag angesichts der langen Tradition ihrer Diabolisierung nahe. Sie hat eine weitere Voraussetzung in der Blutmagie, die den *Juden* ebenfalls schon lange zugeschrieben wurde. Ab dem 18. Jahrhundert erscheint im antisemitischen Schrifttum der «Jude […] als Blutsauger, der Bauer als hilfloses Opfer.» (Rohrbacher/Schmidt 1991: 129) Das Leiden und die Angst in unbegriffenen Verhältnissen wurden mit dem Bild zu bannen versucht: «Aus dem religiösen Vampir ist ein Vampir der Finanzgeschäfte geworden.» (Braun 1990: 173) Im *jüdischen Blutsauger* «materialisierte sich» vor «den Augen der sprachlosen Christenheit […] das Wucherkapital» (Scheit 1999: 49). Das Bild erlaubte es, Christentum und Kapitalismus zu versöhnen: Die «Seligkeit der Christen […] gründet auf der Reinigung» von der «Geldfunktion» (ebd.: 51).

171 Die Reinigungsphantasie kennzeichnet schon ältere Formen des Antisemitismus. So hoffte Naudh (1861: 79), dass der deutsche «‹Michel› eine gründliche Reinigung seines Hauses der Beschneidung vorzöge.»

So ersetzte bei Dühring (1901: 118f) die Ritualmordlegende die Analyse der ökonomischen Zusammenhänge: Er behauptet «gottesdienstliche[.] Morde an Individuen nichtjüdischer Völker mit buchstäblicher Abzapfung des Blutes», um diese zum Beleg zu nehmen für die «Blutsaugerei [...], die man nur im uneigentlichen Sinne so nennt, und von der die Völker der verschiedensten Zeiten bezüglich des Geldes, das in ihren Adern floss und fließt, so Vieles zu erzählen wissen.» Nicht mehr Kinder oder Jungfrauen sauge der *Jude* nun aus, sondern den *Volkskörper*. Im Nazismus wurde der *Blutsauger*-Mythos weiter ausgewalzt, dementsprechend oft findet sich im *Stürmer* der *Jude* als *Vampir* dargestellt. Auch Hitler (1925/27: 358) griff auf ihn zurück: «Das Ende aber ist nicht nur das Ende der Freiheit der vom Juden unterdrückten Völker, sondern auch das Ende dieses Völkerparasiten selber. Nach dem Tode des Opfers stirbt auch früher oder später der Vampir.» 1945 wanderte der Vampirmythos in islamistische und antizionistische Diskurse aus. So meinte *Milli Görüs*-Führer Erbakan: «Der unsichtbare Virus der wirtschaftlichen, politischen und moralischen Krankheiten, der die menschliche Struktur unbarmherzig zerfrisst, sind die zionistischen Vampire.» (Zit. n. Seidel 2000) Und in antiimperialistischen Milieus werden israelische Politiker wie Benjamin Netanjahu gerne als Vampire dargestellt, die ihre Zähne in ein (arabisches) Kleinkind rammen.

Der *Jude* als *Parasit*

Spätestens seit Luther ist der Antisemitismus mit dem Schädlingsdiskurs verbunden. Im 18. Jahrhundert wurde diese Verbindung aktualisiert und insbesondere von Herder aufgegriffen.[172] In dem Ausmaß, in dem der Antisemitismus im 19. Jahrhundert *verwissenschaftlicht* (rationalisiert) wurde, wurde der *Vampir* zum *Parasiten*. Juden und Jüdinnen standen außerhalb des sozialen Ganzen, waren aber Teil der ökonomischen Struktur – und würden sich diese zunutze machen: «Juden sind [...] un-

172 Herder, den Arendt (1955: 93) als «Freund der Juden» verkannte, bezeichnete diese 1784 als «parasitische Pflanze auf den Stämmen anderer Nationen» (Zit. n. Rohling 1871: 69). Sie seien «niederträchtige Werkzeuge des Wuchers» geworden, ihre Emanzipation würde Verfall und «Fäulnis» nach sich ziehen (ebd.).

produktiv, aber sie ziehen Nutzen aus etwas, das ihnen weder gehört, noch von ihnen geschaffen wurde. Kurz, sie sind Parasiten.» (Löwenthal 1944/45: 177) Zunächst wurde das (Sprach-) Bild des *Parasiten* «mehr als Vergleich gebraucht», bald aber «immer stärker mit der naturhaften Wirklichkeit identifiziert» (Bein 1965: 129). Seine volle Wirkung entfaltete der Schädlingsdiskurs, als die Völkischen ihren zur «Sozialgottheit avancierten Begriffsfetisch[.]» *Volk* als *Körper* zu fassen begannen (Lenk 1971: 85). Am *Volkskörper* hätten sich die *Juden* festgesaugt, was der NS-Autor Schickedanz 1927 als «Sozialparasitismus» bezeichnete (Bein 1965: 155). Die Bedeutung des *Parasiten*-Diskurses für die Radikalisierung des Antisemitismus kann nicht überschätzt werden. Das «Bild vom Juden» bestimmte «in nicht geringem Maße die Methoden der Judenvernichtung [...]. So wie man im Mittelalter in ihnen den Antichristen und Satan erschlug und verbrannte, so war die Methode des Vergasens [...] die logische Konsequenz, nachdem sich die Vorstellung von den Juden als Parasiten endgültig durchgesetzt hatte.» (Bein 1980: 370)

Unfähig, den Kapitalismus zu durchschauen, griffen auch viele Linke auf das Bild zurück: Das *jüdische* «Blutegelvolk» setze sich gleich einem «fressenden Parasiten» fest (Bakunin zit. n. Brumlik 1992: 40). Im späten 19. Jahrhundert begannen Rechte, mit Blutmythen im sozialen Gewand ihre Sozialdemagogie zu befeuern. So erlaubte es die Agitation gegen die *jüdischen* «Blutegel» dem Hofprediger Stoecker, sich als *oppositionell* und als Anwalt der *kleinen Leute* zu inszenieren (Buchholz 2002: 86). Als Hitler (1925/27: 340) vom «ewigen Blutegel», der «sich an den Körper des unglücklichen Volkes» ansetze, schwadronierte, versprach die lange Tradition dieser Zuschreibung, dass sie verstanden wurde.

Neben der langen Dauer begünstigt das Phobische an Parasiten und manchen Insekten den Erfolg solcher Bilder. Insbesondere die Spinne erfreut sich in antisemitischen Diskursen großer Beliebtheit, symbolisiert sie doch Minderwertigkeit und Gefährlichkeit – der Ekel wird mit der Angst vor den sozialen Veränderungen kurzgeschlossen. Etwa vom Konservativen Scharffenstein (1851: 8f): Die *Juden* würden «mit allen den ihnen zu Gebot stehenden Mitteln dahin [trachten], das christliche Element [...] zu ersticken und die Verehrung und Herrschaft des Mammons [...] an die Stelle des Christentums zu setzen, sich selbst aber im Herzen Europas [...] festzusetzen, um von da aus, wie eine Spinne, die ihr Netz um alles schlingt, dasselbe auszusaugen».

Von der Mixophobie zum Reinigungswahn

Im Christentum verwandelte sich das jüdische Verbot zum Gebot des Blutverzehrs, der die Vereinigung mit *Gott* herstelle. Darum spielt «das Konzept einer ‹Reinheit› des Blutes eine zentrale Rolle.» (Braun 1995: 180) Die erste *Reinheit* ist die des *Blutes Christi*: «Das christliche Ideal der körperlichen Unberührtheit, ja der Körperlosigkeit, überlebte die Säkularisierung und kehrte in der Vorstellung des reinen Geistes ebenso wieder wie in der Inaugurierung des gesunden und reinen Volkskörpers.» (Stögner 2014: 91) Nachdem sich die *Deutsche Nation* im 19. Jahrhundert als *christliche* konstituiert hatte, wurde die Transformation des *reinen Corpus Dei* zum *reinen Volkskörper* möglich. Als «dessen symbolische Trägerin» erscheint «die einzelne Frau. Dem Juden aber wird [...] die Rolle zuteil, das ‹Opfer› der ‹Rasseschande› auszusetzen und damit zu ‹kreuzigen›.» (Braun 1995: 185) Im Antisemitismus wird das «Volk» nicht als Abstraktum gedacht, «sondern als einheitlicher Volkskörper, dessen Unversehrtheit von der ‹Reinhaltung› des Blutes abhängig gemacht wird.» (Stögner 2014: 152)[173] Geht schon die Idealisierung der eigenen Nation mit der «Abspaltung des Bösen und dessen Projektion auf Feinde» einher(Bohleber 1992: 704), so verstärken die Vorstellungen von der *Blutsgemeinschaft* die Angst vor *Verschmutzung* und aktivieren die «Phantasie einer vorambivalenten narzisstischen Verschmelzung mit der Mutter» (ebd.: 701).

Der zuerst christliche und dann rassistische Blutmythos ist aus Gegensätzen gewoben: Das *böse* oder *schmutzige* (*jüdische*) Blut steht für *Körperlichkeit*, *Siechtum* und *Infektion*, das *gute* oder *reine* Blut Christi und der *Deutschen* für kollektive

173 Antisemiten wie Naudh (1861: 29) sahen im Staat keine «Abstraktion», sondern den «Ausdruck einer Volksindividualität». Das «Gefühl des natürlichen Zusammenhalts» stelle sich darum nur «bei gleichartiger [...] Bevölkerung» ein (ebd. 30). Weil der *deutsche* Staat «die Personifikation des deutschen Volkes» sei, «gehören die in Deutschland lebenden Juden so wenig zum deutschen Staat als der Bandwurm zur Person des Patienten.» (Ebd.: 32)

Adelung und *Opferbereitschaft*. Zum Schutz des *deutschen Blutes* bildeten sich antisemitische Männerbünde wie die Burschenschaften, die Juden nicht nur nicht aufnahmen, sondern ihnen auch jede *Wehrfähigkeit* und *Ehre* absprachen. Die *deutschen* Waffenstudenten symbolisieren demgegenüber mit ihren blutenden Wunden (*Schmisse*) die Bereitschaft, das Leben für das *Vaterland* zu geben. Am zentralen Stellenwert des *Opfertodes* in der völkischen Heilsbotschaft zeigt sich, dass die *arische* Religion der christlichen nachgebildet ist (Braun 1995: 185).

Zwischen christlichem und rassistischem Blutmythos steht Wagner, dessen *reine Blutsgemeinschaft* des *Parsifal* zum Vorbild der Nazi-Bünde und -Orden werden sollte. Er sah sein *Bühnenweihefestspiel* als «tiefgründige Parabel darüber […], wie die europäische Menschheit in ihrem Wesen durch fremdartige, unmenschliche jüdische Werte vergiftet worden ist. Die Oper ist eine […] Allegorie der reinigenden Erlösung. Anstelle von religiöser Reinheit predigt die säkularisierte Religion Parsifals die neue Lehre von rassischer Reinheit» (Rose 1999: 255). Wagner wollte die Welt erlösen – durch die *Reinigung des Blutes*. War der Rassismus seit Gobineau durch Pessimismus und Fatalismus gekennzeichnet, begann Wagner ab den späten 1870er Jahren auf den *reinen Helden*, der sich für die Zukunft der *Rasse* opferte, zu hoffen. In *Parsifal*, einem «Hexengebräu aus christlichem Mitleid, buddhistisch-schopenhauerischer Entsagung und rassistischem Vorurteil» (Millington 2012: 239), kommt dem *reinen* Blut des *arisierten* Christi zentrale Bedeutung für die Erlösung zu: Es könne die *Rassen* (außer die *jüdische*) veredeln und so das Gobineausche Gesetz der Degeneration umkehren. Gleiches gelte für das *deutsche* Blut, das aber vorher *rein*gemacht werden müsse, «denn es ist verunreinigt durch drei Seuchenherde: lieblose Ehe, Fleischessen und [nach Wagner, Anm.] ‹durch degenerierende Vermischung des heldenhaften Blutes edelster Rassen mit dem, zu handelskundigen Geschäftsführern unserer Gesellschaft erzogener, ehemaliger Menschenfresser›. Die kannibalischen, dem Menschenopfer frönenden, Blut essenden Juden sind das Hindernis auf dem Weg zur revolutionären Erlösung der Menschheit» (Rose 1999: 242). *Parsifals* (und Wagners) Streben nach *Reinheit* hat die *Juden* als Projektionsflächen des *Unreinen* und *Schmutzigen* zur Voraussetzung und Folge. Die Oper ist gekennzeichnet durch die «Verknüpfung von sexueller Lust und Krankheit» (Vinnai 2017: 26), von der auch Hitler

(1925/27: 272) besessen war: Er sah die Ursache für die «Versyphilitisierung des Volkskörpers» in der «Prostituierung der Liebe», «Verjudung unseres Seelenlebens und Mammonisierung unseres Paarungstriebes» (ebd.: 270). Als prototypischer «totalitärer Charakter» phantasierte Hitler immerzu «von verbotenen und schlimmen Dingen, die in der Welt vorgehen, besonders auch von sexuellen Ausschweifungen der anderen. Die ‹Dekadenz› der Opfer ist ein Schlagwort der totalitären Henker aller Schattierungen.» (Horkheimer/Adorno 1952: 368f)

Eines der *Zehn deutschen Gebote*, die Fritsch (1887: 359) formuliert hat, lautet: «Du sollst Dein Blut reinhalten.» Den irrationalsten Ausdruck fand die Ansteckungsphobie in der *Imprägnationstheorie*, die im 1918 erschienenen Bestseller *Die Sünde wider das Blut* von Artur Dinter gossenliterarische Form erhalten hat. Demnach werde eine *arische* Frau durch den sexuellen Kontakt mit einem *Juden* zeitlebens geschändet und sei für die eigene *Blutsgemeinschaft* verloren. Dinter (1918: 266) betonte, «dass der [*jüdische*, Anm.] Kommerzienrat diese Rassenvergiftung am deutschen Volke nicht etwa nur unbewusst verübte, um seinen Lüsten zu frönen, sondern dass er damit planmäßig geradezu teuflische Ziele verfolgte.» Auch wenn Dinters krude Blutthesen in den 1930er Jahren verworfen wurden, fanden sie partielle Umsetzung im *Blutschutzgesetz* von 1935. Stand die Idee der *Blutschande* zunächst für den Inzest, so bedeutete sie nun den verbotenen Verkehr mit *jüdischem Blut*. Diese Bedeutungsverschiebung erfolgte parallel zur, im frühen 19. Jahrhundert einsetzenden Enttabuisierung, ja Idealisierung der Geschwisterliebe: «Es scheint beinahe, als verwandle sich mit der Säkularisierung die Forderung nach Keuschheit – einst Voraussetzung für die Reinheit des Blutes – in eine Forderung nach Geschlechtsverkehr mit dem eigenen Blut.» (Braun 1990: 203) Insbesondere die (*deutschen*) *Männerphantasien* zu Beginn des 20. Jahrhunderts waren voller inzestuöser Motive, die dem völkischen Reinheitsprimat geschuldet waren (Theweleit 1977: 114ff): Die *Gemeinschaft* wird als Blutsbande von Identischen halluziniert. Dieser kollektive Narzissmus findet seine sexuelle Entsprechung im (Geschwister-)Inzest. Bei Wagner sollte er «zu einer Art von germanischem Messianismus» werden (Braun 2013: 84): Der Inzest von Siegmund und Sieglinde zeugt Siegfried, der solcherart *unbefleckt* von Körperlichkeit zum *deutschen Christus* wird.

Verteufelung des *Wuchers*...

Im achten Jahrhundert erließ die Kirche das Verbot, Geld gegen Zinsen zu verleihen, jedoch hielt sie sich nicht einmal selbst daran – dennoch wird das Zinsverbot oft für historische Realität gehalten. In dieser sei für Juden kein anderer Platz geblieben als der *wucherische* Geldhandel. Die Verknüpfung von *Juden* und *Wucher* wurde früh zum Bestandteil kirchlicher Propaganda und des Alltagsglaubens. Mit der Wirklichkeit hat der *Wucherjude* nichts zu tun (Toch 1993: 117): Die meisten «geschichtswissenschaftlichen Aussagen über jüdischen Wucher [wurden] durch hermeneutische Verfahren, durch die Textinterpretation vielfach erzählender Quellen, womöglich auch durch traditionelle Konditionierungen mancher Historiker [gewonnen]: Eine weitgehend ungebrochene, unreflektierte Tradition verbindet den heutigen, wissenschaftlichen Gebrauch des Begriffs Wucher mit dem [...] Schacher– und Wuchervorwurf» des Antisemitismus (Rohrbacher/Schmidt 1991: 95). Zwar gehört eine «gruppenspezifische Konzentration» zum «Normalzustand jeder kleinen und permanenten Minderheit in irgendeiner Mehrheitsgesellschaft» (Barkai 1991: 207), war der Geldhandel «der wichtigste [...] Beruf der Juden des Spätmittelalters» (Toch 1993: 118). Das heißt aber weder, dass alle Juden Geldhändler, noch, dass alle Geldhändler Juden waren. Vielmehr unterschied sich bis ins 19. Jahrhundert die Berufsstruktur in den jüdischen Gemeinden – von einem Überhang der Dienstleistungsberufe abgesehen – nicht besonders von der der Mehrheitsgesellschaft. Die verzerrte Wahrnehmung von den ausschließlich im Geldhandel tätigen Juden rührt – dort, wo sie nicht von antisemitischer Absicht getragen ist – aus den «Besonderheiten der obrigkeitlichen Verwaltungsschriftlichkeit [...]. Zum Bürgerrecht zugelassen, besteuert und daher regelmäßig aufgeschrieben wurden beinahe ausschließlich die Geldhändler. Der Rest der jüdischen Bevölkerung war nicht von fiskalischem Interesse.» (Ebd.: 120) Solche quellenkritische Bedachtsamkeit lässt die Wissenschaft oft vermissen, etwa wenn die Gewaltausbrüche mit den Klagen der «verschuldeten Bauern über die hohen ‹Wucherzinsen›, die ihnen die jüdischen Geldverleiher abverlangten» (Berding 1988: 73), ursächlich in Zusammenhang gebracht werden. Wer die Radikalisierung des Antisemitismus nach 1871 mit dem «Würgegriff jüdischer Viehhändler, Gutsaufkäufer, Kreditgeber» erklärt (Zmarzlik 1981: 254), macht das «Vorurteil der Anklage» zum «Vorurteil der Erklärung» (Liepach/Geiger 2014: 150).

Die Verdammung des *jüdischen Wuchers* wurde maßgeblich vom schlechten Gewissen angesichts des eigenen Zinswuchers motiviert. Zum projektiven Anteil am Wuchermythos kam das Bedrohliche am Unverstandenen. Das ungelöste Geldrätsel vergrößerte die sozialen Ängste und wurde wie alles Unbegriffene der Magie zugeschlagen. Als *Zauber* wurde der *Wucher* den *Juden* zugeschrieben, hätten doch diese schon mit ihren blutmagischen Ritualen eine Nähe zur Magie bewiesen (Luther 1543: 181). Seinen Fluch gegen Geld und Nicht-Arbeit baute Luther – wie so oft in der Geschichte des Antisemitismus – auf der jüdischen Selbstkritik an der Verehrung des *Goldenen Kalbes*, bis heute einer der beliebtesten antisemitischen Codes (Heil 1997). Ähnliche Bedeutung kommt der «Urszene des Christentums» (Scheit 1999: 19), dem Bild von der Vertreibung der *Händler* und *Wechsler* aus dem Tempel, zu. Auch die Nazis griffen darauf zurück, so Hitler, der im April 1922 bekundete: «In grenzenloser Liebe lese ich als Christ und Mensch die Stelle durch, die uns verkündet, wie der Herr sich endlich aufraffte und zur Peitsche griff, um die Wucherer, das Nattern- und Otterngezücht hinauszutreiben aus dem Tempel!» (Zit. n. Jäckel/Kuhn 1980: 623)

Die lange Tradition der Ritualmordbeschuldigung erleichterte die Verknüpfung von *Juden* und *Wucher*: So wie sie dem unschuldigen *Christenkind* das Blut abzapften, würden sie das *Christenvolk* aussaugen (Bein 1965: 121). Der Zusammenhang von Opfer, Geld und Blut bildet das «Scharnier der Passionsspiele und Ritualmordlegenden. […] Die Aneignung des Reichtums in Form des Zinses kann mit der phantasierten Tötung von Christus bzw. von Christen gekoppelt werden, und damit ist die ideologische Einkreisung des Judentums […] geschlossen, die mit der Vertreibung der Händler aus dem Tempel begann. […] Blut wird zum heiligen Saft der Akkumulation, es fungiert offenkundig als *christliches Pseudonym* für die Arbeit, die sich in Geld verwandelt.» (Scheit 1999: 57f)

Es war vor allem Wagner, der das Geld als Hindernis für die *Erlösung* bestimmte: Mit seiner Abschaffung sei «die volle Emanzipation des Menschengeschlechts» mit einem Schlag zu erreichen. Ist das Geld und mit ihm das synonym gesetzte Judentum einmal überwunden, werde «Gott» die Menschheit «erleuchten» (zit. n. Viereck 1939: 20). Den Platz, den «bei Marx der Begriff des *Wertes* – als *reale Abstraktion* – einnimmt, besetzt Wagner mit dem Judentum – als dem *Dämon der Menschheit.* [...] Weil Wagner das real Abstrakte des Kapitalverhältnisses nicht denken wollte, brauchte er das irreal Konkrete des jüdischen Dämons» (Scheit 1999: 323). Mit solchem Konkretismus einher ging die Dichotomisierung von *deutscher* Arbeit und *jüdischer* Nicht-Arbeit. Diese kann in ihrer Bedeutung für die antisemitische Raserei nicht überschätzt werden: «Aus dem modernen Mythos des schließlich für spezifisch deutsch gehaltenen Arbeitsgeistes erwuchs eine der Vernichtungsstrategien des Völkermordes.» (Brückner 1998: 92) Dementsprechend verurteilte Hitler 1934 «alles, was nicht verfiebert zur Arbeit drängt und sich zur Arbeit bekennt, [...] zum Absterben» (zit. n. Domarus 1988: 351).

Mit der Adelung der schwieligen Hände und dem Vorwurf an die *Juden*, sie verachteten die Arbeit und seien nur daran interessiert, die *Christen* auszubeuten (Luther 1543: 199f), ging der Antiintellektualismus einher. Dieser kann als verquerer «Ausdruck einer tiefen Rebellion» gegen den Lohnarbeitszwang und «einer unbewussten Sehnsucht nach Befreiung mittels des menschlichen Intellekts» analysiert werden (Löwenthal 1944/45: 179). Dem antisemitischen und anti-intellektuellen Ressentiment ist (verdrängter) Neid gemeinsam – die *Intellektuellen* scheinen «zu denken, was die anderen sich nicht gönnen» und vergießen «nicht den Schweiß von Mühsal und Körperkraft» (Horkheimer/Adorno 1944/47: 196f). Weil sie sich nicht mit dem unwahren *Ganzen* identifizieren, stehen sie im Verdacht, illoyal bzw. *Verräter* zu sein – was sie zu *Juden*, dem «teuflische[n] Ferment der Dekomposition» (Goebbels 1944: 174) macht.[174] «Der wurzellose Intellektuelle [...] trägt den gelben Fleck des Zersetzenden» (Adorno 1964: 488): In der Weigerung, unhinterfragt zu glauben, ging ihm der *ungläubige Jude* voraus. Dessen «psychische Inhalte sind sämtlich mit einer gewissen Zweiheit oder Mehrheit behaftet. [...] Innere Vieldeutigkeit [...] ist das absolut Jüdische, Einfalt das absolut Unjüdische.» (Weininger 1903: 281f)

174 1865 hieß es in einer anonymen Schrift, dass der *Jude* «zur Analyse» neige: «Das Zerlegen wird ihm leichter als das Zusammensetzen; Negation ist seine Stärke, denn er hat sich lange darin geübt und gestählt im Kampf gegen das Positive.» (N. N. 1865: 16)

...Heiligung der *Arbeit*

Das *deutsche* Arbeitsethos «mobilisiert die Arbeit gegen das Geld, gegen den Wucher, gegen ‹den Juden›.» (Scheit 1999: 66) Luther machte in Anknüpfung an Mt 6,24 den *Mammon* zum bösen Gegen-*Gott* der *Juden*. Um den alten Teufelsglaube der Bannung der Angst vor der Geldwirtschaft dienstbar zu machen, stattete er den *Wucherer* mit diabolischen Zügen aus: «Also ist kein größerer *Menschenfeind* auf Erden (nach dem Teufel), denn ein [...] Wucherer, denn er *will über alle Menschen Gott sein.* [...] Darum ist ein Wucherer [...] wahrlich nicht ein rechter Mensch, [...] er muss [...] schier so böse [sein] als der Teufel selber.» (Luther 1540: 321ff) Der Reformator deutete das *israelitische* Verständnis von Arbeit (als Last) um: Sie wurde ihm zum *Segen*, was ihn zum Begründer der «protestantischen Werkmoral» (Walter Benjamin) macht. Im 19. Jahrhundert wurde die *Deutsche Arbeit* zum *Identität* stiftenden Kitt der *Gemeinschaft*. Aus dieser wurden Jüdinnen und Juden nun auch deswegen ausgeschlossen, weil ihnen «alle Arbeit [...] als eine Strafe» erscheine (Fries 1816: 6).

Der Theologe Friedrich Buchholz (1803: 161) betrachtete den «Reichtum» nur «in den Händen des Juden als eine furchtbare Kraft»: Der «Jude» könne nicht «einen wohltätigen Gebrauch» von ihm machen, da er «sein Interesse von dem Nationalinteresse» absondere und darum «nicht den schwächsten Antrieb hat, ihn zum Besten des Ganzen anzulegen». Danach hetzte Fries (1816: 11) gegen die *jüdischen* «Brotdiebe»: «Ohne einen Kreuzer wert Arbeit geliefert zu haben, sind den Reichen unter ihnen ihre Bettelsäcke mit Millionen gefüllt worden, welche die Schacherteufel eurem christlichen Schweiß und Arbeit entwendet und dort zusammengehäuft haben. Dies Unwesen kann nicht ohne schreckliche Gewalttat zu Ende gehen.» Und Arndt (1814: 196) glaubte zu wissen, dass «ein Jude lieber» hungere, «als dass er im Schweiße seines Angesichts sein Brot verdiente. [...] Wie Fliegen und Mücken und anderes Ungeziefer flattert er umher, und lauert und hascht immer nach dem leichten und flüchtigen Gewinn, und hält ihn, wann er ihn erschnappt hat, mit blutigen und unbarmherzigen Klauen fest.» Weil die «Christen [...] gezwungen» seien, mit den «Juden [...] in ihren Künsten und Listen zu wetteifern», würden sie *verjudet* (ebd.: 197). Nach Naudh (1861: 70) habe das *jüdische Kapi-*

tal «seine parasitische Natur nie verleugnet: es diente nicht zur Produktion, sondern zum Raube.» Weil die *Juden* aufgrund ihrer «parasitischen Selbstsucht» zur Staatenbildung nicht fähig seien (ebd.: 61), würden sie danach streben, «in andere Völker einzudringen und deren Nationalität zu zersetzen.» (Ebd.: 58)

In der *Gründerkrise* war es vor allem Glagau, der den Antisemitismus als Sozialdemagogie inaugurierte. Die Angst auslösenden sozialen Verwerfungen machte er in der Tradition des Wuchermythos zum Machwerk der *Juden*: «Die soziale Frage ist die Judenfrage» (zit. n. Volkov 1978: 29). Glagau, dessen Ansichten eine «außergewöhnliche Verwandtschaft mit der späteren Gedankenwelt des Nationalsozialismus» aufweisen (Massing 1959: 9), nannte das «Judentum [...] das angewandte, bis zum Extrem durchgeführte Manchestertum. [...] Es kennt nur den Handel und auch davon nur noch den Schacher und Wucher. Es arbeitet nicht selber, sondern lässt andere für sich arbeiten. [...] Sein Zentrum ist die Börse.» (Zit. n. Fetscher 1974: 37) Auch Treitschke (1879: 11) unterschob den *Juden* eine «schwere Mitschuld an jenem schnöden Materialismus unserer Tage, der jede Arbeit nur als Geschäft betrachtet und die alte gemütliche Arbeitsfreudigkeit unseres Volkes zu ersticken droht.»

Die erstmals von den *Germanenchristen* 1819 vorgenommene Gegenüberstellung von *raffendem* (*jüdischem*) und *schaffendem* (*deutschem*) Kapital (Sterling 1969: 136) erlaubte, «eine Form der Sozialkritik zu äußern, die weder die Fundamente der etablierten Ordnung noch das Privateigentum in Frage stellte.» (Raphael 1995: 109) Bis heute bedient solcher *Antikapitalismus* das Bedürfnis nach gleichzeitiger Auflehnung und Unterordnung. Der autoritären Rebellion ist nur «das Kapital [...] gefährlich, welches ohne alle Arbeit sich vermehrt, welches ins Schrankenlose wächst, durch Börsenspiele und Finanzoperationen» (Liebermann von Sonnenberg zit. n. Pulzer 2004: 102). Im Gegensatz dazu das *ungefährliche* «Kapital [...], welches sich erst durch Arbeit umsetzt [...]. Nur Börsenkapital, wucherisches Kapital, [...] muss man bekämpfen.» (Ebd.)

Dieser *Antikapitalismus* vermochte es, politischen Protestantismus und Katholizismus zu einen: *Kreuzzeitung* und *Germania* trafen sich in der Zuweisung der Schuld am Börsenkrach an die *Juden*. Darin waren sie nach eigener Wahrnehmung erfolgreich, hieß es doch bereits im September 1875 in der *Germania*, dass «Hass gegen die Börse und Hass gegen das Judentum sich decken.» (Zit. n. Lange 2010: 42) 1872 war in den *Historisch-politischen Blättern für das katholische Deutschland* zu lesen, dass «die Geldliebe [...] jüdischen Ursprungs» sei: «Der Mammon ist zum eigentlichen Gotte des Juden geworden.» (Zit. n. Blaschke 1997: 117) Und Waldhausen (1892: 10) charakterisierte im Rückgriff auf die Machwerke des Münchner Professors Walter Riehl das «jüdische Erwerbsleben [...] durch zwei Erscheinungen»: «1. ohne produktive Tätigkeit durch Ausbeutung der Arbeit anderer, 2. durch Spiel und Spekulation [...] zu Reichtum zu gelangen. Die christliche Auffassung ist bekanntlich gerade entgegengesetzt.»

Der *jüdische Kapitalismus* ist eine Chimäre, die sich aus antisemitischer Tradition speist. Es gibt kaum ein antisemitisches Stereotyp, das hartnäckiger ist als jenes vom *faulen Juden*, der durch die Arbeit anderer reich geworden sei. Im 19. Jahrhundert wurde es mit dem Bild des *Kapitalisten* zur Deckung gebracht. Wie wenig es mit der sozialen Realität zu tun hatte, zeigen die dauernden Rückgriffe auf die Religion und das «Alte Testament», welches «das Wesen des jüdischen Volkes» widerspiegele (Jung 1926: 23). Da in der Wirklichkeit keine Belege dafür zu finden waren, musste das *Buch Mose* herhalten, um «das Wesen des jüdischen Volkes als des ‹auserwählten› Schmarotzervolkes und Vertreter des raffenden Finanzkapitalismus» zu beweisen (ebd.). Unter Bezugnahme auf Sombart (1911) und Wahrmund (1887) erklärten die Nazis das Vermögen des *Juden*, «so leicht zu Geld» zu kommen und «es so glänzend zu gebrauchen» mit der vermeintlichen Tatsache, dass er nie «Ackerbauer» war, sondern seit jeher «Nomade» sei (ebd.: 26). Dem (*jüdischen*) «Materialismus» stellten sie den (*deutschen*) «Idealismus» gegenüber. Letzterer bestehe darin, «eine Sache um ihrer selbst willen und nicht wegen des zu erwartenden Nutzens zu tun» (ebd.: 27).

Sombart schuf mit seinem *Die Juden und das Wirtschaftsleben* eine «besonders wirkmächtige Quelle für einen wissenschaftlichen Antisemitismus, der keine bekennende Antisemiten mehr benötigte» (Berg 2018: 287f). Er behauptete den Ursprung des Kapitalismus in der Rationalisierung, die er mit dem Judentum gleichsetzte (Sombart 1911: 242, 276): «Damit der Kapitalismus sich entfalten konnte, [...] musste erst ein spezifisch rational gestalteter Seelenmechanismus an die Stelle des urwüchsigen, originalen Lebens gesetzt werden» (ebd.: 281). Es gebe in der modernen Welt nichts *Organisches* mehr, «nur

Mechanisches, Künstliches» (ebd.: 331) – darum ist sie *jüdisch*. Sombart zeichnete den «perfekte[n] Börsenspekulanten» als «nüchtern abwägenden, genau rechnenden Menschen [...] mit einer starken Dosis kombinatorischer Phantasie, mit der [...] der Jude gut versehen ist» (ebd.: 332). Den Mythos vom *jüdischen Wucher* nahm er für historische Realität und versuchte ihn mit dem Talmud zu beweisen (ebd.: 37f). Aber nicht nur in rabbinischen Schriften finde sich die Disposition, ja Verpflichtung zu diesem schändlichen ökonomischen Verhalten, sondern auch in der «besondere[n] Veranlagung» der *Juden* (ebd.: 376). Wenn *Christen* «Wucher getrieben» hätten, dann plagte sie dabei das schlechte Gewissen, während die *Juden* geradezu stolz darauf seien. Der «fromme Jude» betrachte «an seinem Lebensabend schmunzelnd die wohlgefüllten Kästen und Truhen, wo die Zecchinen angehäuft lagen, die er in seinem ganzen Leben dem elenden Christen- (oder auch Mohamedaner-) Volk abgezwackt hat: ein Anblick, an dem sein frommes Herz sich weiden konnte, denn jeder Zinsgroschen, der da lag war ja fast wie ein Opfer, das er seinem Gotte dargebracht hatte.» (Ebd.: 287)

Die «angebliche Affinität der Juden zum Geld» stellt «das grundlegendste und allgemeinste aller Vorurteile über Juden» dar (Liepach/Geiger 2014: 150) – und ist «eine der Prämissen der deutschen Revolutionsideologie» (Schatz/Woeldike 2001: 29). Erleichtert wurde und wird die Verbindung von *Jude* und Geld durch den *unheimlichen* Charakter der warenförmigen Vergesellschaftung: «Tauschwert verglichen mit Gebrauchswert. Dieses Verhältnis hat etwas Unheimliches an sich.» (Löwenthal 1944/45: 183) Die Gleichsetzung von *Juden* und Geld als dem «Medium des Abstrakten» wurde mittels «Biologisierung und Essentialisierung» weiter konkretisiert (Stögner 2014: 113). Mit der Universalisierung der Warenproduktion verwandelte sich der Antisemitismus «in eine *Alltagsreligion*, die durch den Mechanismus der Personalisierung der verdinglichten Welt etwas gibt, woran man sich halten kann: Hass auf den Juden. Erst die bürgerliche Gesellschaft wird zur *antisemitischen Gesellschaft par excellence*. Das Mittel der Personalisierung übersetzt [...] die sachlich geronnene vermittelte Realität zurück in die unmittelbare Beziehungswelt von Personen [...]. Die Juden scheinen überall, obwohl es nur der Wert ist, der sich an alles heftet.» (Claussen 1987a: 16)

Jede Ware beinhaltet Tauschwert, da in ihr eine bestimmte Menge gesellschaftlicher Arbeitszeit vergegenständlicht ist. Der in der Produktion festzumachende soziale Charakter der Arbeitsprodukte tritt aber «erst in der Zirkulation zu Tage [...]. So verhüllt sich der gesellschaftliche Charakter der Arbeitsprodukte als ‹objektive› Wert-‹Eigenschaft› der Gegenstände. Auf der Erscheinungsebene stellt sich somit der (Tausch-)Wert der Ware als die abgetrennte ‹abstrakte Seite› dar. [...] das ‹Geheimnisvolle der Waren› besteht darin, den Menschen ihre Arbeit, die doch durch gesellschaftliche Verhältnisse geprägt ist, zurück zu spiegeln als eine ‹Natürlichkeit der Ware› selbst.» (Schatz/Woeldike 2001: 35) Der allgemeine Fetischismus erfuhr in Deutschland eine spezifische Ausprägung. Insbesondere das *deutsche* Arbeitsverständnis kann als Ausdruck des *Sonderweges* gesehen werden: Während in England «das Produkt, in dem die Arbeit verkörpert schien, sowie der Tausch dieses Produktes im Mittelpunkt» stand, «wurden in Deutschland [...] die Verausgabung der Arbeit um ihrer selbst willen, also die Arbeitstätigkeit, und die Autorität der Vorgesetzten und Unternehmer als zentrale Kategorien wahrgenommen. Die englischen Arbeiter und Arbeiterinnen nahmen sich eher als handelnde Subjekte wahr, die ihre Produkte zu ‹Markte tragen›, im Gegensatz zu den deutschen, die sich als ‹schaffend› begriffen und die Distributionssphäre verteufelten.» (Ebd.: 23) Dementsprechend war gerade in Deutschland (und Österreich) «die Beharrungskraft des Antikapitalismus» besonders «zäh» (Blaschke 1997: 113). Im frühen 19. Jahrhundert wurde die «‹deutsche Arbeit› als Form einer konkreten Vermittlung imaginiert [...], die die Entfremdungsphänomene der Moderne kuriert.» (Achinger 2011: 377) Die ökonomische «Vermittlungstätigkeit» blieb mit dem «Makel» behaftet, zweitrangig oder *unnatürlich* zu sein: «Tief eingewurzelt im menschlichen Bewusstsein ist die Idee, dass man einmal in früheren Zeiten auch ohne den Handel ausgekommen sei» (Reichmann 1951: 44f). In Deutschland und Österreich, wo «das Heer und die Bürokratie den Handelsberuf in seiner sozialen Schätzung niederhielten, ist seine Minderbewertung bis in unsere Tage hinein allgemein.» (Ebd.: 45)

Das (Welt-)Verschwörungsphantasma

Als Rohling (1871: 61) den *Juden* vorwarf, ihre Religion gebiete ihnen, nach der «Herrschaft über das Universum» zu greifen, reihte er sich in eine lange Tradition ein. Die modernen Verschwörungsmythen stellen «eine modernisierte, säkularisierte Form des mittelalterlichen Volksglaubens» dar (Cohn 1969: 12). Kontinuität besteht vor allem in der behaupteten Feindschaft der *Juden* gegen die *göttliche Ordnung*, die im 19. Jahrhundert zur *nationalen Ordnung* wurde. Aber noch in ihren säkularen Formen weisen diese Mythen einen «christlich-heilsgeschichtliche[n] Bezugsrahmen auf (Bieberstein 1977: 32). Wird der Verschwörungsglaube von seiner Kontinuität abgeschnitten, bleibt zur Erklärung nur die verzerrte Realität in ihrer verzerrten Wahrnehmung: «Die internationale Verzweigung des Hauses Rothschild […] wirkte auf viele antijüdisch eingestellte Zeitgenossen besorgniserregend. Es kam die Legende von der Herrschaft des europäischen Finanzjudentums auf. Von hier führt ein direkter Weg zum antisemitischen Mythos von der jüdischen Weltverschwörung.» (Berding 1988: 19)

Angesichts ihrer Bedeutung scheint es angebracht, die *jüdische Weltverschwörung* gleich dem vorausgehenden Gottesmordvorwurf und die von ihm abgeleitete *jüdische Macht* dem definitorischen Kern des Antisemitismus zuzurechnen (Postone 2003: 200). Ein einfacher «Steckbrief» mit all den feindseligen Zuschreibungen reicht nicht aus, um den Hass dauerhaft zu motivieren: «Auf den ersten Blick scheint es, dass der Antisemitismus sich da einen ganz entbehrlichen Luxus geleistet hat, indem er diese ganze Weltverschwörungstheorie ersann […]. Sieht man aber näher zu, so stellt sich's heraus, dass der Antisemitismus sehr konsequent gewesen ist und seine Weltverschwörungstheorie als eine unabweisliche Notwendigkeit darstellt.» (Segel 1924: 228) Seit jeher erzählt er «die gleiche finstere Geschichte von Machenschaften und Verschwörung. Ob Zionist oder Jude, immer ist der negative Held dieser Geschichte mit den gleichen Kräften ausgestattet: mit denen der Krake, dieses vielarmigen Monsters, das in seinen Tentakeln zahllose Opfer vernichtet» (Finkielkraut 1984: 158).

Die *Protokolle der Weisen von Zion* stehen «am vorläufigen Ende einer viel weiter zurückreichenden Kette ähnlicher Vorstellungen» (Heil 2006: 15f). Bereits «Mitte des 14. Jahrhunderts stand ein stimmiges Konzept von ‹jüdischer Weltverschwörung› unter Auslassung aller möglichen metaphysischen Anbindungen bereit» (ebd.: 297). Der in den *Protokollen* verdichtete Mythos bediente «eine Erwartungshaltung und das Wissen von einer imaginierten Realität [...], die weit älter waren.» (Heil 2002: 43) Die Verbindung von «archaisch-religiösen und säkular-weltlichen Momenten» stellt das «Bemerkenswerteste, sozialpsychologisch vielleicht Zugkräftigste und für alle Verschwörungstheoreme Charakteristische» dar (Bieberstein 1977: 33).

Kontinuität ist auch in den psychischen Funktionen des Mythos zu finden, allen voran in der Bildung von esoterischer Gemeinschaft, der Ermöglichung der Verwandlung von abstrakter Angst in konkrete Furcht und in der narzisstischen Zufuhr, welche die *Entlarvung* bereitet. Am Verschwörungsmythos lässt sich die Erklärungsfunktion des Antisemitismus gut zeigen: Er bedeutet «Selbstermächtigung durch Pseudo-Erkenntnis» und «vermittelt die Illusion der Kontrolle, die insbesondere für die Verarbeitung von Krisenerfahrungen wichtig ist. [...] Nichts geschieht zufällig, alles was geschieht ist determiniert und intendiert von einer kleinen, aber mächtigen Gruppe von Verschwörern.» (Erb/Kohlstruck 2009: 425) Weil der Verschwörungsmythos «der Selbsterhaltung von Individuen und Gruppen» dient (Heil 2006: 24), ist ihm bis heute so schwer beizukommen. Zudem sind Mythen als soziale Phantasiebildungen per Definitionem nicht zu widerlegen – was ihre politische Instrumentalisierung nahelegt.

Die abwechselnd als Fälschung und Plagiat bezeichneten *Protokolle* bezogen ihre Plausibilität und Wirkkraft maßgeblich aus der langen Tradition der Diabolisierung der *Juden*: Nur ihre Verknüpfung mit dem *Teufel* erlaubte es, ihre angeblichen Pläne und ihr behauptetes Wirken mit so großer Angst zu besetzen. Weil die *Juden* die ersten *Verschwörer* (*Gottesmörder*) waren, blieben sie der «einzige über Jahrhunderte hinweg stabile und immer wieder neu kontextualisierte Faktor in der Wahrnehmung feindlicher Verschwörung» (ebd.: 532). Neben dieser Kontinuität war es die scheinbare Realitätstauglichkeit der *Protokolle*, die ihre Wirkung erklärt: Sie nahmen ihren Ausgang bei tatsächlicher Modernisierung – die als *jüdisches Teufelswerk* eschatologisch aufgeladen wurde. Das Schreckbild einer drohenden Zukunft entfaltete seine Plausibilität vor dem Hintergrund einer bedrohlichen (und unverstandenen) Gegenwart. Auch der dokumentarische Duktus der *Protokolle* sollte ihre

Glaubwürdigkeit erhöhen. Die *Weisen von Zion* bilanzieren zuerst die Folgen ihrer hinter- und untergründigen Tätigkeit in den verschiedensten Bereichen. Dadurch finden «alle Widrigkeiten des modernen Zeitalters ihre Erklärung» (Segel 1924: 206), von der Verstädterung und Proletarisierung über die Gleichberechtigung (der Religionen und Geschlechter) bis hin zum Freihandel. Dementsprechend entdeckte Fritsch (1924: 6) bei «näherem Zusehen [...], dass die vorgetragenen Anschauungen und Pläne [...] in vielen tatsächlichen Vorgängen [...] eine überraschende Bestätigung finden. Ja, man darf sagen: Erst aus der genauen Kenntnis dieser sogenannten Zionistischen Protokolle werden viele Rätsel unserer Zeit verständlich.» Auch Hitler (1925/27: 337) nahm die «Wirklichkeit», also seine antisemitischen Phantasiegebilde, zur Bestätigung der *Protokolle*: «Was viele Juden unbewusst tun mögen, ist hier bewusst klargelegt. [...] Es ist ganz gleich, aus wessen Judenkopf diese Enthüllungen stammen, maßgebend aber ist, dass sie mit geradezu grauenerregender Sicherheit das Wesen und die Tätigkeit des Judenvolkes aufdecken und in ihren inneren Zusammenhängen sowie den letzten Schlusszielen darlegen.»

Die erste deutsche Ausgabe der *Protokolle* erschien 1919, bis 1938 erreichte sie 22 Auflagen. Rasch sollte «das Gespenst der jüdisch-freimaurerisch-bolschewistischen Weltverschwörung zum wohl wirkungsvollsten Instrument antisemitischer Verhetzung werden. Gläubiger Wahn und zynische Bereitschaft zu plumper Fälschung gingen [...] Hand in Hand.» (Segel 1924: 213) Fritsch, der 1924 mit einer eigenen Ausgabe der *Protokolle* von deren Erfolg profitierte, erkannte ihr zum Massenmord aufrufendes Potential: «Eines aber ergibt sich als unabweisbare Forderung aus diesen ‹Protokollen›: Das Judentum darf nicht länger unter uns geduldet werden! So ist [es] eine Ehrenpflicht der gesitteten Nationen, dieses räudige Geschlecht auszuscheiden, da es schon durch seine Anwesenheit alles verpestet, die Völker geistig und seelisch krankmacht, gleichsam die geistige Luft vergiftet, in der wir atmen.» (Fritsch 1924: 76)

Obwohl der Verschwörungsmythos damals nur revitalisiert wurde, wird er manchmal als «spezifisch nationalsozialistisch angesehen» (Bieberstein 1977: 41). Aber der Erfolg des Nazismus ist ohne die Massenwirksamkeit des alten Mythos, der auch von den Kirchen gepflogen wurde, nicht zu verstehen. Für die Nazis war die *jüdische Weltverschwörung* «der hermeneutische Schlüssel», der ihnen einen «Sinn in Geschichte und Politik eröffnete.» (Uptrup 2002: 452) Gerade totalitäre Bewegungen sind durch die Fixierung auf *Verschwörungen* gekennzeichnet. Sie stellen eine Notwendigkeit für solche Bewegungen dar, weil «nur unter dieser Bedingung die eiserne Disziplin einer Geheimgesellschaft sich in einer Massenorganisation verwirklichen lässt.» (Arendt 1955: 560) Auch scheinen solche paranoiden Gruppen «offenbar nur als ‹Antwort› auf eine solche Fiktion organisiert werden [zu] können.» (Ebd.) Die Nazis, die sich 1929 die Rechte an den *Protokollen* sicherten, handelten tatsächlich so, «als ob die Welt von den Juden beherrscht sei und einer Gegenverschwörung bedürfe, um gerettet zu werden.» (Ebd.: 537) Wer an die *jüdische Weltverschwörung* glaubt, kann gar nicht anders als «ohne Rücksicht auf menschliche Regungen, Mittel zu ersinnen, wie der Gefahr zu begegnen sei, weil das Schicksal der Menschheit auf dem Spiel steht.» (Zumbini 2003: 662)

Zur Aktualität des Mythos

Der Verschwörungsmythos erhöhte seine Relevanz für die ideologische Vergesellschaftung in dem Ausmaß, in welchem der alte, religiöse Schleier über den Verhältnissen Risse bekam. Solange *Gott* das Leben kontrollierte, brauchten die Beherrschten diesen Mythos zum Ausgleich des Kontrollverlustes nicht. Die Demokratisierung stellt eine notwendige Voraussetzung der Erfolge solcher Mythenbildungen dar: Erst nachdem das *Volk* souverän geworden ist, dürfen die Herrschenden es nicht länger im Geheimen regieren. Sind diese *Geheimnisse* dann auch noch sinnverkehrende Plagiate machiavellistischer Politikkonzeptionen, wird deren Umsetzung als Bestätigung für die *Verschwörung* ausgegeben. So etwa vom AfD-Kader Wolfgang Gedeon, der 2012 die Echtheit der *Protokolle* behauptete: Diese seien intellektuell «hochwertig, ja genial» und nicht antisemitisch. Er erkannte, dass die «zionistischen Cliquen» in der Verfolgung ihrer politischen Ambitionen «im 20. Jahrhundert sehr erfolgreich waren», auch gebe es «gewisse Analogien zwischen der in den Protokollen propagierten politischen Strategie und Taktik und zum Beispiel der politischen Methoden der Brüsseler EU».[175]

175 http://www.wgmeister.de/wp-content/uploads/2016/06/Protokolle_aus_Der_gruene_Kommunismus.pdf

Nach 1945 hat der Verschwörungsmythos manche seiner Funktionen eingebüßt, er wird in Westeuropa heute kaum mehr unmittelbar herrschaftlichen Interessen dienstbar gemacht.[176] Hier sind es psychische Bedürfnisse, die den Mythos am Leben erhalten. Maßgeblich begünstigt werden seine Erfolge durch die Neigung, die kapitalistischen Verhältnisse zu personalisieren. Dieser strukturelle Antisemitismus wird durch den Verschwörungsmythos zum manifesten: «Antisemitismus und personalisierende Kapitalismuskritik treten deswegen gemeinsam auf, weil beide durch eine verschwörungsaffine Weltsicht befördert werden.» (Imhoff/Decker 2013: 150) Im antikapitalistischen Verschwörungsmythos werden nicht die Strukturen für die Misere verantwortlich gemacht, sondern (mächtige) Personen und deren moralische Verkommenheit (*Profitgier*). Auf die Personalisierung und Moralisierung folgt die Verschwörungstheorie, denn anders als mit geheimen Absprachen der *Drahtzieher* kann ein komplexes Gebilde wie das kapitalistische Weltsystem nicht erklärt werden. Die «Affinität zwischen allgemeiner Verschwörungsmentalität und antisemitischen Einstellungen» kann demensprechend auch dann nachgewiesen werden, «wenn diese Einstellungen ohne jegliche Referenz zu jüdischen Verschwörungen gemessen werden.» (Ebd.: 149)

176 In den arabischen Ländern und im Iran, aktuell die Hauptverbreitungsregionen der *Protokolle*, steht der Verschwörungsmythos jedoch weiter im Dienst politischer Herrschaft. Aber auch in den zunehmend autoritär regierten Staaten Osteuropas, allen voran Ungarn, wird er von offiziellen Stellen propagiert.

Struktureller Antisemitismus

Die weitgehende «Kommunikationslatenz» des Antisemitismus nach 1945 (Bergmann/Erb 1986) bedeutete nicht dessen Ende. Die Hoffnung, dass sein Heraushalten «aus der öffentlichen Kommunikation [...] langfristig die Tradierung antijüdischer Stereotype abschwächen» könne (ebd.: 225f), hat sich nicht erfüllt. Es scheint, als überdauerte der Antisemitismus seine öffentliche Ächtung auch, indem seine Projektionen auf andere Objekte verschoben wurden oder sich über «Umwegkommunikation» in akzeptierter Weise artikulieren (ebd.: 230). Adorno (1964a: 90) stellte dem sich auf Andeutungen und Codes beschränkenden Antisemitismus ein «Krypto-» voran. Für jenen Teil des Ressentiments, der sich unter gleichbleibenden psychodynamischen Funktionen von den *Juden* gelöst hat, möchte ich das Attribut *strukturell* vorschlagen. Als ein Beispiel für strukturellen Antisemitismus nannte Adorno die «Astrologie»: Der Glaube an die Sinnstiftung durch Sterne sei mit dem antisemitischen verwandt, beide teilten die «Tendenz, nicht etwa das schwelend Unbewusste aufzuklären, sondern es zu manipulieren und in den Dienst irgendwelcher Sonderinteressen zu bringen» (ebd.: 93). Bis ins Detail ließe sich «eine strukturelle Übereinstimmung» von «‹astrologischen Stereotypen› und ‹antisemitischen Stereotypen›» nachweisen (ebd.).

Nach dem Konzept des strukturellen Antisemitismus kann sich das Ressentiment auf verschiedene Objekte aufspalten, denen unterschiedliche Projektionen angeheftet werden – es ist «gewissermaßen zerfallen» (Markl 2001: 175). Angesichts der Ähnlichkeit der Zuschreibungen scheint es legitim, auch dort, wo «antisemitische Semantik ohne die Konstruktion von Juden» auskommt (Holz 2001: 534), von – eben strukturellem – Antisemitismus zu sprechen. Die Projektionen auf Ersatzobjekte «erfüll[en] in der Psyche der Verfolger die gleichen Bedürfnisse» wie der manifeste Antisemitismus (Markl 2001: 174). Das Konzept hilft zudem, das behauptete Abrücken Rechtsextremer vom offenen Antisemitismus richtig einzuordnen: Während die leidenschaftlichen Motive auf *Moslems* verschoben wurden, schlägt das weltanschauliche Motiv in den kultivierten Verschwörungs*theorien* durch. Und diese sind eben nicht erst dann antisemitisch, wenn *Juden* als die *Verschwörer* benannt werden.

Auch scheint dem Antisemitismus eine Tendenz zur Ausweitung innezuwohnen: Horkheimer und andere haben schon 1941 darauf hingewiesen, dass die Grundstruktur des Antisemitismus «sich nicht allein in antisemitischen Ausbrüchen» manifestiert, sondern «auch in Angriffen, denen andere Gesellschaftsgruppen ausgesetzt» sind (Horkheimer et al. 1941: 381). Als Beispiel sei die Agitation gegen den – eben als *parasitär*, *lasterhaft* und den nationalen Rahmen überschreitend dargestellten – Adel angeführt (Greive 1983: 20). Weitere Beispiele stellen der antiarmenische und antichinesische Rassismus (Schmidinger 2004: 24), der Diskurs über die *Organisierte Kriminalität* (Markl 2001: 176ff), Antiintellektualismus (Nordmann 1995), Antiamerikanismus (Diner 2002)[177], Antiurbanismus (Kahmann 2016), fetischistischer *Antikapitalismus* und stalinistischer Antiimperialismus (Haury 2002: 210ff) dar.

Der fetischistische *Antikapitalismus* verharrt an der Oberfläche, spielt Untrennbares gegeneinander aus und verwandelt die abstrakte Herrschaft des Kapitals in eine personale Herrschaft der *Kapitalisten*. Das *falsche* Bewusstsein schließt «aus dem Nichtauffinden von Herrschenden bei gleichzeitiger Aufrechterhaltung von Herrschaft, dass sich die Herrschenden dann nur umso besser verstecken müssen, ihre Herrschaft also in einer Art Geheimbund, einer dunklen Macht, die aus dem Hintergrund verborgen die Fäden zieht, ausüben.» (Schmidinger 2004: 17) Mit Postone (1979) kann dieser *Antikapitalismus* als Charakteristikum des modernen Antisemitismus gesehen werden.[178] Er ist die extremste Form der Mystifikation des Kapitalismus: Der Kapitalismus wird nicht als «die unmittelbare Einheit von Produktion und Zirkulation» kritisiert (Marx 1858: 622), sondern aufgespalten. Aus dem Doppelcharakter der Ware werden zwei Entitäten: die Produktion von Gebrauchs-

177 Antisemitismus und Antiamerikanismus treffen sich «in der personalisierenden bzw. naturalisierenden Wahrnehmung gesellschaftlicher und insbesondere ökonomischer […] Strukturphänomene» (Knappertsbusch/Kelle 2010: 149) und weisen «analoge Strukturprinzipien» auf (Beyer/Liebe 2010: 216).

178 Postone (2000: 140) wies darauf hin, dass die dem *Juden* zugeschriebenen Eigenschaften – Abstraktheit, Unfassbarkeit, Universalität, Mobilität usw. – allesamt «solche der Wertdimension der kapitalistischen gesellschaftlichen Verhältnisse sind.»

werten (konkrete Arbeit) und die Zirkulation von Tauschwerten (abstrakte Arbeit). Aus den unterschiedlichen Funktionen des Kapitals werden unterschiedliche Wesenheiten und anstatt gegen den Kapitalismus wird gegen das (*internationale*) Finanzkapital agitiert. Die kapitalistischen Gesetzmäßigkeiten werden zu Folgen des schändlichen Treibens *profitgieriger Kapitalisten* oder *Spekulanten* – welche ihr Werk in den USA begannen – umgedeutet. Insbesondere in der Krisenrezeption wird oft auf solcher Klaviatur gespielt. So 2005 die *IG Metall*: Auf einem Titelbild ihrer Zeitung war neben der Überschrift *US-Firmen in Deutschland: Die Aussauger* ein breit grinsender Investor als Stechmücke dargestellt. Der Leitartikel *Die Plünderer sind da* ist mit weiteren Zeichnungen gleichen Inhalts illustriert, darunter: «Wie Mücken saugen die amerikanischen Finanzinvestoren die deutschen Firmen aus.» (Urban 2018: 300ff) Neben alten Blutsaugerbildern erlebte der Mythos von der *Güterschlächterei* aus dem 19. Jahrhundert in antiamerikanischer Bemäntelung eine Wiederauflage. Die Verantwortlichen der *IG Metall* knüpften solcherart «an eine lange Tradition antisemitischer Hetzbilder an» (Blättler/Schmieder 2010). Dennoch zog 2007 die Gewerkschaft *verdi* in einer Publikation nach: Illustriert mit Heuschrecken[179], betitelt mit *Finanzkapitalismus – Geldgier in Reinkultur!* Dort heißt es, dass das «Prinzip des ‹Geldmachens›» nicht etwa schon den Kapitalismus kennzeichne, sondern erst «auf den Finanzmärkten zur alles entscheidenden Triebkraft» werde.[180]

179 Seit dem 18. Jahrhundert werden Jüdinnen und Juden als «Heuschrecken» bezeichnet und damit die Phantasien von rasender Vermehrung und grenzenloser Gier geschürt (Erb/Bergmann 1989: 202).

180 http://www.koop-son.de/fileadmin/user/Dokumente/Arbeitswelt_im_Wandel_2009/finanzkapitalismus.pdf

Zusammenfassung

Nach einem generischen Verständnis des Antisemitismus stellen dessen Artikulationsformen nur Varianten dar und unterscheiden sich nicht «strukturell voneinander» (Globisch 2013: 19). Mögen die antisemitischen Zuschreibungen auch differieren, weisen sie doch gemeinsame Sinngehalte und Strukturmerkmale auf (Haury 2002: 106ff): Zuerst wird eine *jüdische* Fremdgruppe konstruiert[181] und homogenisiert, dann mit negativen Eigenschaften ausgestattet und in Kontrast zur (ebenfalls homogenisierten) Eigengruppe gesetzt. Diese Dichotomisierung steigert sich zur Selbstviktimisierung – die Eigengruppe wird zum *Opfer* der Fremdgruppe.

Zum definitorischen Kern des modernen Antisemitismus zählt daneben die Konstruktion von (harmonischer) *Gemeinschaft* gegen (abstrakte) *Gesellschaft*, mit der die *Juden* als *zersetzendes Drittes* in Verbindung gebracht werden: Sie «werden gerade nicht […] wie die Franzosen, Slawen oder Christen als anderes Volk, als andere Rasse oder andere Religion konzipiert, sondern als Inhaber einer weltumspannenden, verborgenen Macht, die nicht nur die Weltherrschaft anstrebt, sondern auch die Unterschiede zwischen allen Völkern, Rassen und Religionen zersetzen will.» (Holz 2005: 31) Dann geht Antisemitismus deduktiv vor, die behaupteten negativen Eigenschaften der Fremdgruppe werden ihren Mitgliedern zugeordnet: «In short, antisemitism is the process of turning Jews into ‹Jews›» (Klug 2004: 227). Das *Judenbild* als Ergebnis dieses Prozesses «ersetzte […] zunehmend das des realen Juden, bis schließlich jeder Jude nur noch durch diese entstellende Brille wahrgenommen wurde. […] Die Verfolgung scheint die Fiktion seiner Andersartigkeit zur Wirklichkeit werden zu lassen. Durch die ‹Bestrafung› wird seine ‹Schuld› etabliert.» (Braun 1990: 209f)

Schließlich werden die (unverstandenen) Verhältnisse und das Leiden in diesen zur *Schuld* der *Juden* gemacht (Personalisierung). Dieses «Moment der Verkörperung» kennzeichnet den Antisemitismus an entscheidender Stelle: «Mögen seiner

181 Solche, in feindlicher Absicht vorgenommene Differenzkonstruktionen sind von tatsächlichen (religiösen) Differenzen zu unterscheiden (Schäuble 2012: 402).

Phantasie nun Gottesmörder oder Wucherer, schöne Jüdinnen oder ewige Juden, Ritualmörder oder raffende Kapitalisten entspringen – sie ist stets vom selben Wunsch besessen: das Unheimliche des abstrakt gewordenen Reichtums, das sich ‹selbst vermehrende› Geld zu *personifizieren.*» (Scheit 1999: 14) Die Moderne und ihre Konzepte, allen voran das Sozialmodell *Gesellschaft,* wurden als *jüdisch* identifiziert, nachdem Juden (und später auch Jüdinnen) – zumindest formal und abstrakt – gleichberechtigte Teile der Gesellschaft geworden waren (Arendt 1955: 24, Postone 1979: 191). Als ProfiteurInnen der Modernisierung wurden sie in kruder Logik zu ihren VerursacherInnen, «zur negativen Metapher der Modernität» (Zumbini 2003: 653). Der Wandel von unmittelbaren in vermittelte Herrschaftsverhältnisse brachte «die Juden in die fatale Rolle, als identifizierbare Gruppe den Platz der Anonymität auszufüllen.» (Claussen 1987: 111)[182] Ihre zunehmende Unsichtbarkeit machte sie zu geeigneten Objekten antisemitischer Willkür: Weil sie nirgends mehr dingfest zu machen sind, kann ihnen leicht die Schuld an Allem gegeben werden. Mit der abstrakter werdenden Herrschaft verwandelte sich der Antisemitismus, der nicht nur säkularisiert wurde, sondern auch «systemartigen Charakter» bekam: «Er beansprucht, die Welt zu erklären.» (Postone 1979: 179)

Ein weiteres Strukturelement des Antisemitismus stellt der Manichäismus dar, die Spaltung der Realität in *Gut* und *Böse*[183]:

182 Der «Formwechsel» allein vermag nicht zu erklären, warum den *Juden* dieser «Platz» zugewiesen wurde. Das erlaubt nur die Berücksichtigung von Kontinuität: «Die traditionelle Gesellschaft besaß im organisierten Christentum eine kontinuierliche, auf Dauer eingerichtete Bewusstseinsform, die den Antisemitismus gegen die ‹Christusmörder› konservierte. Unter den Auspizien von Toleranz und Liberalität wurde dieses Moment traditionellen Bewusstseins in den Untergrund gedrängt, blieb jedoch abrufbar, wenn Löcher in den Schleier entfalteter Warenproduktion gerissen wurden – in Deutschland, in dem dieser Schleier nie dicht gewebt war, schlug es seit den Napoleonischen Kriegen periodisch in gewalttätigen Ausschreitungen durch.» (Claussen 1987: 54)

183 Der Manichäismus ist nicht nur ein Merkmal des Antisemitismus, sondern auch eine seiner begünstigenden Variablen. Er entspricht der Regression auf frühe Abwehrformen (v. a. der Spaltung). Mit Sartre (1946: 127) gehe ich davon aus, «dass der Antisemit den Manichäismus nicht als erklärendes Hilfsmittel verwendet, sondern dass das ursprüngliche Bekenntnis zum Manichäismus den Antisemitismus bedingt und erklärt.» Auch der Manichäismus ist im Christentum angelegt, bei Johannes (1, 1-5 und 9-13) beginnt sich «der bittere Geschmack eines kosmischen Dualismus» auszubreiten: «In diesen Zeilen erkennen wir bereits,

«So ist der Antisemitismus als sehr zentrale Angelegenheit seines Trägers sichtbar: teilt er doch die ihm wahrnehmbare Welt in eine helle und eine dunkle Hälfte.» (Zweig 1927: 36) Die «Aufteilung der Welt in Schafe und Böcke» charakterisiert jede antisemitische Agitation (Horkheimer/Adorno 1952: 263f). Sie ist voller Gegensatzpaare und durch Spaltungen und Dichotomisierung geprägt. Dabei handelt es sich nicht nur um eine «Strategie der Argumentation auf der Textebene», der Manichäismus wirkt auch als «sprachähnliches ‹Strukturprinzip›, das bis zur Wortbildungsebene nachzuweisen ist.» (Hortzitz 1995: 31)

Antisemitismus ohne Jüdinnen und Juden

Erich Goldhagen (1976: 379) berichtet von der einhelligen Auffassung in der «ernsthafte[n] Antisemitismusforschung», wonach das «Phänomen […] nicht auf objektive Interessensgegensätze zwischen Juden und Nicht-Juden zurückgeht, sondern auf gesellschaftliche Prozesse, mit denen die Juden als Gruppe gar nicht zu tun haben». Antisemitismus ist «keine Folge der Konflikterfahrung, sondern deren Voraussetzung» (Weyand 2016: 20), er basiert auf «subjektiven Faktoren und der allgemeinen Situation des Antisemiten» (Adorno 1950: 3). Müller-Claudius wies früh auf den Vorrang des Ressentiments gegenüber der Erfahrung hin: «Es gibt weder einen wirtschaftlichen, noch einen politischen, noch einen kulturellen, noch einen rassischen Grund des Antisemitismus. […] Er ist also nicht in Erfahrungen gegründet, […] sondern er geht notwendig diesen Erfahrungen voraus.» (Zit. n. Krah 2016: 171) Der antisemitische Diskurs ist selbstreferentiell, weder «aus einer krisenhaften sozialen Lage noch aus Konflikten mit Juden» ergibt sich «automatisch eine antisemitische Einstellung.» (Gräfe 2016: 120) Am radikalsten betonte Sartre (1946: 184) die Unabhängigkeit des Ressentiments von seinen Objekten: Die «Idee, die man sich vom Juden macht, [bestimmt] die Geschichte und nicht die geschichtlichen Gegebenheiten die Idee. Es zeigt sich, dass der Antisemitismus […] von keinem äußeren Faktor herstammen kann.» (ebd.: 113)

wie ein Konflikt von kosmischen Dimensionen Gestalt annimmt, in dem Wort, Licht und Leben gegen Welt, Dunkelheit, Tod und die Juden in einem Kampf bis zum Tod stehen.» (Nirenberg 2015: 88)

Die antisemitischen Zuschreibungen haben ihren «einzige[n] unleugbare[n] Grund in der geistigen Verfassung derer […], die sie haben und zur Ausprägung ihres Lebensgefühls haben müssen – Wahnsinnigen gleich, die ihre idée fixe in die Welt projizieren, weil sie zur zentralen Idee ihrer Existenz geworden ist.» (Zweig 1927: 266) Hieraus stammt das unumstößliche *Wissen* der AntisemitInnen: Sie durchschauen den *Juden*, weil sie ihn erschaffen haben.

Für einen *Antisemitismus ohne Juden* spricht auch die Tatsache seiner stärkeren Verbreitung in Gegenden ohne Jüdinnen/Juden. Schon für das 15. Jahrhundert gilt: «Je mehr Juden im Land waren, desto schwächer wurden die judenfeindlichen Aussagen.» (Hödl 1997a: 56) Dazu sei auf England verwiesen, das zwischen 1290 und 1656 *judenfrei* war – und mit Marlowes *Der Jude von Malta* (1592) und Shakespeares *Kaufmann von Venedig* (1600) zwei der bedeutendsten Dramatisierungen des Antisemitismus hervorbrachte. Oder auf Deutschland, wo um 1890 «in 90% aller […] Gemeinden keine Juden» lebten (Gräfe 2016: 185).

Auch wenn AntisemitInnen sich ihr Objekt erschaffen, ist der Antisemitismus kein frei flottierender Hass, der sich zufällig an Jüdinnen und Juden heftet. Die Frage, warum gerade diese zu Hassobjekten werden, können wir mit Zweig (1927: 70) beantworten: «Einen möglichst Machtlosen zunächst, jemanden, der, bisher ohne Anwalt, von Mächtigen nicht geschützt werden konnte, einen Wehrlosen, den man, falls sich außerhalb des Landes eine Macht seiner annahm, umso heftiger anzuklagen vermochte; eines Landesgenossen sodann, um sein verderbliches Wirken innerhalb der eigenen Grenzen konstatieren zu können, und so international verteilt dennoch, dass auch die anderen Besiegten von ihm, und ihm allein, besiegt sein durften; einen fremdartigen Unheimlichen ferner, dem man geheime Bündelung und verborgene Feindschaft nachsagen konnte, den Geheimnis faustdick umwob; und jemanden schließlich, den man mit einem Schein von Recht trotz faktischer Ohnmacht Weltmacht andichten durfte, um mit besserem Gewissen und der Geste des Verzweifelten zu seiner Bekämpfung alle Mittel, auch die der physischen Gewalt, wenn's beliebte, aufrufen zu dürfen.»

Ohne aus dem Antisemitismus ein «Produkt» der «Logik» des historischen Verlaufs zu machen (Stein 2002: 29), interessiert sich seine Kritik, wie er in bürgerlich-kapitalistischer Vergesellschaftung angelegt ist. An seinem Beispiel lassen sich «die destruktiven Tendenzen der Gesellschaft am eindeutigsten aufzeigen» (Ebd.: 17). Diese ist – als Nachfolgerin der *christlichen Gemeinschaft* und aufgrund ihrer warenförmigen Basis – einerseits «selbst […] antisemitisch strukturiert» (Claussen 1987: 52), andererseits kann der Antisemitismus «als eine Pseudorebellion gegen sie» verstanden werden (Claussen 2011: 179). Seine Kritik hat auch eine Kritik der Vergesellschaftung, ja des ganzen Zivilisationsprozesses zu sein. Sie darf aber in den Nachfolgestaaten des *Dritten Reiches* nicht auf allgemeiner Ebene – der Wert- und Aufklärungskritik – verharren, sondern muss die politisch-kulturelle Spezifik dieses Prozesses berücksichtigen. Antisemitismuskritik hätte zu fragen, was an *deutscher* Nationswerdung dem Antisemitismus und seiner Eskalation entgegenkam. Während Horkheimer und Adorno (1959: VIf) zunächst meinten, dass im *deutschen* (völkischen) Nationalismus kein Grund für die Katastrophe zu finden sei[184], gehe ich vom Gegenteil aus. Der nationale Antisemitismus, der anstatt der politischen Willensgemeinschaft die zuerst *christliche* und dann völkische Abstammungsgemeinschaft zum *positiven* Inhalt hat, fand nur in Deutschland und Österreich jene Bedingungen vor, die ihn zum Vernichtungsantisemitismus anwachsen ließen.

Einerseits war Auschwitz «Ausdruck einer überaus mächtigen gesellschaftlichen Tendenz» (Adorno 1966: 89), andererseits ist der «Umschlag von Wertvergesellschaftung in den Vernichtungswahn» ein «deutsches Spezifikum» (Rensmann 2003: 47). Die Shoah «mag im Universal-Allgemeinen der Wertvergesellschaftung ‹angelegt› gewesen sein, […] doch ist es kaum Zufall, dass sie in Deutschland ersonnen und vor allem von Deutschen exekutiert wurde» (ebd.). Bei aller Universalität von Kapital und Christentum und damit des Antisemitismus: Ein Erkenntnisinteresse, das sich mit einem allgemeinen «Grundmuster der antisemitischen Semantik» (Holz 2005: 80) zufriedengibt, verfehlt das Phänomen. Angesichts der Tatsache, dass es sich beim *Erlösungsantisemitismus* um ein «deutsches oder österreichisches Produkt» (Hallgarten 1897: 3) handelt und insbesondere in Österreich Ende des 19. Jahrhunderts der «Antise-

184 Horkheimer und Adorno (1959: VII) mussten aber einräumen, dass die «Spuren des heraufdämmernden Verhängnisses in der deutschen Vergangenheit» zu finden sind.

mitismus in seiner schlimmsten Form» hegemonial wurde (ebd.: 4), machte sich solche Ignoranz historischer Verantwortungslosigkeit schuldig.

Normalisierung

Nach Auschwitz wurde der offene und politische Antisemitismus auf der Hauptbühne tabuisiert und – außerhalb rechtsextremer und islamistischer Milieus – von einem «*Antisemitismus ohne* [bekennende, Anm.] *Antisemiten*» abgelöst (Marin 2000: 11). Neben seiner Verdrängung auf die (private) «Hinterbühne» (Fleck/Müller 1994) kennzeichnet ihn sein Zerfall. Aus einem ideologisierten Massenwahn wurden einzelne Ressentiments – die sich unter bestimmten Bedingungen wieder zu sozialer Pathologie verdichten können. Zur Möglichkeit der Codierung des Antisemitismus und seiner Amalgamierung mit anderen Ressentiments kam nach Marin (1976: 402) die «Herausbildung einer Art *‹frei flottierenden› Irrationalismus*, [...] kristallisiert um einen Antiinstitutionalismus. Darunter sei die Umwandlung dumpfer Klassenressentiments [...] in einen schleichenden Vertrauensschwund, diffuses und subkutanes Misstrauen und zeitweise eruptive Feindseligkeit gegen staatliche Autorität und entfremdete politische Institutionen (‹die Bürokratie›, ‹die Apparate›) verstanden.» Jener «Komplex zukünftiger Vorurteile, die eine beträchtliche Absorption antisemitischer Teilstereotypen ermöglichen», betrifft dementsprechend «das Personal politischer und administrativer Herrschaftspositionen» (Marin 1977: 793). Auch wenn die aktuelle Stärke des politischen Irrationalismus und Antiinstitutionalismus nicht nur auf antisemitische Traditionsbestände zurückzuführen ist, haben sie seine Erfolge begünstigt.

Der verordnete Philosemitismus bildete ein Decksiegel über den Antisemitismus. Übrig blieb ein «Massenvorurteil ohne Legitimation, ohne öffentliches Subjekt, ohne propagandistische Träger, ohne das Selbstbewusstsein und das Selbstverständnis einer Ideologie», das zudem «häufig ohne Absicht und Bewusstsein im alltäglichen Sprachgebrauch reproduziert» wird (Marin 1979: 112). Kennzeichnet den Antisemitismus schon lange die Weigerung, ihn einzugestehen, ist die «schamvolle Selbstverleugnung» nach 1945 zu seiner «Signatur» geworden

(Marin 1978: 456f). Manche Projektionen wurden auf andere Gruppen gelenkt (struktureller Antisemitismus), andere in Latenz gehalten. Die Irrationalitäten begannen, frei zu flottieren und sich an unterschiedliche Heilversprechen zu hängen. Mythologisches Denken hat stets die mit Rationalität identifizierten *Juden* zum Feind: «Jedes Mal, wenn ihre Mitbürger eine übermäßige Liebe zur Weisheit der Bäume und zum Frieden des Waldes bezeugten, schwante den Juden, dass der Krieg gegen sie nahe war.» (Finkielkraut 1984: 86)[185]

Spätestens mit der Grass- und Augsteinaffäre wurde deutlich, wie normal Antisemitismus wieder ist. Dass «der erste prominente Nachkriegsdeutsche, der die Phantasie vom jüdischen Weltkriegstreiber popularisierte» (Küntzel 2015: 57), kein Neonazi war, kann in Bezug auf diese Normalisierung nicht überschätzt werden. Der *normale*, «demokratische» oder «‹Ja, aber›-Antisemitismus» (Claussen 2005: VIII) macht schon länger auf *Israelkritik* oder *Antizionismus* und versucht, seine Distanz zum Nazismus durch demonstrativen *Antirassismus* zu betonen. Er hat nicht mehr die *Juden* zum Objekt, sondern beschränkt sich auf einzelne Repräsentanten wie George Soros oder die *Zionisten*. Auch extrem rechte Parteien wie FPÖ oder AfD haben offenen Antisemitismus nicht im Programm und beschränken sich weitgehend auf antisemitische Andeutungen. Ihre verschwörungsmythische Sicht auf *Lügenpresse* und *Bevölkerungsaustausch* würde aber ohne die jahrhundertelange Tradition des Antisemitismus nicht von so vielen geteilt werden. Für jene, die als erste nicht zum *Abendland* gehörten, wächst die Gefahr, wenn sich *Patrioten* zu seiner *Rettung* aufschwingen.

So wie die Erfindung des Buchdruckes die Verbreitung der Gerüchte über Jüdinnen und Juden befördert hat, so erfuhr der Antisemitismus mit dem Aufstieg des Internets neue Dynamik. Nach Schwarz-Friesel, die 2007 und 2014 Stichproben aus Kommentaren auf den Seiten von Mainstream-Medien analysiert hat, stieg der Anteil von antisemitischen Äußerungen von

---

185 Adorno (1950: 333) wies darauf hin, dass im Antisemitismus oft – seinem «projektiven Begriff vom auf ewig schändlichen Juden entsprechend, der die Reinheit des Natürlichen zerstört – irgendwas aus der ‹Natur› als Universalmittel» propagiert wird. Das Beispiel Blühers, der von sich selbst meinte: «Mein Denken stammt nicht aus dem Gedachten. Ich bin noch zur Hälfte Wald» (zit. n. Schloz 1969: 216), spricht dafür, den Antisemitismus auf der «‹Achse der Natur›» (ebd.: 227) zu verorten.

7,5 auf mehr als 36 Prozent.[186] Das Internet wurde zum Leitmedium des Antisemitismus, es ermöglichte die Ausbildung «einer globalen antisemitischen Gefühlsgemeinschaft» (Goldhagen 2004: 97). Zwar ruft es ihn «nicht hervor [...], aber die spezifische Kommunikationssituation am heimischen PC begünstigt und verstärkt verbale Gewaltanwendung.» (Schwarz-Friesel 2015) Tatsächlich kommen insbesondere die Neuen Sozialen Medien antisemitischer Vergemeinschaftung entgegen: Auch sie sind durch den Vorrang des (Kollektiv-)Symbols gegenüber dem Argument, des Mythos gegenüber der (verzerrten) Realität gekennzeichnet.

Dem Antisemitismus eignet eine spezifische Ungleichzeitigkeit: Der *Jude* behält «alle die mysteriösen, unheimlichen, übernatürlichen Züge, die ihm im Mittelalter zugeschrieben wurden, ist aber zugleich das Symbol der Modernität, oder vielmehr das Symbol all dessen, was in der modernen Welt als Angst einflößend empfunden wird.» (Cohn 1969: 326) Der Erfolg von so offensichtlichen Lügen wie jener von der *jüdischen Weltverschwörung* «legt den Schluss nahe», dass sie «unbewussten Bedürfnissen» entsprechen (ebd.) und insbesondere der (Angst-)Abwehr dienen. Angesichts dieser psychischen Funktionalität betonte schon Segel (1924: 230) die Zwecklosigkeit, gegen die antisemitische «Beweisführung anzukämpfen.» Darum sollte der Kampf sich nicht auf das bessere Argument verlassen, sondern versuchen, solche «Beweisführung» an ihrer Artikulation zu hindern.

186 https://derstandard.at/2000074678346/Die-Menschheit-hat-nach-Auschwitz-nichts-gelernt

Literatur

Achinger, Christine (2011): Antisemitismus und «Deutsche Arbeit» – Zur Selbstzerstörung des Liberalismus bei Gustav Freytag. In: Berg, Nicolas (Hg.): Kapitalismusdebatten um 1900. Leipzig, S. 361–388

Adorno, Theodor W. (1939): Fragmente über Wagner. In: Zeitschrift für Sozialforschung 8(01-02), S. 1–49

Ders. (1950): Studien zum autoritären Charakter. Frankfurt a. M. 1995

Ders. (1951): Minima Moralia. Reflexionen aus dem beschädigten Leben. In: Ders.: Gesammelte Schriften (GS) 4, Frankfurt a. M. 1997

Ders. (1952): Versuch über Wagner. In: Ders. GS 13. Frankfurt a. M. 2003, S. 7–148

Ders. (1955): Zum Verhältnis von Soziologie und Psychologie. In: Ders.: Soziologische Schriften I. Frankfurt a. M. 1997, S. 42–85

Ders. (1955a): Schuld und Abwehr. In: Ders.: Gesammelte Schriften Bd. 9.2. Frankfurt a. M. 1975, S. 121–325

Ders. (1959): Was bedeutet: Aufarbeitung der Vergangenheit. In: Ders.: Erziehung zur Mündigkeit. Frankfurt a. M. 1971, S. 10–28

Ders. (1964): Jargon der Eigentlichkeit. In: Ders.: GS 6. Frankfurt a. M. 1970, S. 413–526

Ders. (1964a): Zur Bekämpfung des Antisemitismus heute. In: Das Argument 6(29), S. 88–104

Ders. (1966): Erziehung nach Auschwitz. In: Ders.: Erziehung…a. a. O., S. 88–104

A.G. Gender-Killer (2005): Geschlechterbilder im Nationalsozialismus. In: Dies. (Hg.): Antisemitismus und Geschlecht. Münster, S. 9–67

Ahlheim, Hannah (2010): Der «jüdische Einfluss» in der Wirtschaft und das Problem seiner Messung. In: Botsch, Gideon et al. (Hg.): Politik des Hasses. Hildesheim, S. 55–68

Althaus, Hans Peter (2000): Mauscheln. Ein Wort als Waffe. Berlin/ New York

Aly, Götz (2011): Warum die Deutschen? Warum die Juden? Frankfurt a. M.

Améry, Jean (1967): Zwischen Vietnam und Israel. In: Ders.: Werke Bd. 8. Stuttgart 2007, S. 223–235

Anders, Günther (1979): Nach «Holocaust». In: Ders.: Besuch im Hades. München, S. 179–216

Arendt, Hannah (1945): Das «Deutsche Problem». In: Dies.: Zur Zeit. Politische Essays. Berlin 1986, S. 23–41

Dies. (1948): Die verborgene Tradition. In: Dies.: Sechs Essays. Heidelberg 1976, S. 81–111

Dies. (1950): Besuch in Deutschland. In: Dies. (1986)…a. a. O., S. 43–70

Dies. (1955): Elemente und Ursprünge totalitärer Herrschaft. Frankfurt a. M. 1962

Ascher, Saul (1794): Eisenmenger der Zweite. In: Ders.: 4 Flugschriften. Berlin 1991, S. 7–80

Ders. (1815): Die Germanomanie. In: ebd., S. 191–232

Bahr, Hermann (1894): Der Antisemitismus. Ein internationales Interview. Königstein/Ts. 1979

Barkai, Avram (1991): Zur Wirtschaftsgeschichte der Juden in Deutschland. In: Tel Aviver Jahrbuch für deutsche Geschichte. Gerlingen, S. 195–214

Bauer, Fritz (1963): Die Wurzeln faschistischen und nationalsozialistischen Handelns. Frankfurt a. M.

Bauman, Zygmunt (1995): Große Gärten, kleine Gärten. In: Werz, Michael (Hg.): Antisemitismus und Gesellschaft. Frankfurt a. M., S. 44–65

Becker, Emil P. (1990): Sozialdarwinismus, Rassismus, Antisemitismus und Völkischer Gedanke. Stuttgart/New York

Becker, Julia et al. (2010): Ursachenzuschreibung in Krisenzeiten: Auswirkungen auf Antisemitismus und Fremdenfeindlichkeit. In: Heitmeyer, Wilhelm (Hg.): Deutsche Zustände. Folge 8. Berlin, S. 128–143

Bein, Alexander (1965): «Der jüdische Parasit». In: Vierteljahreshefte für Zeitgeschichte 13(02), S. 121–149

Ders. (1980): Die Judenfrage. Bd. 1. Stuttgart

Beland, Hermann (1991): Religiöse Wurzeln des Antisemitismus. In: Psyche – Z Psychoanal 45(05), S. 448–470

Ders. (1992): Psychoanalytische Antisemitismustheorien im Vergleich. In: Bohleber, Werner; Kafka, John S. (Hg.): Antisemitismus. Bielefeld, S. 93–121

Benz, Wolfgang (2004): Was ist Antisemitismus? München

Ders. (2011): Antisemitismusforschung als akademisches Fach und öffentliche Aufgabe. In: Jahrbuch für Antisemitismusforschung 19. Berlin, S. 17–32

Ders. (2013): Die Grundlagen des 19. Jahrhunderts (Houston Stewart Chamberlain, 1899). In: Ders. (Hg.): Handbuch des Antisemitismus. Bd. 6. Berlin/Boston, S. 247ff

Berding, Helmut (1988): Moderner Antisemitismus in Deutschland. Frankfurt a. M.

Ders. (1999): Antisemitismus in der modernen Gesellschaft: Kontinuität und Diskontinuität. In: Hoensch, Jörg K. et al. (Hg.): Judenemanzipation – Antisemitismus – Verfolgung in Deutschland, Österreich-Ungarn, den Böhmischen Ländern und in der Slowakei. Essen, S. 85–130

Berg, Nicolas (2013): Juden und Kapitalismus in der Nationalökonomie um 1900. In: Backhaus, Fritz (Hg.): Juden. Geld. Eine Vorstellung. Frankfurt a. M., S. 285–307

Bergem, Wolfgang (1993): Tradition und Transformation. Opladen

Berghoff, Peter (1999): «Der Jude» als Todesmetapher des «politischen Körpers» und der Kampf gegen die Zersetzung des nationalen «Über-Lebens». In: Alter, Peter et al. (Hg.): Die Konstruktion der Nation gegen die Juden. München, S. 159–172

Bergmann, Werner (1990): Sind die Deutschen antisemitisch? In: Ders.: Erb, Rainer (Hg.): Antisemitismus in der politischen Kultur nach 1945. Opladen, S. 108–130

Ders. (1996): Völkischer Antisemitismus im Kaiserreich. In: Puschner, Uwe et al. (Hg.): Handbuch zur «Völkischen Bewegung» 1871–1918. München u. a., S. 449–463

Ders. (2002): Geschichte des Antisemitismus. München 2010

Ders. (2004): Starker Auftakt – schwach im Abgang. Antisemitismusforschung in den Sozialwissenschaften. In: Ders./Körte, Mona (Hg.): Antisemitismusforschung in den Wissenschaften. Berlin, S. 219–239

Ders. (2009): Dühring, Eugen Karl. In: Benz, Wolfgang (Hg.): Handbuch des Antisemitismus. Bd. 2. Berlin, S. 188–191

Ders.; Erb, Rainer (1986): Kommunikationslatenz, Moral und öffentliche Meinung. In: Kölner Zeitschrift für Soziologie und Sozialpsychologie 38(02), S. 223–246

Dies. (1991): Antisemitismus in der Bundesrepublik Deutschland. Opladen

Ders.; Heitmeyer, Wilhelm (2005): Antisemitismus: Verliert die Vorurteilsrepression ihre Wirkung? In: Heitmeyer, Wilhelm (Hg.): Deutsche Zustände. Folge 3. Frankfurt a. M., S. 224–238

Behrens, Rolf (2003): «Raketen gegen Steinewerfer»: Das Bild Israels im «Spiegel». Münster

Bering, Dietz (1987): Der Name als Stigma. Stuttgart

Ders. (2002): Gutachten über den antisemitischen Charakter einer namenspolemischen Passage aus der Rede Jörg Haiders vom 28. Februar 2001. In: Wodak, Ruth; Pelinka, Anton (Hg.): «Dreck am Stecken». Wien, S. 173–186

Bernstein, Fritz (1926): Der Antisemitismus als Gruppenerscheinung. Königstein/Ts. 1980

Beyer, Heiko (2015): Theorien des Antisemitismus: Eine Systematisierung. In: Kölner Zeitschrift für Soziologie und Sozialpsychologie 67(03), S. 573–589

Ders.; Liebe, Ulf (2010): Antiamerikanismus und Antisemitismus. In: Zeitschrift für Soziologie 39(03), S. 215–232

Beyer, Robert (2015a): «Die Israelis können tun, was sie wollen und haben dafür immer Rückendeckung»: Einseitige kritische Nahostberichterstattung in der deutschen Qualitätspresse In: Schwarz-Friesel, Monika (Hg.): Gebildeter Antisemitismus. Baden-Baden, S. 217–240

Bieberstein, Johannes R. von (1977): Die These von der jüdisch-freimaurerischen Weltverschwörung 1776–1945. In: Aus Politik und Zeitgeschichte 27(25), S. 30–46

Bielefeld, Ulrich (2005): Der gegenwärtige Antisemitismus. In: Mittelweg 36 14(02), S. 36–52

Blaschke, Olaf (1997): Antikapitalismus und Antisemitismus. In: Heil, Johannes; Wacker, Bernd (Hg.): Shylock? Zinsverbot und Geldverleih in jüdischer und christlicher Tradition. München, S. 113–146

Blänsdorf, Agnes (1995): Die Einordnung der NS-Zeit in das Bild der eigenen Geschichte: Österreich, die DDR und die Bundesrepublik Deutschland im Vergleich. In: Bergmann, Werner et al. (Hg.): Schwieriges Erbe. Frankfurt a. M./New York, S. 18–45

Blättler, Christine; Schmieder, Falko (2010): Dämonischer Mammon. Online: www.recherche-online.net/blaettler-schmieder-fetischismus-antisemitismus.html

Bohleber, Werner (1992): Nationalismus, Fremdenhass und Antisemitismus. In: Psyche – Z Psychoanal 46(08), S. 689–709

Bönisch, Michael (1996): Die «Hammer»-Bewegung. In: Puschner…a. a. O., S. 341–365

Braun, Christina von (1990): Und der Feind ist Fleisch geworden. In: Dies.; Heid, Ludger (Hg.): Der ewige Judenhass. Stuttgart, S. 149–213

Dies. (1995): Antisemitische Stereotype und Sexualphantasien. In: Jüdisches Museum der Stadt Wien (Hg.): Die Macht der Bilder. Wien, S. 180–191

Dies. (1995a): Blut und «Blutschande». In: Schoeps, Julius H.; Schlör, Joachim (Hg.): Antisemitismus. München, S. 80–95

Dies. (1997): Warum Gender-Studies? Online: www.dochost.rz.hu-berlin.de/humboldt-vl/braun-christina-von/PDF/Braun.pdf

Dies. (2013): Religiöse Geschlechterordnung und Politische Religion. In: Diehl, Paula (Hg.): Körper im Nationalsozialismus. Paderborn/München, S. 79–90

Dies.; Heid, Ludger (1990): Vorwort. In: Dies…a. a. O., S. 7–10

Brainin, Elisabeth (1986): Psychoanalyse des Antisemitismus nach 1945. In: Silbermann, Alphons; Schoeps, Julius H. (Hg.): Antisemitismus nach dem Holocaust. Köln, S. 105–113

Breßlau, Harry (1880): Zur Judenfrage. In: Boehlich, Walter (Hg.): Der Berliner Antisemitismusstreit. Frankfurt a. M. 1988, S. 54–78

Breuer, Dieter (1988): Antisemitismus und Toleranz in der frühen Neuzeit. In: Horch, Hans O. (Hg.): Judentum, Antisemitismus und europäische Kultur. Tübingen, S. 77–96

Bruhn, Joachim (1997): Nazismus als Erkenntnisfalle. Online: www.ca-ira.net/verein/positionen-und-texte/bruhn-nazismus-erkenntnisfalle/

Brumlik, Micha (1992): Antisemitismus im Frühsozialismus und Anarchismus. In: Heid, Ludger; Paucker, Arnold (Hg.): Juden und deutsche Arbeiterbewegung bis 1933. Tübingen, S. 35–42

Ders. (2000): Deutscher Geist und Judenhass. München

Brunner, Constantin (1918): Der Judenhass und die Juden. Berlin

Brustein, William; King, Ryan (2002): Antisemitismus in Europa vor dem Holocaust. In: Boehnke, Klaus et al. (Hg.): Jugendgewalt und Rechtsextremismus. Weinheim/München, S. 257–281

Brückner, Wolfgang (1998): «Arbeit macht frei». Herkunft und Hintergrund der KZ-Devise. Opladen

Buchholz, Michael (2002): Fremde und das Assimilationsparadox. In: Gutjahr, Ortrud (Hg.): Fremde. Würzburg, S. 69–94

Carsten, Francis L. (1968): Der Aufstieg des Faschismus in Europa. Frankfurt a. M.

Chasseguet-Smirgel, Janine (1987): Das Ichideal. Frankfurt a. M. 1987

Claussen, Detlev (1987): Grenzen der Aufklärung. Frankfurt a. M. 1994

Ders. (1987a): Über Psychoanalyse und Antisemitismus. In: Psyche – Z Psychoanal 41(01), S. 1–21

Ders. (1987b): Vom Judenhass zum Antisemitismus. Darmstadt/Neuwied

Ders. (1992): Versuch über den Antizionismus. In: Poliakov, Léon: Vom Antizionismus zum Antisemitismus. Freiburg 2018, S. 7–20

Ders. (1995): Die Banalisierung des Bösen. In: Werz, Michael (Hg.): Antisemitismus und Gesellschaft. Frankfurt a. M., S. 13–28

Ders. (2000): Vom Judenhass zum Antisemitismus. In: Ders.: Aspekte der Alltagsreligion. Frankfurt a. M., S. 65–105

Ders. (2005): Grenzen der Aufklärung. Frankfurt a. M. (erweiterte Neuausgabe)

Ders. (2011): Ist der Antisemitismus eine Ideologie? In: Globisch, Claudia et al. (Hg.): Die Dynamik der europäischen Rechten. Wiesbaden, S. 175–186

Cobet, Christoph (1973): Der Wortschatz des Antisemitismus in der Bismarckzeit. München

Cohn, Norman (1969): «Die Protokolle der Weisen von Zion». Köln/Berlin

Coudenhove, Heinrich Graf (1901): Das Wesen des Antisemitismus. Berlin

Cramer, Erich (1979): Hitlers Antisemitismus und die «Frankfurter Schule». Düsseldorf

Dahmer, Helmut (2017): Antisemitismus gestern und heute. In: Simmel, Ernst (Hg.): Antisemitismus. Münster, S. 155–172

Decker, Oliver et al. (2018): Antisemitische Ressentiments in Deutschland. In: Ders.; Brähler, Elmar (Hg.): Flucht ins Autoritäre. Gießen, S. 179–216

Deppermann, Klaus (1981): Judenhass und Judenfeindschaft im frühen Protestantismus. In: Martin, Bernd; Schulin, Ernst (Hg.): Die Juden als Minderheit in der Geschichte. München, S. 110–130

Deutscher, Isaac (1954): Israels geistiges Klima. In: Ders.: Der nichtjüdische Jude. Berlin 1988, S. 35–58

Dieckmann, Bernhard (1991): Judas als Sündenbock. München

Diers, Michaela (2008): Schöner ist doch unsereiner. Online: www.juedische-allgemeine.de/article/view/id/1415

Diner, Dan (1988): Aporie der Vernunft. In: Ders. (Hg.): Zivilisationsbruch. Frankfurt a. M., S. 30–53 (Anm.: S. 255–260)

Ders. (2002): Feindbild Amerika. München

Ders. (2004): Der Sarkophag zeigt Risse. In: Rabinovici, Doron et al. (Hg.): Neuer Antisemitismus? Frankfurt a. M., S. 310–329

Dittmar, Peter (1995): Die antijüdische Darstellung. In: Schoeps/Schlör…a. a. O., S. 41–53

Dohm, Hedwig (1902): Die Antifeministen. Berlin

Domarus, Max (1988): Hitler. Reden und Proklamationen Bd. 1: 1932–1934. Leonberg

Dreyer, Michael (2013): Kreuzzeitung (1848–1939). In: Benz…a. a. O., S. 418–420

Dubiel, Helmut; Söllner, Alfred (1981): Die Nationalsozialismusforschung des Instituts für Sozialforschung – ihre wissenschaftliche Stellung und ihre gegenwärtige Bedeutung. In: Dies. (Hg.): Wirtschaft, Recht und Staat im Nationalsozialismus. Frankfurt a. M., S. 7–31

Dubnov, Simon M. (1920): Die neueste Geschichte des jüdischen Volkes (1789–1914). Bd. 1. Berlin

Ders. (1929): Die neueste Geschichte des jüdischen Volkes (1789–1914) Bd. 2. Berlin

Eckert, Willehad P. (1995): Der Trienter Judenprozess und seine Folgen. In: Jüdisches Museum…a. a. O., S. 86–101

Edtmaier, Bernadette (2017): Judenfeindschaft unter jungen Frauen? Online: https://www.univie.ac.at/fernetzt/judenfeindschaft-unter-jungen-frauen/

Ehrlich, Ernst L. (1985): Luther und die Juden, in: Strauss, Herbert A.; Kampe, Norbert (Hg.): Antisemitismus. Frankfurt a. M./New York, S. 47–65

Enderwitz, Ulrich (1991): Antisemitismus und Volksstaat. Freiburg

Epstein, Julius (1933): Weltgericht über den Judenhass. Prag

Erb, Rainer (1985): «Jüdische Güterschlächterei» im Vormärz. In: International Review of Social History 33(03), S. 312–341

Ders. (1990): Die Rückerstattung: ein Kristallisationspunkt für Antisemitismus. In: Bergmann/Erb…a. a. O., S. 238–252

Ders. (1995): Der «Ritualmord». In: Schoeps/Schlör…a. a. O., S. 74–79

Ders. (2003): Die Ritualmordlegende: Von den Anfängen bis ins 20. Jahrhundert. In:

Buttaroni, Susanna; Musial, Bogdan (Hg.): Ritualmord. Wien u. a., S. 11–20

Ders./Bergmann, Werner (1989): Die Nachtseite der Judenemanzipation. Berlin

Ders.; Kohlstruck, Michael (2009): Die Funktionen von Antisemitismus und Fremdenfeindschaft für die rechtsextreme Bewegung. In: Braun, Stephan et al. (Hg.): Strategien der extremen Rechten. Wiesbaden, S. 419–439

Fasel, Peter (2010): Revolte und Judenmord: Hartwig von Hundt-Radowsky (1780–1835). Berlin

Fein, Helen (1987): Dimensions of Antisemitism. In: Dies. (Hg.): The Persisting Question. Berlin/New York, S. 67–85

Felden, Klemens (1963): Die Übernahme des antisemitischen Stereotyps als soziale Norm durch die bürgerliche Gesellschaft Deutschlands (1875–1900). Heidelberg (Diss.)

Fenichel, Otto (1946): Elemente einer psychoanalytischen Theorie des Antisemitismus. In: Simmel, Ernst (Hg.): Antisemitismus. Frankfurt a. M. 1993, S. 35–57

Fetscher, Iring (1974): Marxisten gegen Antisemitismus. Hamburg

Finkielkraut, Alain (1984): Der eingebildete Jude. Frankfurt a. M.

Fleck, Christian; Müller, Albert (1992): Zum nachnazistischen Antisemitismus in Österreich. In: Österreichische Zeitschrift für Geschichtswissenschaften 3(04), S. 481–514

Frank, Karl S. (1985): «Adversos Judeos» in der Alten Kirche. In: Martin/Schulin…a. a. O., S. 30–45

Frenkel-Brunswick, Else; Sanford, R. Nevitt (1946): Die antisemitische Persönlichkeit. In: Simmel…a. a. O., S. 119–147

Freud, Sigmund (1909): Analyse der Phobie eines fünfjährigen Knaben. In: Ders.: Gesammelte Werke VII. Frankfurt a. M. 1999, S. 241–377

Ders. (1910): Eine Kindheitserinnerung des Leonardo da Vinci. In: GW VIII, S. 127–212

Ders. (1911): Psychoanalytische Bemerkungen über einen autobiographisch beschriebenen Fall von Paranoia. In: ebd., 239–316

Ders. (1913): Totem und Tabu. In: Ders.: GW IX

Ders. (1915): Triebe und Triebschicksale. In: Ders. GW X, S. 209–232

Ders. (1917): Eine Schwierigkeit der Psychoanalyse. In: Ders.: GW XII., S. 3–14

Ders. (1921): Massenpsychologie und Ich-Analyse. In: Ders.: GW XIII, S. 71–161

Ders. (1923): Eine Teufelsneurose im siebzehnten Jahrhundert. In: ebd., S. 315–353

Ders. (1927): Die Zukunft einer Illusion. In: Ders.: GW XIV., S. 323–380

Ders. (1927a): Fetischismus. In: ebd., S. 311–317

Ders. (1930): Das Unbehagen in der Kultur. In: ebd., S. 419–506

Ders. (1939): Der Mann Moses und die monotheistische Religion. In: Ders.: GW XVI, S. 101–246

Ders. (1968): Briefe an Arnold Zweig. In: Freud, Ernst L. (Hg.): Sigmund Freud/ Arnold Zweig, Briefwechsel. Frankfurt/M.

Friedländer, Saul (1998): Das Dritte Reich und die Juden Bd.1. München

Ders. (2000): Hitler und Wagner. In: Ders.; Rüsen, Jörn (Hg.): Richard Wagner im Dritten Reich. München, S. 165–178

Frindte, Wolfgang (2006): Inszenierter Antisemitismus. Wiesbaden

Fromm, Erich (1945): Die Furcht vor der Freiheit. Zürich

Gehmacher, Johanna (1992): Antisemitismus und die Krise des Geschlechterverhältnisses. In: ÖZG 4(04), S. 425–447

Gerlach, Hellmut von (1904): Über den deutschen Antisemitismus. In: Weiland, Daniela (2016): Otto Glagau und der «Kulturkämpfer». Berlin, S. 165–179

Gerlach, Wolfgang (1990): Auf dass sie Christen werden. In: Braun/ Heid…a. a. O., S. 11–69

Gilman, Sander L. (1995): Der jüdische Körper. In: Jüdisches Museum…a. a. O., S. 168–179

Globisch, Claudia (2013): Radikaler Antisemitismus. Wiesbaden

Goldhagen, Daniel J. (1996): Hitlers willige Vollstrecker. Berlin

Ders. (2004): Die Globalisierung des Antisemitismus. In: Rabinovici et al…a. a. O., S. 93–100

Goldhagen, Erich (1976): Weltanschauung und Endlösung. In: Vierteljahreshefte für Zeitgeschichte 24(04), S. 379–405

Goldmann, Felix (1920): Das Wesen des Antisemitismus. Online: www.antisemitismus.net/geschichte/goldmann-1.htm

Goldstein, Moritz (1912): Deutsch-jüdischer Parnass. In: Der Kunstwart 25(11), S. 281–294

Gottschlich, Maximilian (2012): Die große Abneigung. Wien

Gräfe, Thomas (2013): Die Juden – Die Könige unsere Zeit (Otto Böckel, 1887). In: Benz…a. a. O., S. 316–318

Ders. (2016): Antisemitismus in Deutschland 1815–1918. Norderstedt

Graus, František (1985): Judenfeindschaft im Mittelalter. In: Strauss/ Kampe…a. a. O., S. 29–46

Ders. (1985a): Judenpogrome im 14. Jahrhundert: Der Schwarze Tod. In: Martin/Schulin…a. a. O., S. 68–84

Graml, Hermann (1995): Zur politisch-kulturellen Tradition des Antisemitismus in Deutschland. In: Benz, Wolfgang (Hg): Antisemitismus in Deutschland. München, S. 15–24

Greive, Hermann (1983): Geschichte des modernen Antisemitismus in Deutschland. Darmstadt

Greussing, Kurt (1988): Der ewige Antisemit – heillos. In: Dreier, Werner (Hg.): Antisemitismus in Vorarlberg. Bregenz, S. 287–317

Grigat, Stephan (2007): Fetisch und Freiheit. Freiburg

Groß, Johannes (2002): Ritualmordbeschuldigungen gegen Juden im Deutschen Kaiserreich (1871–1914). Berlin

Grözinger, Erich (1995): Die «Gottesmörder». In: Schoeps/Schlör…a. a. O., München, S. 57–66

Grunberger, Béla (1962): Der Antisemit und der Ödipuskomplex. In: Psyche – Z Psychoanal 16(05), S. 255–272

Ders.; Dessuant, Pierre (1970): Narzissmus, Christentum, Antisemitismus. Stuttgart 2000

Grundmann, Regina (2015): «Christlicher Antisemitismus». In: Jahrbuch für Antisemitismusforschung 24. Berlin, S. 33–62

Grunwald, Max (1924): Das Judentum bei Oswald Spengler. Berlin

Gülke, Peter (2012): Richard Wagners Antisemitismus. Online: www.richardwagnerverband.at/wordpress/wp-content/uploads/2013/02/Richard-Wagners-Antisemitismus.pdf

Hacks, Peter (1991): Ascher gegen Jahn. Berlin

Haibl, Michaela (1997): Vom «Ostjuden» zum «Bankier». In: Jahrbuch für Antisemitismusforschung 6. Frankfurt a. M., S. 44–91

Hallgarten, Charles L. (1897): Neues über den Antisemitismus. Frankfurt a. M.

Hamann, Brigitte (1996): Hitlers Wien. München

Haug, Wolfgang F. (1993): Elemente einer Theorie des Ideologischen. Hamburg

Ders. (2004): Für einen Terrainwechsel in der Antisemitismusdebatte. In: Attac-Reader: Globalisierungskritik und Antisemitismus. München, S. 54–58

Haury, Thomas (1992): Zur Logik des bundesdeutschen Antizionismus. In: Poliakov (2018)…a. a. O., S. 125–159

Ders. (2002): Antisemitismus von links. Hamburg

Ders. (2006): «Das ist Völkermord!» In: Brosch, Matthias et al. (Hg.): Exklusive Solidarität. Berlin, S. 285–300

Hegener, Wolfgang (2006): Einleitung. In: Ders. (Hg.): Das unmögliche Erbe. Gießen 2006, S. 7–28

Heid, Ludger (1990): Wir sind und wollen Deutsche sein! Jüdische Emanzipation und Judenfeindlichkeit 1750–1880. In: Braun/Heid…a. a. O., S. 70–109

Ders. (1990a): Sie fallen als Juden auf. In: ebd., S. 131–148

Ders. (1995): «Der Ostjude». In: Schöps/Schlör…a. a. O., S. 241–251

Heiden, Anne (2006): Der Zerstörer allen Lebens: «Jud Süß» als politischer Vampir. In: Przyrembel, Alexandra; Schönert, Jörg (Hg.): «Jud Süß». Frankfurt a. M./New York, S. 325–336

Heil, Johannes (1997): Das Geld und das Gold des Kalbes. In: Ders./Wacker…a. a. O., S. 35–58

Ders. (2002): Die Verschwörung der Weisen von Narbonne. In: Benz, Wolfgang; Königseder, Angelika (Hg.): Judenfeindschaft als Paradigma. Berlin, S. 40–48

Ders. (2006): Gottesfeinde – Menschenfeinde. Die Vorstellung von jüdischer Weltverschwörung (13.–16. Jh.). Essen

Ders. (2015): Antisemitismus heute. Online: www.kas.de/c/document_library/get_file?uuid=facb73ff-40a7-9929-5ebc-a48103890dfe&groupId=252038

Heim, Robert (1992): Fremdenhass und Reinheit – die Aktualität einer Illusion. In: Psyche – Z Psychoanal 46(08), S. 710–729

Ders. (1998): Opferkult, Gewalt und ziviles Über-Ich. In: Modena, Emilio (Hg.): Das Faschismus-Syndrom. Gießen, S. 358–389

Heine, Heinrich (1840): Ludwig Börne, in: Ders.: Sämtliche Werke. Bd. 6: Vermischte Schriften. Zweite Abteilung. Philadelphia 1855, S. 457–565

Henschel, Gerhard (2008): Neidgeschrei. Antisemitismus und Sexualität. Hamburg

Hentges, Gudrun (1999): Schattenseiten der Aufklärung. Schwalbach/Ts.

Hilberg, Raul (1994): Die Vernichtung der europäischen Juden Bd. 1. Frankfurt a. M.

Hödl, Klaus (1997): Die Pathologisierung des jüdischen Körpers. Wien

Hödl, Sabine (1997a): «…dem gemeinen Mann überla zu Verderben und menniglich zu unleidenlichen Beschwarungen…» Studien zur Judenfeindschaft in Österreich von 1496 bis 1620. In: Keil, Martha; Lappin, Eleonore (Hg.): Studien zur Geschichte der Juden in Österreich. Wien, S. 35–64

Hoffmann, Christhard (1997): Geschichte und Ideologie: Der Berliner Antisemitismusstreit 1879/81. In: Benz, Wolfgang; Bergmann, Werner (Hg.): Vorurteil und Völkermord. Freiburg u. a., S. 219–251

Ders. (2004): Nationalismus und Ausgrenzung der Juden. In: Morsch/Nieden…a. a. O., S. 41–63

Hoffmann, Lutz (2001): Der Antisemitismus als Baugerüst der deutschen Nation. In: Arbeitskreis des deutschen Antisemitismus (Hg.): Antisemitismus – die deutsche Normalität. Freiburg, S. 43–58

Holz, Klaus (2001): Nationaler Antisemitismus. Hamburg

Ders. (2005): Die Gegenwart des Antisemitismus. Hamburg

Ders. (2005a): Neuer Antisemitismus? In: Mittelweg 36 14(02), S. 3–23

Horkheimer, Max (1939): Die Juden und Europa. In: Dubiel/Söllner…a. a. O., S. 33–53

Ders. (1946): Der soziologische Hintergrund des psychoanalytischen Forschungsansatzes. In: Simmel…a. a. O., S. 23–34

Ders. et al. (1941): Zur Tätigkeit des Instituts. Forschungsprojekt über den Antisemitismus. In: Ders.: Gesammelte Schriften Bd. 4. Frankfurt a. M. 1988, S. 373–411

Ders.; Adorno, Theodor. W. (1944/47): Elemente des Antisemitismus. In: Dies.: Dialektik der Aufklärung. Frankfurt a. M. 1991, S. 177–217

Dies. (1944): Begriff der Aufklärung. In: ebd., S. 9–49

Dies. (1947): Vorrede. In: ebd., S. 1–7

Dies. (1947a): Religionspsychologie. In: Horkheimer, Max: Gesammelte Schriften Bd. 12. Frankfurt a. M., S. 294f

Dies. (1952): Vorurteil und Charakter. In: Adorno, Theodor W.: Soziologische Schriften II.2. Gesammelte Schriften Bd. 9.2, Frankfurt a. M. 2003, S. 360–373

Dies. (1959): Vorwort. In: Massing, Paul: Vorgeschichte des politischen Antisemitismus. Frankfurt a. M., S. V–VIII

Horn, Eva (2012): Das Gespenst der Arkana. In: Dies.; Hagemeister, Michael (Hg.): Die Fiktion von der jüdischen Weltverschwörung. Göttingen, S. 1–25

Horn, Klaus (1970): Zur politischen Psychologie des Faschismus in Deutschland. In: Kühnl, Reinhard (Hg.): Texte zur Faschismusdiskussion. Bd. 1. Frankfurt a. M. 1974, S. 164–175

Hortzitz, Nicoline (1995): Die Sprache der Judenfeindschaft. In: Schoeps/Schlör…a. a. O., S. 19–40

Hurwitz, Emanuel (1986): Bockfuß, Schwanz und Hörner. Zürich

Ders. (1995): Judas und die Juden. In: Schreier, Helmut; Heyl, Matthias (Hg.): «Dass Auschwitz nicht noch mal sei...» Hamburg, S. 65–82

Imhoff, Roland; Decker, Oliver (2013): Verschwörungsmentalität als Weltbild. In: Decker, Oliver et al.: Rechtsextremismus der Mitte. Gießen, S. 146–161

Jahoda, Marie; Ackermann, Nathan W. (1948): Die dynamische Basis antisemitischer Einstellungen. In: Fleck, Christian (Hg.): Marie Jahoda. Graz/Wien 1994, S. 224–240

Jahr, Christoph (2010): «Radauantisemitismus». In: Benz, Wolfgang (Hg.): Handbuch des Antisemitismus. Bd. 3. Berlin/New York, S. 270–272

Ders. (2011): Antisemitismus vor Gericht. Frankfurt a. M.

Jakubowski, Jeanette (1995): «Die Jüdin». In: Schoeps/Schlör…a. a. O., S. 196–209

Jay, Martin (1979): Frankfurter Schule und Judentum. In: Geschichte und Gesellschaft 5(04), S. 439–454

Jäckel, Eberhard; Kuhn, Axel (Hg.) (1980): Adolf Hitler. Sämtliche Aufzeichnungen 1905–1924. Stuttgart

Jeismann, Michael (1992): Das Vaterland der Feinde. Stuttgart

Jochmann, Werner (1971): Die Ausbreitung des Antisemitismus in Deutschland 1914–1923. In: Ders. (1988): Gesellschaftskrise und Judenfeindschaft in Deutschland 1870–1945. Hamburg, S. 99–170

Ders. (1976): Antisemitismus im Deutschen Kaiserreich 1871–1914. In: ebd., S. 30–98

Ders. (1985): Struktur und Funktion des deutschen Antisemitismus 1878–1914. In: Strauss/Kampe…a. a. O., S. 99–142

Juelich, Dierk (1995): Erlebtes und ererbtes Trauma. In: Schreier/Heyl…a. a. O., S. 83–110

Kahmann, Bodo (2016): Feindbild Jude, Feindbild Großstadt. Göttingen (Diss.)

Kaltenbrunner, Gerd-Klaus (1969): Vom Konkurrenten des Karl Marx zum Vorläufer Hitlers: Eugen Dühring. In: Schwedhelm, Kurt (Hg.): Propheten des Nationalismus. München, S. 36–55

Ders. (1969a): Wahnfried und die «Grundlagen»: Houston Stewart Chamberlain. In: ebd., S. 105–123

Kampmann, Wanda (1963): Deutsche und Juden. Frankfurt a. M. 1981

Katz, Jacob (1989): Vom Vorurteil bis zur Vernichtung. München

Katz, Steven T. (2001): Kontinuität und Diskontinuität zwischen christlichem und nationalsozialistischem Antisemitismus. Tübingen

Kaufmann, Thomas (2014): Luthers Juden. Ditzingen

Kernberg, Otto (1997): Borderline-Störungen und pathologischer Narzissmus. Frankfurt a. M.

Kettner, Fabian (2001): Zur Entstehung des Antisemitismus. Online: www.hagalil.com/antisemitismus/deutschland/antisemitismus/antisemitismus05.htm

Kiefer, Michael (2002): Antisemitismus in islamischen Gesellschaften. Düsseldorf

Klaff, Lesley (2011): Holocaust Inversion and contemporary antisemitism. Online: www.fathomjournal.org/holocaust-inversion-and-contemporary-antisemitism/

Klein, Melanie (1946): Bemerkungen über einige schizoide Mechanismen. In: Dies.: Das Seelenleben des Kleinkindes. Stuttgart 1994, S. 101–126

Kloke, Martin (1994): Israel und die deutsche Linke. Frankfurt a. M.

Ders. (2006): Israel – Alptraum der deutschen Linken? In: Brosch et al…a. a. O., S. 301–323

Klug, Brian (2004): The collective Jew: Israel and the new anti-Semitism. In: Braun, Christa von; Ziege, Eva-Maria (Hg.): «Das ‹bewegliche› Vorurteil». Würzburg, S. 221–239

Knappertsbusch, Felix; Kelle, Udo (2010): «Mutterland des nomadisierenden Finanzkapitals». In: Heitmeyer, Wilhelm (Hg.): Deutsche Zustände. Folge 8. Frankfurt a. M., S. 144–163

Kneer, Markus (2003): Die dunkle Spur im Denken. Paderborn

König, Helmut (1992): Zivilisation und Leidenschaften. Reinbek b. Hamburg

Körte, Mona (2000): Die Uneinholbarkeit des Verfolgten. Frankfurt a. M./New York

Krah, Franziska (2016): «Ein Ungeheuer, das wenigstens theoretisch besiegt werden muss.» Frankfurt a. M.

Krämer-Badoni, Rudolf (1988): Judenmord, Frauenmord, Heilige Kirche. München

Kreis, Rudolf (1999): Antisemitismus und Kirche. Reinbek b. Hamburg

Krobb, Florian (1993): Jüdische Frauengestalten in der deutschsprachigen Literatur vom 17. Jahrhundert bis zum Ersten Weltkrieg. Tübingen

Kühnl, Reinhard (1975): Der deutsche Faschismus in Quellen und Dokumenten. Köln

Küntzel, Matthias (2002): Djihad und Judenhass. Freiburg

Ders. (2015): Die Jakob-Augstein-Debatte: eine verpasste Chance. In: Schwarz-Friesel…a. a. O., S. 53–74

Küpper, Beate; Zick, Andreas (2007): Antisemitismus in Deutschland. Online: www.bpb.de/politik/extremismus/rechtsextremismus/41840/antisemitismus-in-deutschland?p=all

Lange, Matthew (2010): Bankjuden. In: Benz…a. a. O., S. 40–42

Langmuir, Gavin I. (1987): Toward a Definition of Antisemitism. In: Fein…a. a. O., S. 86–127

Lehr, Stefan (1974): Antisemitismus. Religiöse Motive im sozialen Vorurteil. München

Lenk, Kurt (1971): Zur Sozialpsychologie der Mythenbildung. In: Ders. (1994): Rechts, wo die Mitte ist. Baden-Baden, S. 85–91

Ders. (1988): Der Antisemitismusstreit oder: Antisemitismus der «gebildeten Leute». In: Horch…a. a. O., S. 23–34

Ley, Michael (2003): Kleine Geschichte des Antisemitismus. München

Lichtblau, Albert (1994): Antisemitismus und soziale Spannung in Berlin und Wien 1867–1914. Berlin

Liepach, Martin; Geiger, Wolfgang (2014): Fragen an die jüdische Geschichte. Schwalbach/Ts.

Loeffler, Mark (2011): Das «Finanzkapital» – Diskurse in Deutschland und England zur Jahrhundertwende. In: Berg…a. a. O., S. 115–139

Loewenberg, Peter (1992): Die Psychodynamik des Antisemitismus in historischer Perspektive. In: Psyche – Z Psychoanal 46(12), S. 1095–1121

Lohalm, Uwe (1970): Völkischer Radikalismus. Hamburg

Lotter, Friedrich (1995): Aufkommen und Verbreitung von Ritualmord- und Hostienfrevelanklagen gegen Juden. In: Jüdisches Museum…a. a. O., S. 60–78

Lowenfeld, Henry (1935): Zur Psychologie des Faschismus. In: Psyche – Z Psychoanal 31(06), S. 561–579

Ders. (1967): Über den Niedergang des Teufelsglaubens und seine Folgen für die Massenpsychologie. In: Psyche – Z Psychoanal 21(07), S. 513–519

Löwenbrück, Anna-Ruth (1994): Johann David Michaelis und Moses Mendelssohn. In: Albrecht, Michael et al. (Hg.): Moses Mendelssohn und die Kreise seiner Wirksamkeit. Tübingen, S. 315–332

Löwenthal, Leo (1943): Das antisemitische Argument. In: Jansen, Peter-Erwin (Hg.): Das Utopische soll Funken schlagen…Zum hundertsten Geburtstag von Leo Löwenthal. Frankfurt a. M. 2000, S. 98–99

Ders. (1944/45): Vorurteilsbilder: Antisemitismus unter amerikanischen Arbeitern. In: Ders.: Falsche Propheten. Schriften Bd. 3. Frankfurt a. M. 1990, S. 175–237

Ders. (1949): Falsche Propheten. Studien zur faschistischen Agitation. In: ebd., S. 9–159

Lucács, Georg (1954): Die Zerstörung der Vernunft. Berlin

Maciejewski, Franz (2002): Psychoanalytisches Archiv und jüdisches Gedächtnis. Wien

Ders. (2004): Zur Grundschrift von Antijudaismus und Antisemitismus. In: Bergmann/Körte…a. a. O., S. 25–46

Maegerle, Anton (2000): Antisemitismus in Deutschland – eine Chronik. Online: www.imdialog.org/md2000/08md0500.html

Mann, Golo (1960): Der Antisemitismus. München

Mann, Thomas (1940): Zu Wagners Verteidigung. Online: www.zeit.de/1974/32/zu-wagners-verteidigung/komplettansicht

Marin, Bernd (1976): «Antisemitismus ohne Antisemiten?» In: Marin, Bernd: Antisemitismus ohne Antisemiten. Frankfurt a. M./New York 2000, S. 373–406

Ders. (1977): Sozialer Friede und Aggression im Alltag – zur Zukunft autoritärer Vorurteile in Österreich. In: ebd., S. 767–809

Ders. (1978): Antisemitismus unter Arbeitern? In: ebd., S. 425–461

Ders. (1979): Ein historisch neuartiger «Antisemitismus ohne Antisemiten»? In: ebd., S. 107–147

Ders. (2000): Einführung. In: ebd., S.11–30

Markl, Florian (2001): Kritische Theorie und Antisemitismus. Wien (Dipl.)

Marx, Karl (1858): Einleitung (zur Kritik der politischen Ökonomie). In: MEW Bd. 13. Berlin 1961, S. 615–641

Ders. (1867): Das Kapital. Bd. 1. In: MEW. Bd. 23. Berlin 1965

Massing, Paul (1959): Vorgeschichte des politischen Antisemitismus. Frankfurt a. M.
Maurer, Trude (1986): Ostjuden in Deutschland 1918–1933. Hamburg
Mertens, Dieter (1985): Christen und Juden zur Zeit des ersten Kreuzzuges. In: Martin/Schulin…a. a. O., S. 46–67
Millington, Barry (2012): Der Magier von Bayreuth. Darmstadt
Mitscherlich, Alexander (1962): Die Vorurteilskrankheit. In: Psyche Z – Psychoanal 16(05), S. 241–245
Ders. (1975): Der Kampf um die Erinnerung. München
Mitscherlich-Nielsen, Margarete (1991): Antisemitismus – eine Männerkrankheit? In: Ginzel, Gunther B. (Hg.): Antisemitismus. Bielefeld, S. 336–342
Mitscherlich, Alexander und Margarete (1984): Die Unfähigkeit zu trauern. München
Mitten, Richard (2002): «Synkretischer» Antisemitismus. In: Pelinka/Wodak…a. a. O., S. 35–60
Ders. (2002a): Die Juden, die er meint…Jörg Haider und die Rhetorik antijüdischer Vorurteile. In: ebd. S. 93–133
Mohrmann, Walter (1972): Antisemitismus. Berlin
Mosse, George L. (1991): Die völkische Revolution. Frankfurt a. M.
Munzert, Maria (2007): Neue Antisemitismuswelle. In: Fischer, Torben; Lorenz Matthias N. (Hg.): Lexikon der «Vergangenheitsbewältigung» in Deutschland. Bielefeld, S. 85–87
Müller-Claudius, Michael (1927): Deutsche Rassenangst. Berlin
Neumann, Franz L. (1942/44): Behemoth. Frankfurt a. M. 1984
Nirenberg, David (2015): Antijudaismus. München
Niewiadomski, Józef (2003): Gottesmörder und Mörder der Kinder Gottes? In: Buttaroni/Musial…a. a. O., S. 41–60
Nonn, Christoph (2008): Antisemitismus. Darmstadt
Nordmann, Ingeborg (1995): «Der Intellektuelle». In: Schoeps/Schlör…a. a. O., S. 252–259
Obermann, Heiko A. (1986): Die Reformation von Wittenberg nach Genf. Göttingen
Oesterreich, Detlef (2001): Massenflucht in die Sicherheit? In: Loch, Dieter; Heitmeyer, Wilhelm (Hg.): Schattenseiten der Globalisierung. Frankfurt a. M., S. 275–297
Omran, Susanne (2000): Frauenbewegung und «Judenfrage». Frankfurt am Main/New York
Oesterle, Günter (1992): Juden, Philister und romantische Intellektuelle. In: Athenäum 2, S. 55–89
Ossietzky, Carl von (1933): Richard Wagner. In: Ders.: Rechenschaft. Publizistik aus den Jahren 1913–1933. Frankfurt a. M. 1984, S. 247–252

Ostow, Mortimer (1988): Apokalyptische Archetypen in Träumen, Phantasien und religiösen Schriften. In: Jahrbuch Psychoanalyse 23, S. 9–25

Paul, Ina U. (1996): Paul Anton de Lagarde. In: Puschner…a. a. O., S. 45–93

Pauley, Bruce F. (1993): Eine Geschichte des österreichischen Antisemitismus. Wien

Pätzoldt, Björn (2010): Mörder wie die Väter. Online: www.spiegel.de/einestages/linker-faschismus-moerder-wie-die-vaeter-a-948577.html

Peham, Andreas (2010): Die zwei Seiten des Gemeinschaftsdünkels. In: Österreichische Zeitschrift für Politikwissenschaft 39(04), S. 467–481

Ders. (2014): «Durch Reinheit zur Einheit!» Online: www.doew.at/cms/download/6or5r/peham_burschenschaften.pdf

Ders. (2018): Antisemitismus in Österreich. Online: https://www.antisemitismus2018.at/antisemitismus-in-oesterreich-ein-unvollstandiger-uberblick/

Ders. (2020): Parteimarxismus und Antisemitismus vor Auschwitz. Online: https://associazione.files.wordpress.com/2020/04/maulwurfsarbeit_v_200404_web.pdf

Peters, Paul (1997): Die Wunde Heine. Bodenheim

Pinsker, Leon (1882): Autoemanzipation. Brünn 1913

Planert, Ute (2002): Reaktionäre Modernisten? In: Benz, Wolfgang (Hg.): Jahrbuch für Antisemitismusforschung 11. Berlin, S. 31–49

Pohl, Rolf (2006): Projektion und Wahn. In: Perels, Joachim (Hg.): Leiden beredt werden lassen. Hannover, S. 27–73

Ders. (2010): Der antisemitische Wahn. In: Stender, Wolfram et al. (Hg.): Konstellationen des Antisemitismus. Wiesbaden, S. 41–68

Polak, Oliver (2018): Gegen Judenhass. Frankfurt a. M.

Popper-Lynkeus, Josef (1925): Fürst Bismarck und der Antisemitismus. Wien/Leipzig

Poliakov, Léon (1977): Geschichte des Antisemitismus Bd. 1. Worms

Ders. (1986): Der germanische Ursprungsmythos als Grundlage des völkischen Antisemitismus. In: Silbermann/Schoeps…a. a. O., S. 91–104

Ders. (1988): Geschichte des Antisemitismus Bd. 7. Frankfurt a. M.

Ders. et al. (1976): Über den Rassismus. Franfurt a. M. u. a. 1984

Ponthoff, Heinrich (1995): Die Auseinandersetzung der SPD und der Gewerkschaften mit dem NS-System und dem Holocaust. In: Bergmann et al…a. a. O., S. 120–137

Postone, Moishe (1979): Antisemitismus und Nationalsozialismus. In: Ders.: Deutschland, die Linke und der Holocaust. Freiburg 2005, S. 165–194

Ders. (2000): Der Holocaust und der Verlauf des 20. Jahrhunderts. In: ebd., S. 119–164

Ders. (2003): Geschichte und Ohnmacht. In: ebd., S. 195–212

Projekt Ideologie-Theorie (PIT): Faschismus und Ideologie 1. Berlin 1980

Pross, Harry (1983): Die Zerstörung der deutschen Politik. Frankfurt a. M.

Pulzer, Peter (2004): Die Entstehung des politischen Antisemitismus in Deutschland und Österreich 1867–1914. Göttingen

Puschner, Marco (2008): Antisemitismus im Kontext der Politischen Romantik. Tübingen

Quindeau, Ilka (2006): Schuldabwehr und nationale Identität – Psychologische Funktionen des Antisemitismus. In: Brosch et al…a. a. O., S. 157–164

Rabinovici, Doron (2001): Credo und Credit. Einmischungen. Frankfurt a. M. 2001

Radonić, Ljiljana (2004): Die friedfertige Antisemitin? Frankfurt a. M.

Rajal, Elke; Schiedel Heribert (2016): Rechtsextremismusprävention in der Schule: Ein ambitioniertes Programm. In: FIPU (Hg.): Rechtsextremismus Bd. 2. Wien, S. 85–136

Ranc, Julijana (2016): Eventuell nicht gewollter Antisemitismus. Münster

Raphael, Freddy (1995): «Der Wucherer», in: Schoeps/Schlör...a. a. O., S. 103–118

Rauschning, Hermann (1940): Gespräche mit Hitler. Zürich u. a.

Reichmann, Eva G. (1951): Flucht in den Hass. Frankfurt a. M.

Reik, Theodor (1923): Der eigene und der fremde Gott. Wien

Rensmann, Lars (1998): Kritische Theorie über den Antisemitismus. Berlin 2001

Ders. (2003): Anmerkungen zur Geschichte der deutschen Nichtentschädigungen. In: gruppe offene rechnungen (Hg.): The Final Insult. Münster, S. 45–70

Ders. (2003a): «Alte» und «neue» Formen des Antisemitismus. In: ebd., S. 159–190

Ders. (2004): Demokratie und Judenbild. Wiesbaden

Ders. (2006): Zwischen Kosmopolitismus und Ressentiment. In: Brosch et al…a. a. O., S. 165–189

Ders.; Schoeps, Julius H. (2008): Antisemitismus in der Europäischen Union: Einführung in ein neues Forschungsfeld. In: Dies. (Hg.): Feindbild Judentum. Berlin, S. 9–40

Reuth, Ralf G. (2000): Joseph Goebbels Tagebücher 1924–1945. München

Riem, Andreas (1798): Apologie für die unterdrückte Judenschaft in Deutschland. Leipzig

Rippl, Susanne (2003): Antisemitismus und Fremdenfeindlichkeit – eine vergleichende Analyse. In: Groenemeyer, Axel; Mansel, Jürgen (Hg.): Die Ethnisierung von Alltagskonflikten. Wiesbaden, S. 155–176

Rohrbacher, Stefan (2002): Antijüdische Gewalt im frühen 19. Jahrhundert. In: Benz/Königseder…a. a. O., S. 49–57

Ders.; Schmidt, Michael (1991): Judenbilder. Reinbek b. Hamburg

Rommelspacher, Birgit (1995): Schuldlos – schuldig? Hamburg

Rose, Paul L. (1999): Richard Wagner und der Antisemitismus. Zürich/München

Rosenberg, Arthur (1930): Treitschke und die Juden. In: Ders. (1974): Demokratie und Klassenkampf. Frankfurt a. M. u. a., S. 186–192

Rosenberg, Hans (1967): Große Depression und Bismarckzeit. Berlin

Rudolph, Ekkehart (1969): «…über alles in der Welt»: Anfänge und Weg des deutschen Nationalismus im 19. Jahrhundert. In: Schwedhelm…a. a. O., S. 7–17

Ruether, Rosemary (1978): Nächstenliebe und Brudermord. München

Rürup, Reinhard (1975): Emanzipation und Antisemitismus. Frankfurt a. M. 1987

Ders. (1985): Emanzipation und Antisemitismus: Historische Verbindungslinien. In: Strauss/Kampe…a. a. O., S. 88–98

Ders. (2004): Antisemitismus und moderne Gesellschaft. In: Braun/Ziege…a. a. O., S. 81–100

Salzborn, Samuel (2010): Antisemitismus als negative Leitidee der Moderne. Frankfurt a. M./New York

Ders. (2010a): Zur politischen Psychologie des Antisemitismus. Online: www.journal-fuer-psychologie.de/index.php/jfp/article/view/169/167

Ders. (2010b): Antisemitismus und Nation. In: Österreichische Zeitschrift für Politikwissenschaft 39(04), S. 393–407

Ders.; Voigt, Sebastian (2011): Antisemiten als Koalitionspartner? In: Zeitschrift für Politik 58(03), S. 290–309

Sartre, Jean-Paul (1946): Betrachtungen zur Judenfrage. In: Ders.: Drei Essays. West-Berlin 1960, S. 108–190

Schapira, Esther; Hafner, Georg M. (2015): Antisemitismus in den Medien: Warum Journalisten keine Antisemiten sind. In: Schwarz-Friesel…a. a. O., S. 241–252

Schatz, Holger; Woeldike, Andrea (2001): Freiheit und deutsche Arbeit. Münster

Schäuble, Barbara (2012): «Anders als wir». Berlin

Scheit, Gerhard (1999): Verborgener Staat, lebendiges Geld. Freiburg

Ders. (2001): Der Meister der Krise. Freiburg

Schlör, Joachim (1995): «Der Urbantyp». In: Schoeps/Schlör…a. a. O., S. 229–240

Schloz, Günther (1969): «Wandervogel, Volk und Führer». In: Schwedhelm…a. a. O., S. 211–227

Schmidinger, Thomas (2004): Struktureller Antisemitismus und verkürzte Kapitalismuskritik. In: AStA der Geschwister-Scholl-Universität München (Hg.): Spiel ohne Grenzen. Berlin, S. 15–25

Schmitthenner, Walter (1981): Kennt die hellenistisch-römische Antike eine «Judenfrage»? In: Martin/Schulin…a. a. O., S. 9–29

Schmitz-Berning, Cornelia (1998): Vokabular des Nationalsozialismus. Berlin/New York

Schnädelbach, Herbert: Was ist Ideologie? In: Das Argument 50/1969, S. 71–92

Ders. (2000): Der Fluch des Christentums. Online: www.zeit.de/2000/20/200020.christentum_.xml/komplettansicht

Schnelle, Udo (2016): Die ersten 100 Jahre des Christentums. Göttingen

Schobert, Alfred (2003): Eliten-Antisemitismus in Nazi-Kontinuität. Online: www.trend.infopartisan.net/trd1203/t331203.html

Schoeps, Julius H. (1996): Deutsch-jüdische Symbiose oder Die missglückte Emanzipation. Bodenheim

Schölch, Alexander (1982): Das Dritte Reich, die zionistische Bewegung und der Palästina-Konflikt. In: Vierteljahreshefte für Zeitgeschichte 30(04), 646-674

Schönbach, Peter (1961): Reaktionen auf die antisemitische Welle im Winter 1959/1960. Frankfurt a. M.

Schubert, Kurt (1995): Gottesvolk – Teufelsvolk – Gottesvolk. In: Jüdisches Museum…a. a. O., S. 30–52

Schwarz-Friesel, Monika (2015): Antisemitismus im Netz. Online: www.publixphere.net/i/publixphere-de/proposal/1539-SchwarzFriesel_Antisemitismus_im_Netz/history.html

Dies. (2015a): Aktueller Antisemitismus. Online: www.bpb.de/politik/extremismus/antisemitismus/211516/aktueller-antisemitismus

Dies. (2018): Antisemitismus 2.0 und die Netzkultur des Hasses. Online: www.linguistik.tu-berlin.de/fileadmin/fg72/Antisemitismus_2-0_Lang.pdf

Schmidt, Ute (1995): Hitler ist tot und Ulbricht lebt. Die CDU, der Nationalsozialismus und der Holocaust. In: Bergmann et al…a. a. O., S. 65–101

Schwietring, Marc (2014): «Holocaust-Industrie» und Vergangenheitspolitik. Frankfurt a. M.

Segal, Hanna (1957): Bemerkungen zur Symbolbildung. In: Bott Spillius, Elisabeth (Hg.): Melanie Klein heute. Bd. 1. München/Wien 1990, S. 202–227

Segel, Binjamin (1924): Die Protokolle der Weisen von Zion kritisch beleuchtet. Berlin

Seidel, Eberhard (2000): Gesichter des Antisemitismus. Online: www.taz.de/1/archiv/?dig=2000/12/09/a0136

Seymour, David (2013): «New Europe», Holocaust Memory and Antisemitism. In: Small, Charles A. (Hg.): Global Antisemitism. Vol 1. New York, S. 21–27

Scholem, Gershom (1964): Wider den Mythos vom deutsch-jüdischen Gespräch. In: Ders.: Judaica Bd. 2. Frankfurt a. M. 1970, S. 7–12

Sieg, Ulrich (2007): Deutschlands Prophet. München

Ders. (2009): Die Sakralisierung der Nation: Paul de Lagardes «Deutsche Schriften». In: Bergmann, Werner; Sieg, Ulrich (Hg.): Antisemitische Geschichtsbilder. Essen, S. 103–120

Simmel, Ernst (1946): Antisemitismus und Massen-Psychopathologie. In: Ders. (1993)…a. a. O., S. 85–100

Sorgner, Stefan L. (2016): «Wagners Kunst ist krank»: Nietzsches Reflexion über Kultur, Musik und Krankheit. In: Georg, Jutta; Reschke, Renate (Hg.): Nietzsche und Wagner. Berlin/Boston, S. 94–110

Spangenberg, Norbert (1998): Die Seelen der Toten drängen sich in Scharen wie ein Schwarm von Fliegen. In: Modena, Emilio (Hg.): Das Faschismus-Syndrom. Gießen, S. 280–310

Sperber, Manés (1964): Churban oder Die unfassbare Gewissheit. In: Die Kontroverse. München, S. 9–32

Staritz, Dietrich (1995): Von der «Schande der Judenpogrome» zur «zionistischen Diversionsarbeit». In: Bergmann et al…a. a. O., S. 212–235

Stegemann, Ekkehard W. (2004): Von der Schwierigkeit, sich von sich zu unterscheiden. In: Bergmann/Körte…a. a. O., S. 47–66

Stein, Eva (2002): Subjektive Vernunft und Antisemitismus bei Horkheimer und Adorno. Oldenburg

Stender, Wolfram (2013): Identitätszwang und Judenhass. In: Psychologie & Gesellschaftskritik 36(04) u. 37(01), S. 85–99

Sterling, Eleonore (1969): Judenhass. Frankfurt a. M.

Stern, Frank (1991): Im Anfang war Auschwitz. Gerlingen

Ders. (1994): Die deutsche Einheit und das Problem des Antisemitismus. In: Kulke, Christine; Lederer, Gerda (Hg.): Der gewöhnliche Antisemitismus. Pfaffenweiler, S. 171–189

Ders. (1995): «Der ewige Jude» – Stereotypen auf der europäischen Wanderung. In: Jüdisches Museum...a. a. O., S. 117–121

Stern, Fritz (1961): Kulturpessimismus als politische Gefahr. München 1986

Stögner, Karin (2005): Über einige Gemeinsamkeiten von Antisemitismus und Antifeminismus. In: DÖW (Hg.): Jahrbuch 2005. Wien, S. 38–51

Dies. (2014): Antisemitismus und Sexismus. Baden-Baden

Dies. (2016): Secondary Antisemitism, the Ecomomic Crisis and the Construction of National Identity in the Austrian Print Media. Online: www.academia.edu/27645250/Secondary_Antisemitism_the_Economic_Crisis_and_the_Construction_of_National_Identity_in_the_Austrian_Print_Media

Stölting, Ehrhard (1995): «Der Verräter». In: Schoeps/Schlör…a. a. O., S. 218–228

Strack, Hermann (1921): Jüdische Geheimgesetze? Berlin

Straub, Jürgen (2019): Die Geburt der Tradition aus dem Gefühl des Ressentiments. In: psychosozial 42(02), S. 117–132

Strauss, Herbert A. (1985): Juden und Judenfeindschaft in der frühen Neuzeit. In: Strauss/Kampe…a. a. O., S. 66–87

Ders. (1990): Der Holocaust als Epochenscheide der Antisemitismusgeschichte: historische Diskontinuitäten. In: Bergmann/Erb…a. a. O., S. 39–56

Ders./Kampe, Norbert (1985): Einleitung. In: Dies…a. a. O., S. 9–28

Strobl, Ingrid (1994): Das unbegriffene Erbe. In: Dies.: Feld des Vergessens. Berlin/Amsterdam, S. 102–118

Dies. (1995): Anna und das Anderle. Frankfurt a. M.

Theweleit, Klaus (1977): Männerphantasien 1+2. München 2000

Toch, Michael (1993): Geldleiher und sonst nichts? In: Tel Aviver Jahrbuch für deutsche Geschichte XXII, S. 117–126

Trachtenberg, Joshua (1943): The Devil and the Jews. Philadelphia 1983

Urban, Monika (2018): Von Ratten, Schmeißfliegen und Heuschrecken. Köln

Ullrich, Volker (1995): «Drückeberger». In: Schoeps/Schlör…a. a. O., S. 210–217

Uptrup, Wolfram Meyer zu (2002): Kampf gegen die «jüdische Weltverschwörung». Berlin

Viereck, Peter (1939): Hitler und Richard Wagner. In: Musik-Konzepte Heft 5: Richard Wagner: Wie antisemitisch darf ein Künstler sein? München 1999, S. 16–27

Vinnai, Gerhard (2017): Der Wunsch nach Erlösung von der Sexualität – Versuch über Richard Wagners «Parsifal». Online: www.vinnai.de/porschner.pdf

Vogt, Stefan (2015): Den Antisemitismus als Juden bekämpfen. In: Jahrbuch für Antisemitismusforschung 24. Berlin, S. 183–216

Voigt, Sebastian (2015): Intellektuelle politische Interventionen. In: Hahn, Hans-Joachim; Kistenmacher, Olaf (Hg.): Beschreibungsversuche der Judenfeindschaft. Berlin u. a, S. 149–171

Volkov, Shulamit (1978): Antisemitismus als kultureller Code. In: Dies.: Jüdisches Leben und Antisemitismus im 19. und 20. Jahrhundert. München 1990, S. 13–36

Dies. (1985): Das geschriebene und das gesprochene Wort. In: ebd., S. 54–75

Dies. (1988): Antisemitismus und Anti-Zionismus: Unterschiede und Parallelen. In: ebd., S. 76–87
Wagner, Gottfried (2013): Du sollst keine anderen Götter neben mir haben. München
Walter, Dirk (1999): Antisemitische Kriminalität und Gewalt. Berlin
Wandruszka, Adam (1954): Das «nationale Lager». In: Benedikt, Heinrich (Hg.): Geschichte der Republik Österreich. Wien, S. 369–421
Wassermann, Jakob (1921): Mein Weg als Deutscher und Jude. München 1994
Weiland, Daniela (2016): Otto Glagau und der «Kulturkämpfer». Berlin
Weyand, Jan (2015): Die Entstehung der Antisemitismustheorie aus der Debatte über die Judenemanzipation. In: Hahn/Kistenmacher…a. a. O., S. 47–65
Ders. (2016): Historische Wissenssoziologie des modernen Antisemitismus. Göttingen
Winkler, Heinrich A. (1978): Revolution, Staat, Faschismus. Göttingen
Wippermann, Wolfgang (2005): Rassenwahn und Teufelsglaube. Berlin
Wistrich, Robert S. (2003): Hitler und der Holocaust. Berlin
Wodak, Ruth et al. (1990): «Wir sind alle unschuldige Täter». Frankfurt a. M.
Wurmser, Léon (2001): Ideen– und Wertewelt des Judentums. Göttingen
Wussow, Philipp von (2014): Horkheimer und Adorno über «jüdische Psychologie». In: Naharaim 8(02), S. 172–209
Zick, Andreas et al. (2011): Die Abwertung der Andern. Berlin
Zick, Andreas; Küpper, Beate (2011): Antisemitische Mentalitäten. Online: www.bagkr.de/wp-content/uploads/kuepper_zick_antisemitismus_2011.pdf
Ziemann, Benjamin (2005): «Linguistische Wende» und «kultureller Code» in der Geschichtsschreibung zum modernen Antisemitismus. In: Jahrbuch für Antisemitismusforschung 14. Berlin, S. 301–322
Zimmermann, Moshe (2005): Deutsch-jüdische Vergangenheit: Der Judenhass als Herausforderung. Paderborn u. a.
Zmarzlik, Hans-Günter (1981): Antisemitismus im deutschen Kaiserreich 1871–1918. In: Martin/Schulin…a. a. O., S. 249–270
Zumbini, Massimo F. (2003): Die Wurzeln des Bösen. Frankfurt a. M.
Zweig, Arnold (1920/21): Der heutige deutsche Antisemitismus. In: Der Jude 5(01-11)
Ders. (1927): Caliban oder Politik und Leidenschaft. Berlin 1993
Ders. (1933): Bilanz der deutschen Judenheit. Köln 1961

Quellen

Arndt, Ernst M. (1814): Der Blick aus der Zeit in die Zeit. Berlin

Blüher, Hans (1922): Secessio Judaica. Berlin

Böckel, Otto (1886): Die Juden, die Könige unserer Zeit. Marburg

Buch, Willi (1937): 50 Jahre antisemitische Bewegung. München

Buchholz, Friedrich (1803): Moses und Jesus, oder über das intellektuelle und moralische Verhältnis der Juden und Christen. Berlin

Chamberlain, Houston S. (1899): Die Grundlagen des Neunzehnten Jahrhunderts. München

Dinter, Arthur (1918): Die Sünde wider das Blut. Leipzig 1920

Dohm, Christian W. (1781): Über die bürgerliche Verbesserung der Juden. Berlin/Stettin

Dühring, Eugen (1881): Die Judenfrage als Rassen-, Sitten und Kulturfrage. Karlsruhe/Leipzig

Ders. (1901): Die Judenfrage als Frage des Rassencharakters und seiner Schädlichkeit für Völkerexistenz, Sitte und Kultur. Nowawes-Neuendorf bei Berlin

Eckart, Dietrich (1924): Der Bolschewismus von seinen Anfängen bis Lenin. München

Fichte, Johann G. (1793): Beitrag zur Berichtigung der Urteile des Publikums über die Französische Revolution. In: Willms, Bernhard (Hg.): Johann Gottlieb Fichte. Schriften zur Revolution. Wiesbaden 1967, S. 34–214

Frank, Hans (1953): Im Angesicht des Galgens. München

Fries, Jakob F. (1816): Über die Gefährdung des Wohlstandes und Charakters der Deutschen durch die Juden. Heidelberg

Fritsch, Theodor (1887): Antisemiten-Katechismus. Leipzig 1893

Ders. (1924): Die zionistischen Protokolle. Leipzig 1933

Ders. (1926): Wie ist die Judenfrage zu lösen? In: Krebs, Hans; Prager, Otto (Hg.): Die Weltfront. Prag, S. 33–42

Frymann, Daniel (1913): Wenn ich der Kaiser wär'. Leipzig

Glagau, Otto (1876): Vorrede zu Der Börsen– und Gründungsschwindel in Berlin. In: Weiland…a. a. O., S. 184–202

Ders. (1879): Zur Emanzipation der Eingeborenen (Auszug). In: ebd., S. 203–214

Goebbels, Joseph (1929): Michael. München 1936

Ders. (1939): Der Angriff. Aufsätze aus der Kampfzeit. München

Ders. (1944): Der steile Aufstieg. Reden und Aufsätze aus den Jahren 1942/43. München

Grattenauer, Carl W. F. (1803): Wider die Juden. Berlin

Ders. (1803a): Erster Nachtrag zu seiner Erklärung über seine Schrift: Wider die Juden. Berlin

Heller, Otto (1931): Der Untergang des Judentums. Wien/Berlin 1933

Hitler, Adolf (1925/27): Mein Kampf. 2 Bde. München 1943

Ders. (1945): Politisches Testament. Hamburg 1981

Hundt-Radowsky, Hartwig von (1821): Judenspiegel. Reutlingen

Ders. (1822): Die Judenschule oder gründliche Anleitung, in kurzer Zeit ein vollkommener schwarzer oder weißer Jude zu werden. Zweites Buch. o. O.

Jung, Rudolf (1926): Kapitalismus und Judentum. In: Krebs/Prager…a. a. O., S. 23–27

Jünger, Ernst (1930): Über Nationalismus und Judenfrage. In: Ders. (2001): Politische Publizistik 1918–1933. Stuttgart, S. 587–592

Klages, Ludwig (1944): Rhythmen und Runen. Leipzig

Leers, Johann von (1933): Juden sehen dich an. Berlin

Linden, Walther (1936): Luthers Kampfschriften gegen das Judentum. Berlin

Luther, Martin (1540): An die Pfarrherren, wider den Wucher zu predigen. In: Irmischer, Johann K. (Hg.): Dr. Martin Luther's katchetische Schriften. Erlangen 1838, S. 282–338

Ders. (1543): Von den Juden und ihren Lügen. In: Linden…a. a. O., S. 97–234

Ders. (1832): Sämtliche Werke Bd. XXXII. Erlangen

Marr, Wilhelm (1879): Der Sieg des Judentums über das Germanentum. Bern

Ders. (1879a): Vom jüdischen Kriegsschauplatz. Eine Streitschrift. Bern

Ders. (1880): Der Weg zum Siege des Germanentums über das Judentum. Berlin

Ders. (1880a): Goldene Ratten und rote Mäuse. Chemnitz

Naudh, Heinrich (1861): Die Juden und der deutsche Staat. Berlin 1870

N.N. (1865): Die Verjudung des christlichen Staates. Leipzig

Paasch, Carl: (1892): Auf Deutsche! Zum Kampf gegen das Judentum. Leipzig

Raabe, Wilhelm (1864): Der Hungerpastor. Berlin/Darmstadt 1952

Rohling August (1871): Der Talmudjude. Münster 1872

Rosenberg, Alfred (1930): Der Mythus des 20. Jahrhunderts. München 1934

Rühs, Friedrich (1816): Über die Ansprüche der Juden an das deutsche Bürgerrecht. Berlin

Scharffenstein, Hermann Scharff von (1851): Ein Blick in das gefährliche Treiben der Judensippschaft. Augsburg

Schemann, Ludwig (1928): Die Rasse in den Geisteswissenschaften. Bd. I. München

Sombart, Werner (1911): Die Juden und das Wirtschaftsleben. Leipzig

Ders. (1915): Händler und Helden. Patriotische Besinnungen. München

Stoecker, Adolf (1879): Unsere Forderungen an das moderne Judentum. Online: www.germanhistorydocs.ghi-dc.org/pdf/deu/410_Adolf%20Stoecker_Antisemitismus_111.pdf

Strobl, Gustav (1937): Kann ein Christ Antisemit sein? Erfurt

Tellering, Eduard (1848): Freiheit und Juden. Wien

Treitschke, Heinrich von (1879): Unsere Aussichten. In: Boehlich…a. a. O., S. 7–14

Ders. (1885): Deutsche Geschichte im 19. Jahrhundert. Bd. 3. Leipzig

Verschuer, Otmar Freih. v. (1944): Leitfaden der Rassenhygiene. Leipzig

Wagner, Richard (1849): Die Revolution. In: Ders.: Die Kunst und die Revolution und weitere Traktate aus der Revolutionszeit. Norderstedt 2015, S. 34–40

Ders. (1869): Das Judentum in der Musik. Leipzig

Ders. (1988): Das braune Buch. Tagebuchaufzeichnungen 1865 bis 1882. München

Wahrmund, Adolf (1887): Das Gesetz des Nomadentums und die heutige Judenherrschaft. Karlsruhe/Leipzig

Waldhausen, Robert (1892): Jüdisches Erwerbsleben. Passau

Weininger, Otto (1903): Geschlecht und Charakter. Wien 1947